D1822594

प्रकृति और अन्तःप्रकृति

कोच्चिन विज्ञान एवं प्रौद्योगिकी विश्वविद्यालय
के आर्थिक सहयोग से प्रकाशित।

प्रकृति और अन्तःप्रकृति

वाणी पृथ्वी

सम्पादक
प्रभाकरन हेब्बार इल्लत
एसोसिएट प्रोफ़ेसर, हिन्दी विभाग
कुसाट (कोच्चिन विज्ञान एवं प्रौद्योगिकी विश्वविद्यालय)
कोच्ची विश्वविद्यालय (डाक), एरनाकुलम जिला,
केरल–682022

वाणी प्रकाशन

वाणी प्रकाशन

4695, 21-ए, दरियागंज, नयी दिल्ली 110 002

फ़ोन : +91 11 23273167 फ़ैक्स : +91 11 23275710

शाखाएँ

अशोक राजपथ, पटना 800 004, बिहार

कॉफ़ी हाउस कैम्पस, महात्मा गांधी मार्ग, इलाहाबाद 211 001, उत्तर प्रदेश

महात्मा गांधी अन्तरराष्ट्रीय हिन्दी विश्वविद्यालय, वर्धा 442 001, महाराष्ट्र

www.vaniprakashan.com
marketing@vaniprakashan.in
sales@vaniprakashan.in

Prakriti Aur Antahprakriti
Edited by Prabhakaran Hebbar Illath

ISBN : 978-93-5518-148-0
Criticism/Environment

© सम्पादक एवं लेखकगण

प्रथम संस्करण 2022

मूल्य : ₹ 495

इस पुस्तक के किसी भी अंश को किसी भी माध्यम में प्रयोग करने के लिए प्रकाशक से लिखित अनुमति लेना अनिवार्य है।

आर. टेक ऑफ़सेट प्रिंटर्स, दिल्ली-110 032 में मुद्रित

वाणी प्रकाशन का लोगो मक़बूल फ़िदा हुसेन की कूची से

सम्पादक की ओर से

प्रकृति और अन्तःप्रकृति और कविता पर दो शब्द

भूमिका के बहाने 'प्रकृति और अन्तःप्रकृति' पर विशेष रूप से 'आधार–विच्छेद' सम्बन्धी परिकल्पना के आलोक में इस अवसर पर विचार करना चाहता हूँ। प्रस्तुत शब्द का प्रयोग अंग्रेज़ी भाषा में प्रयुक्त 'डिसप्लेसमेंट' के पर्यायवाची शब्द के रूप में नहीं किया जा रहा है। आधार–विच्छेद शब्द में, लगता है कि भौगोलिक सम्बन्ध विचलन के अलावा प्रकृति–अन्तःप्रकृति में होने वाले परिवर्तन–विच्छेद के भाव भी प्रत्यंकित हैं। 'आधार' शब्द का प्रयोग यहाँ मानव जीवन और प्रकृति की स्थिति–अवस्थिति को रूपायित करने वाले तत्त्व के रूप में किया जा रहा है, जिसके बिना दोनों का नैसर्गिक अति जीवन सम्भव नहीं हो पाता है। जीवन के व्यापक सन्दर्भ में जैव–वैविध्य, परम्परा, भाषा–संस्कृति आदि जीवन को बुनने वाले आधारभूत तत्त्व होते हैं। इन तत्त्वों से नाता तोड़ना समझिए कि जीवन के साथ का नाता तोड़ना ही है। प्रकृति तथा अन्तःप्रकृति की सम्बन्ध विलुप्ति के जीवन–प्रकरण को सूचित करने के लिए हिन्दी में बहुत से शब्द प्रचलन में हैं। विस्थापन, प्रवास, स्थानान्तरण, स्थान–च्युति, स्थान–विचलन, बेदख़ली, निष्कासन, निष्क्रमण, उन्मूलन, आधार–विचलन, आधार–हनन, आधार–विलुप्ति, आधार–विच्छेद आदि शब्द अपने आप में समान भाव–बोध को प्रसारित करते हैं। यदि कोशगत अर्थ लिया जाये तो जितने सारे शब्दों का उल्लेख ऊपर किया जा चुका है, उनमें मूल (जन्म) स्थान से हटने का भाव न्यूनाधिक मात्रा में अन्तर्भूत है।

जाकेब का कहना है कि "विस्थापन (आधार–विच्छेद) एक ऐसी प्रक्रिया है, जिसमें व्यक्ति या परिवार या समूह के अपने जीवन को प्रभावित करने वाले घटकों या प्राकृतिक या मानव सर्जित परिस्थिति के सामने विवश होकर मूल स्थान से नये स्थान की ओर किये गये स्थानान्तरण का भाव निहित है।" 'समकालीन भारतीय उपन्यास' नामक अपनी रचना में एन. मोहनन का कहना है कि "मनुष्य के अपने जन्मस्थान और निवास स्थान को छोड़कर नये–नये स्थान की ओर गमन करने की प्रक्रिया को विस्थापन (आधार–विच्छेद) कहा जा सकता है।" दोनों परिभाषाएँ विस्थापन को एक प्रक्रिया के रूप में देखती हैं और उसको ऐतिहासिक विकास के फलक में स्वीकार करती हैं। इतिहास की शक्तियों के घात–प्रतिघात से सत्तात्मक सम्बन्ध के तले आधार–विच्छेद की स्थितियाँ क़ायम होती हैं। यहाँ ध्यान देने की बात यह है कि आधार–विच्छेद के बाद किसी की 'यथावत् स्थापना' नहीं होती है। इस विचलन से बहुत सारी चीज़ें हमेशा के लिए हमारा साथ छोड़ती हैं, जिनका सीधा सम्बन्ध मानव की अन्तःप्रकृति से होता है। आधार–विच्छेद कभी अल्पकालिक, दीर्घकालिक, स्थायी, इच्छापूर्वक, अनिच्छापूर्वक, आन्तरिक (सांस्कृतिक परिसर के भीतर), बाह्य (सांस्कृतिक परिसर के बाहर) आदि का रूप ग्रहण करता है।

आधार–विच्छेद पर इस वक़्त बेहद दुख के साथ मुझे विचार करना पड़ रहा है। वह इसलिए है कि वर्तमान समय में रूस की चढ़ाई यूक्रेन पर हो रही है। समाचार पत्रों में इसकी खबरें आ रही हैं कि तकरीबन बीस लाख लोग यूक्रेन से विचलित हो गये हैं और होते जा रहे हैं। उनके जीवन के आधार नष्ट होते जा रहे हैं। अब इसमें कोई तर्क शेष नहीं रहता है कि आधार–विच्छेद एक जीवन्त सचाई है। मानव के इतिहास में आधार–विच्छेद प्रारम्भ से ही होता चला आ रहा है, पर उस दौर में विच्छेद एक स्वाभाविक प्रवृत्ति जैसा लग रहा था। यह इसलिए कहा जा रहा है कि मानव अन्य प्राणिजाति की तरह अपने नैसर्गिक संवेगों की पूर्ति हेतु एक स्थान से दूसरे स्थान की तरफ़ जाया करता था। यहाँ नैसर्गिक संवेगों से

मेरा आशय खाद्य पदार्थों की तलाशी, मैथुन की तलाशी तथा प्राण को बचा लेने की स्वाभाविक प्रवृत्ति से रहा है। इतिहास में एक ऐसा दौर आ गया है कि तब मानव की आबादी में वृद्धि होने लगी तो अपने लिए आवश्यक खाद्यान्नों की उपलब्धता को सुनिश्चित करने के लिए खेती करने की आवश्यकता महसूस हुई। खेती के इतिहास के साथ मानव की संस्कृति एवं सभ्यता का भी इतिहास प्रारम्भित होता है। 'एग्रिकल्चर' में 'कल्चर' शब्द है, उसका सीधा सम्बन्ध मानव के जीवन की परिवर्तित स्थिति से है। अपने जीवन के परिवेश को अपने अनुकूल परिवर्तित करने की कला मानव के पास है। खेती इसका उत्तम उदाहरण है। खेती के विस्तार के साथ मानव के जीवन में विभिन्न सामाजिक–सांस्कृतिक संस्थाओं की स्थापना हुई है अर्थात् परिवार, प्रशासन, न्याय–नीति–मूल्य व्यवस्था, कला, साहित्य आदि को इसके विस्तार के रूप में हम देख सकते हैं। ऐसा होते हुए भी युद्ध, आतंक, प्राकृतिक आपदा, पर्यावरणीय परिवर्तन, राजनीतिक, आर्थिक उथल–पुथल आदि अनेकानेक कारणों से आज भी मानव अपने जीवन के आधारों से निष्कासित होता जा रहा है। प्रारम्भिक दौर में जैसे कहा जा चुका है कि उसके मूल में नैसर्गिक इच्छा सक्रिय रही थी, पर वर्तमान में तो अनिच्छा से मानव अपने जीवनाधारों से भ्रष्ट होने के लिए विवश हो रहा है। आधारहीनता से मानव का दिल पीड़ा से आन्दोलित हो उठता है। वही अन्तस को खोखला बना कर छोड़ जाती है, चेतना को चूर–चूर कर देती है। वही धीरे–धीरे अपनी परम्परा से, अपनी संस्कृति से, अपनी भाषा से, अपने रागारुण सम्बन्धों से, अपने जनों से हटा देती है। इस हटाव–कटाव से जीवन में दुख का काला झण्डा फहराने लगता है। जीवन का यह प्रतिभास किसी खास देश–राष्ट्र के लोगों तक सीमित नहीं है, यह एक वैश्विक सचाई है, जो आजकल की दुनिया में साहित्यिक अभिव्यक्ति का आधार बन गया है।

'आँसू का वजन' शीर्षक केदारनाथ सिंह के काव्य–संकलन में 'दुख दो' नाम से एक छोटी कविता है। इस कविता में दुख की

विराटता तो इस प्रकार दर्शाया गया है कि जो आधार–विच्छेद के शिकार हुए लोगों की ज़िन्दगी के लिए सौ फ़ीसदी लागू होती है। *कविता की पंक्तियाँ हैं– "दुख का कोई पहाड़ नहीं होता/कोई समुद्र नहीं होता दुख का/सिर्फ़ हाथ होते हैं/छोटे–छोटे/जो दिन भर रस्सी की तरह/बुनते रहते हैं दुख को।"* आधार के हट जाने से दुख का ढेर ज़िन्दगी में भर जाता है। आधार के छूट जाने की चिन्ता चिता तक साथ चलती रहती है। चलते रहने के भाव को या अपने को विस्थापित कर देने के जीवन सन्दर्भ को 'नोमैड' (विस्थापन और यादें) शीर्षक कविता वाणी देती है। अंजु रंजन का कहना है कि *"शहर बदल–बदल जाते हैं/देश बदल जाता है/धरती आकाश/पेड़–पौधे जीव–जन्तु/यहाँ तक कि बादल/तूफ़ान और मौसम बदल जाते हैं/पर नहीं बदलते/मेरी मंजिल के रास्ते। वसुधैव कुटुम्बकम/के मन्त्र के साथ/रास्ते मेरे साथ चलते हैं/एशिया यूरोप और/आफ़्रीका ले जाते हैं/मुझे ये रास्ते।"* इस कविता में एक शब्द बार–बार आता है, वह है–'बदलना।' इसके साथ ही हमारा ध्यान आकृष्ट करने वाला एक और महत्त्वपूर्ण शब्द है–'रास्ता।' इस प्रसंग में 'बदलना' तो ज़िन्दगी की परिवर्तनशील प्रक्रिया तथा 'रास्ता' जीवन के अग्रगामी सफ़र को सूचित करने वाला शब्द होता है। मानव की ऐतिहासिक ज़िन्दगी पर विचार करते हुए कवि का कहना है कि मानव इतिहास में भूखण्डों तक का सफ़र करता रहा है। इससे हमारी संस्कृति बदली, भाषा बदली, स्थान बदला, जीवन का रंग बदला, खान–पान बदला, हवा बदली, पर्यावरण बदला, सच बताएँ तो सारा का सारा बदला। एक ओर इस बदलाव के साथ मानव जीवन को नये सिरे से बुनता–बनाता रहा है तो दूसरी तरफ़ बलपूर्वक अपने आधारों से विचलित हो जाने के लिए वही मज़बूर होता जा रहा है। इस मज़बूरी पर विकास का चिट्ठा लगा दिया जाता है, प्रतिपूर्ति का लोभ दिखाकर क़ानूनी–अधिकारों की सीमा को लाँघ दिया जाता है, अपने साध्य को सम्भव बनाने के सिलसिले में सत्ता तक का बख़ूब इस्तेमाल किया जाता है।

सामान्य व्यवहार में भौगोलिक स्तर पर होने वाले विचलन को लेकर हम सोचते–विचारते हैं, पर उसी के साथ हमारा बहुत कुछ बह चला जाता है। नरेश सक्सेना की कविता कहती है कि *"अब नहीं मेरे लिए/हल नहीं, बैल नहीं/खेतों की गैल नहीं।/एक हरी बूँद नहीं/तोते नहीं, ताल नहीं, आर्द्रा नक्षत्र नहीं।/कज़री, मल्हार नहीं मेरे लिए/जिसकी कोई नहीं ज़मीन/उसका नहीं कोई आसमान।"* कवि का आत्म–दुख यही है कि अब मेरे लिए कुछ नहीं है, जो मेरे लिए प्यारा था, जो जीवन का आधार था, अब वे मेरे साथ नहीं रहे हैं। इन सबके हनन के कारक कौन–कौन से तत्त्व हैं, कविता सोचने के लिए पर्याप्त जगह छोड़ती है। खेती एक पेशा नहीं, जीवनचर्या है, जीवन का आधार है। कॉर्पोरेट खेती, एकल खेती के परिव्यापन के सन्दर्भ में इन पंक्तियों का अलग महत्त्व है। हरी बूँद का न रहना परिवेश के सूखे हो जाने का संकेत मात्र नहीं दे रहा है, वह तो आन्तरिक सूखेपन को सीधा–सीधा व्यक्त करता है। इससे नदी सूख जाती है, आर्द्रा नक्षत्र ग़ायब हो जाता है। कविता अपने कलेवर में निषेधात्मक शब्द के बार–बार प्रयोग करके जीवन के विविधात्मक जीवन रंगों के वीरान होते चले जाने के परिवेश का चित्रांकन करती है। तोते, ताल, नदी, नक्षत्र, कज़री आदि नहीं रह गये हैं तो फिर हमारे जीवन में क्या रह गया? कविता इस सच को पहचानती है कि यदि जीवन की ज़मीन (आधार) नहीं रह जाती है तो उसके जीवन में आसमान (सपना) नहीं रहता है। वर्तमान तक सीमित रहना जानवरों का लक्षण होता है। अतीत–वर्तमान–भविष्य के त्रिकोणों से होकर सपनों का संसार मानव सजाता है, पर आधार के बल पर। आधार या ठिकाने के निष्कासन के समय में मिट्टी की सोंधी गन्ध, पानी की तरलता, ओस का प्रकाश, फूलों की रंग–ख़ुशबू सब कहाँ चले जाते हैं, पता नहीं चल रहा है।

आधार–च्युति/विचलन के काल में कविता समसामयिक जीवन के प्रति, उसके अन्तर्विरोधों के प्रति उन्मुख रहती है।

जीवन से उद्भूत असंगितयों के प्रति कविता अपनी सजगता पेश करती है। समकाल का अनुभव यही है कि कविता वर्तमान विकास सम्बन्धी परिकल्पनाओं पर भी सवाल करती है और पहचानती है कि वह प्रकृति और अन्तःप्रकृति को शून्य कर रही हैं। पूँजीवादी विकास परिकल्पना सम्पूर्ण धरा को मरुस्थल बना देने में मशगूल है, साथ ही साथ वह जीवन में अस्वतन्त्रता, असमानता, बन्धुत्वहीनता फैलाती है, जीवन में निष्क्रियता विकसित करती है। इस वेला में अशान्ति, अन्याय, क्रूरता, परतन्त्रता, अधिकारहीनता के अन्धेरे में मानव जीने के लिए विवश होता है। मानव महसूस करने लगा है कि वह हरदम निर्बल होता जा रहा है। सबलता से मेरा तात्पर्य मानव के अन्तस की, जीवन की गुणात्मक वृद्धि से है, न्याय, अधिकार, अवसरों के संरक्षण से है, मानव की अन्दरूनी क्षमताओं के बचाव से है। संकायों से सम्पन्न मानव ही अपने परिवेश को सकारात्मक ढंग से परिवर्तित करने में सफल निकलता है। वही सच्चे मायने में स्वतन्त्र मानव है। अस्वतन्त्रता से घिरा मानव दुर्बल है। इसलिए मानव ह्रास/हनन के रास्ते पर चलने लगता है, ऐसे मानव का जीवन असभ्यता या सर्जनहीनता का वाचक बन जाता है। आज का मानव दिल ही दिल यह अनुभव कर रहा है कि अपनी अन्तःप्रकृति की सर्जनात्मकता को बनाये रखने के लिए प्रकृति की वैभवमयता की ज़रूरत कहाँ तक है। कवि एकान्त श्रीवास्तव का कहना है कि *"मुझे वसन्त की खुशबू भरी/पूरी पृथ्वी दो/कविता लिखने के लिए।"* (कविता की ज़रूरत) कविता लिखना तो एक चलता मुहावरा नहीं है, वह मानव की स्वतन्त्रता, सर्जनात्मकता, इच्छा के नूतन विस्तार का आक्षरिक प्रयत्न है। लिखना अपने आप में जीवन का विस्तार है, दूसरों से जुड़ने का भाव है, सामाजिकता की पहल है। अपने विस्तार के लिए कवि को चाहिए, वसन्तकालीन खुशबू भरी प्रकृति। वसन्त काव्यात्मक भाषा में प्रकृति का यौवन है, शृंगार है। वही यौवन–शृंगार मानव के भीतर भी भर जाता है। सामान्य भाषा में प्रकृति के समृद्धिपूर्ण सान्निध्य में ही मानव के मन में वसन्त का संक्रमण होगा। प्रकृति–मानव दोनों के स्नेहमय पारस्पर्य में

ही जीवन की होली–रंगोली–दीपावली है। अमुक कविता में आया 'पृथ्वी' भी अर्थवान् शब्द है, जो प्रत्यक्षतः पृथ्वी की व्यापकता को ध्वनित करता है। उसे अपनी सम्पूर्णता में चाहने वाला कवि–मन प्रकृति के समूचे वैविध्य को भीतर ही अनुभव करता है और यह भी अनुभव करता है कि प्रकृति की अनुपस्थिति में 'अक्षर' 'क्षर' है। प्रकृति का सौन्दर्यात्मक विस्तार तथा मानव का सर्जनात्मक विस्तार समान्तर चलने वाला होता है। दोनों की स्नेहमसृण सम्पृक्ति जीवन की सुन्दरता के परिवाक की आह्लादात्मक स्थिति है। प्रकृति की नैसर्गिक वैभवमयता में आनन्द का उत्सव है। प्रकृति आनन्द है, सौन्दर्य है, सन्तोष है। इसलिए राजेन्द्र उपाध्याय हर पेड़ को कविता के रूप में पारिभाषित करते हैं और वे बताते हैं कि हर बच्चे की ख़ुशी में एक 'पका आम' है। उसी में 'रसना' (जिह्वा) की स्वाभाविकता है। यह कृत्रिम उपभोगपरक बाज़ारी माल का प्रतिरोध भी है। कविता जानती है कि मैंगो फ्रूटी में मैंगो (आम) नहीं है, जीवन का रसपरिपाक नहीं है। कविता की भाषा में 'कुछ फूल पाँत', 'कुछ मोर पंख' भी बच्चे के लिए किसी भी दर 'कविता' से कम नहीं, ख़ुशी के रस से कम नहीं। जब मानव अपनी आत्मा की रसनीयता से वंचित रहेगा, तो अपने जीवन के 'आधार' से ही वह खिसक जायेगा। सोमप्रभ इस अन्दाज़ में बताते हैं कि *"मैं एक विस्थापित/अपनी जगह से/अपनी उमर से/अपनी आत्मा से/बेदख़ल होता/अपनी ही देह से/फेंक दिया जाता बाहर।"* मार्के की बात यह है कि कवि यहाँ देह–आत्मा के स्तर पर विस्थापित हो जाने की बात करता है, वही कविता का आधार है। अपरिमित क्षमताओं के धनी मानव की आत्मा विस्थापित हो जाने के क्रम में अपनी क्रियाशीलता से, आत्मपरितोष से हट जाता है। शरीर के स्तर पर होने वाला विस्थापन भौगोलिक स्तर पर भले ही सम्पन्न होता है, पर मानसिक स्तर पर आदमी अपने सांस्कृतिक परिवेश से दूर चला जाता है। आज का मानव यह अनुभव कर रहा है कि स्थानीय विचलन से भीतर की आदमियत निष्क्रमित होती जा रही है। चारों तरफ़ निर्जीवन का परिव्यापन हो रहा है, आधार–अधिकार

छिन जा रहे हैं। मनोहर बिल्लौरे की कविता 'मिल जुलकर' की पंक्तियों में जीवन के आधार के नष्ट होते जाने का ज़िक्र है। *"विकास के नाम पर/छीना जा रहा है किसानों से/उनका हक, घर–बार ज़मीन/कार्य, संस्कृति, उनके रिश्ते/जल–जंगल–ज़मीन हवा, पानी/प्रकाश को बेचने, पाने उन पर/आधिपत्य राजधानियों में हो रहे/गहन और गहनतर विचार–विमर्श।"* संकेत इस तरफ़ है कि वर्तमान अर्थतन्त्र मशीनीकृत अति–उत्पादन के पागलपन का शिकार बनकर जीवन को संकीर्ण बना रहा है। यहाँ उत्पादन उपयोग के लिए नहीं, उपभोग के लिए किया जा रहा है। पेट के खचाखच भर जाने के बाद भी एक आईस्क्रीम की चाहत बनी रहती है तो समझिए कि वह उपभोग के नशे का परिणाम है। आज हम वस्तुओं के लिए जी रहे हैं, वस्तु हमारे लिए नहीं है। पहले पहल मानव–प्रकृति के बीच आदान–प्रदान चलता था, ऐसे सहसम्बन्ध/अन्तर्सम्बन्ध में प्रकृति की सर्जनशील चाक्रिकता बराबर बरकरार रहती थी, पर आजकल इस कड़ी में उपभोग एक इकाई के रूप में जुड़ गया है, जिससे मानव–प्रकृति के बीच का समीकरण गड़बड़ा गया है, गड्डमड्ड हो गया है। उपभोग की संस्कृति ने, बाज़ार ने मानव को 'हर्ता' का दर्ज़ा दिया है। 'लिक्खे में दुख' शीर्षक कविता में लीलाधर मण्डलोई लिखते हैं– *"बाज़ार हिंसा का स्थल है/यहाँ से शुरू होता है, आपका वध/आपको अपनी मृत्यु का बोध नहीं होता है।"* नीरज कुमार नीर 'जंगल में पागल हाथी और ढोल' में कहते हैं कि यह वध किन–किन स्तरों पर सम्भव होता है। कवि साफ़–साफ़ कहते है कि *"आधुनिकता के नाम पर/छिन ली गयी हम से/हमारे हज़ारों साल की सभ्यता/कहा हमारी सभ्यता पिछड़ी है/अपनी ज़मीन, धर्म, सभ्यता से हीन/जड़ से उखड़े, हम ताक़ते हैं, आकाश की ओर।"*

हमारे जीवन का स्वाभाविक समीकरण व सन्तुलन बदल गया है, बिगड़ गया है। प्रकृति के साथ हमारे मन का जो सम्बन्ध था, हमारी संस्कृति में जो रिश्ता था, वह आजकल नहीं रहा है। हमारे सम्बन्ध प्रकृतिपरक थे, पारिवारिक थे, उसमें प्रेम की गर्मी थी,

मन की तरलता थी, भावों की भंगिमा थी। इसलिए ही वे सम्बन्ध ठोस आधार लिए हुए थे। कुमार वीरेंद्र की कविता इसी बात की याद दिलाती है। कविता कहती है कि 'हमारे दादा–दादी, नाना–नानी, काका–काकी यहाँ तक कि माँ–बाप ने ही बताया है कि चाँद मामा है, नदी माँ है, बिल्ली मौसी है, कनखोज़र भाई है।' समकालीन कविता इस प्रकार के भावात्मक सम्बन्धों को बचाने की ज़रूरत को पहचानती है। सबके नष्ट होते जाने के परिसर में उदय प्रकाश की कविता बचाने की बात करती है– *"बचाना चाहिए तो बचाना चाहिए / गाँव में खेत, जंगल में पेड़, शहरों में हवा / पेड़ों में घोंसले, अख़बारों में सचाई / राजनीति में सिद्धान्त, प्रशासन में मनुष्यता / दाल में हल्दी।"* (बचाओ) कवि मन का सार इतना है कि मानव अपनी 'प्रकृति और अन्तःप्रकृति' को बचाए, जीवन को सुन्दर बनाए। मानव अकेले में जीवन का शृंगार नहीं कर सकता है। जिस प्रकार विभिन्न सुरों से, वाद्य–यन्त्रों के नाद के संयक मिलन से संगीत सुरभिल होता है, उसी प्रकार प्रकृति के वैभव की लय–विलय में ही जीवन की आभा रहती है।

भूमिका पर विराम चिह्न लगाने से पहले इतना भी कह जाता हूँ कि कविता अपने समय की साक्षी अवश्य है। वह जीवन की प्रकट–अप्रकट सचाइयों का ज्वलन्त दस्तावेज़ है। उसमें समय के काले–सफेद अनुभव अंकित होते हैं, जीवन के अभाव, विषमता का बयान होता है। इस बयान के साथ ही वह जीवन को बदरंग करने वाले सभी प्रकार के कुचक्रों की पोल खोल देती है। साथ ही संघर्ष का एक राजमार्ग प्रशस्त करती है। मैं विश्वास करता हूँ कि 'प्रकृति और अन्तःप्रकृति' शीर्षक यह आलोचनात्मक निबन्ध संकलन इस दिशा में पाठकों को उन्मुख करेगा ही।

अन्त में कुसाट तथा वाणी प्रकाशन के समस्त पदाधिकारियों को सादर अभिवादन।

–प्रो. प्रभाकरन हेब्बार इल्लत

अनुक्रम

कविता : प्रकृति और आधुनिकता

अच्युतानन्द मिश्र

कविता का सम्बन्ध समय से है, समाज से है, मनुष्य से है। लेकिन कविताएँ अपनी प्रकृति में, अपनी संरचना में, अपनी बुनावट में स्वायत्त होती हैं। कविता में यह आबद्ध होकर भी स्वतन्त्र होना किस तरह सम्भव होता है? कविताएँ समय, समाज और मनुष्य से जुड़ी होकर भी उनकी सीमाओं के परे चली जाती हैं। ऐसे में कविता को परिभाषित करना सृजनात्मक प्रक्रिया के विरुद्ध जाना होगा। इसलिए अगर हम कविता पर विचार करें तो वह अनिवार्य रूप से गतिशील प्रक्रिया के तहत ही सम्भव है। कविता के बारे में विचार करते हुए हम एक सरल सी बात से शुरू कर सकते हैं, लगभग विज्ञान की भाषा में प्रवेश करते हुए। जब दो या दो से अधिक भिन्न गुण वाली वस्तु मिलकर एक तीसरी चीज़ बनाती हों, तो वहां कविता होगी। रसायन की भाषा में जिसे हम अवयव कहते हैं। क्या कविताएँ भी अवयव की तरह होती हैं? दृश्य–अदृश्य, अन्तर–बाह्य, मनुष्य–प्रकृति के संयोग से बनती हुई। जैसे दो पत्थरों के रगड़ने से आग का निकलना, इसमें दोनों पत्थरों का होना ज़रूरी है और इससे एक तीसरी चीज़ नमूदार होती है–आग। जब आग पैदा होती है तो हर पत्थर का अस्तित्त्व दूसरे के महत्त्व को स्थापित करता है। किसी एक को अधिक महत्त्वपूर्ण और दूसरे को कम महत्त्वपूर्ण नहीं माना जा सकता। हर एक का अस्तित्त्व अपने साथ–साथ दूसरे को प्रकाशित करता है। इसमें स्वयं का होना और स्वयं से मुक्त होना, दोनों ही शामिल है।

मनुष्य की चेतना में आग की खोज किसी चमत्कार से कम नहीं रही होगी। उसने इसे संयोग से पाया होगा। पत्थरों के भीतर छिपी आग को जानकर जहाँ उसे एक तरफ़ हैरानी हुई होगी, वहीं उसके दिमाग़ में एक असीम विस्तार भी पाया होगा। वह कौतुहल से ज्ञान की तरफ़ बढ़ा होगा। आग की प्रकृति, उसे निर्मित करने वाले पत्थरों से कितनी भिन्न है। एक ठण्डे पत्थर के टुकड़े के भीतर आग के महदूद होने की बात ने उसे आश्चर्य और रचनात्मक संवेग से भर दिया होगा। उसके समक्ष यह प्रश्न आया होगा कि इस आग का रहस्य क्या है? उसने आग को मानव चेतना में मौजूद पाया होगा। इस तरह के बहुत सारे छिपे, अनुदघाटित रहस्यों के विषय में उसने विचार किया होगा। उसकी चेतना वस्तुपरकता से आत्मपरकता की ओर बढ़ी होगी। बाह्य वस्तुपरक दुनिया की गतिशीलता ने आत्म में हलचल पैदा की होगी। किसी तड़पते मनुष्य को देखकर उसके भीतर करुणा और ममत्व की लहरें उठी होंगी। वे दृश्य उसके स्मृति पटल पर सदा के लिए अंकित हो गये होंगे। उसे याद कर बार–बार उसके हृदय में एक कचोट सी उठती रही होगी। उसने अपने भीतर एक खालीपन, एक नीरवता को महसूस किया होगा। इस खालीपन, इस नीरवता ने उसे आत्मबोध से युक्त किया होगा। वह आत्मपाश में बँध गया होगा। आग की ही तरह क्या कविता भी बाहर और भीतर के संघर्ष से निर्मित नहीं होती? क्या हम कह सकते हैं कि कविता, ज्ञान और संवेदना की रगड़ से पैदा हो रही एक तीसरी सम्भावना है। जिसमें किसी एक को महत्त्वपूर्ण और दूसरे को कम महत्त्वपूर्ण मानना, एक को प्राथमिक दूसरे को द्वितीय मानना कविता की रचनात्मक भूमिका को नकारना है?

सामान्य भाषा में क्या हम यह नहीं कह सकते कि अच्छी कविता ज्ञान और संवेदना की परस्परता से पैदा होती है। किसी एक के आधिक्य या दूसरे के कमतर होने से कविता का जादू नष्ट हो सकता है। कविता की व्याख्या करते हुए कुन्तक ने ध्वनि और अर्थ दोनों के समान महत्त्व की बात कही है।

कुन्तक का मानना था कि ध्वनि और अर्थ दोनों में परस्पर स्पर्धा होती है। किसी एक के कम और दूसरे के आधिक्य से कविता सम्भव नहीं। मुक्तिबोध इसी बात को ज्ञान और संवेदना के द्वन्द्व के रूप में रखते हैं। वे कहते हैं ''भजगत जीवन के संवेदनात्मक ज्ञान और ज्ञानात्मक संवेदना के भीतर समायी मार्मिक आलोचना दृष्टि के बिना कवि कर्म अधूरा रह जाता है (मुक्तिबोध रचनावली, खण्ड 5, पृ.–191)। मुक्तिबोध जिसे आलोचनात्मक दृष्टि कह रहे हैं, कुन्तक के लिए वही परस्पर स्पर्धा है यानी एक सतत द्वन्द्व काव्य विवेक को घेरे रहती है। यह वही अन्दर बाहर का द्वन्द्व है, जो कविता को सम्भव बनाती है। बाह्य दुनिया के समानान्तर एक वैसी ही दुनिया हमारे भीतर भी होती है। कवि भाषा के रास्ते दोनों दुनियाओं को एक साथ जीता है। कवि की यह नियति या विडम्बना जो भी कह लें, कविता की प्रेरणा वहीं है।

शायद पहली कविता आग ही रही होगी या फिर स्पर्श या रुलाई या फिर शिकार के लिए भागते हिरण की घूमती बेचैन आँखें या चौंक गये मनुष्य की धड़कन या किसी पत्ते पर रात के ओस की बूँद में चमकती सूर्य रश्मियाँ या इन रश्मियों की स्मृति में स्पन्दित आँखों की पुतलियाँ। इन सब में कविता और कविता का पहला स्पर्श मौजूद रहा होगा। चमत्कार और ज्ञान के बीच एक नयी चीज़ की खोज ने मनुष्य को जीवन के सौन्दर्य की पहली बूँद का स्वाद दिया होगा। इस प्रक्रिया में जो सबसे पहली बात हुई होगी वह है–मनुष्य का आत्मविस्तार। कविता ने आत्म को महसूस करने से लेकर आत्मविस्तार तक की हज़ारों वर्षों की यात्रा को सम्भव किया होगा। जब कहीं किसी पेड़ की छाँव में बैठकर आदमी ने अपनी थकान को थपथपाया होगा, पहली ध्वनि फूटी होगी। ये ध्वनियाँ कविता के अस्फुट स्वर रहे होंगे, जिसे बार–बार असंख्य बार दुहराया गया होगा। अनेक कण्ठों ने उन स्वरों के स्पर्श का रोमांच अर्जित किया होगा। किसी साथी के स्पर्श के बाद, वर्षा के एक बूँद जल को पी लेने के बाद, हवा के थपेड़ों को अपने बालों पर महसूस करने के बाद।

कविता शब्द से पहले ध्वनि में मौजूद रही होगी। ध्वनि बरबस ही फूट पड़ी होगी, जैसे पत्थरों के टकराने से आग। मनुष्य ने अपने भीतर भी आग की ऊष्मा महसूस की होगी। कविता ही मनुष्य को शब्दों की दुनिया में ले गयी होंगी। आरम्भ में शब्द महज़ वेदना या पुकार भर रहे होंगे। शब्दों ने वेदना से संवेदना और संवेदना से अर्थ तक की यात्रा की होगी। शब्द से फिर भाषा और भाषा से समाज। शब्द और अर्थ के संयोग ने ही व्यापक सामाजिक बोध को निर्मित किया होगा। मनुष्य और समाज के इस सरल से लगते सम्बन्ध के बीच कविता, भाषा और संवेदना ने कितनी निर्णायक भूमिका अदा की होगी, यह बताने की आवश्यकता नहीं, लेकिन सबके मूल में निर्णायक भूमिका कविता की ही रही होगी। क्या यह जो मनुष्यता का अस्तित्त्व है, उसकी मूल बुनियाद कविता है?

कविता का उत्स कहाँ है?

क्या वह उस बाह्य गतिशील दुनिया में मौजूद है या फिर मनुष्य के अन्तस गुह्य अन्धकार में? कविताएँ कहाँ से आती हैं? कविताएँ हमारी दुनिया में क्या भूमिका अदा करती हैं? मनुष्य और कविता के अन्तर्सम्बन्धों से जुड़े ये प्रश्न उसके अन्तर्जगत में सदा से मौजूद रहे हैं। इन प्रश्नों का होना मनुष्य के रचनाशील होने को प्रामाणिक बनाता है। यह बात बारम्बार दुहरायी गयी है कि पीड़ा से कविता का जन्म होता है। पर क्या कविता पीड़ा है? क्या वह मनुष्य को पीड़ा से निकालती है? पीड़ा कविता का उद्‌गम भी है और वह मनुष्य को उससे मुक्त भी करती है। कविता की पीड़ा के साथ यह द्वन्द्वात्मक सम्बन्ध है। यह सम्बन्ध मनुष्य को कविता के प्रति प्रतिबद्ध बनाता है। क्या यह द्वन्द्वात्मकता ही उसमें वह चुम्बकत्व विकसित करता है, जिससे मनुष्य बार–बार स्वयं को कविता के समक्ष पाता है? रचना अगर कर्म है तो क्या वह मनुष्य के भीतर मौजूद काव्य चेतना की सार्थकता को इंगित नहीं करता? यह भी कम दिलचस्प नहीं कि दुनिया की अधिकांश आधुनिक

कविताएँ ऊब, निराशा हताशा, क्रोध और निरर्थकता से पैदा हुई हैं। कविता से पूर्व जो निरर्थक है, अर्थहीन है, जुगुप्सा उत्पन्न करता है, अकर्मक है, वही कविता में ढलकर अर्थपूर्ण सौन्दर्यात्मक एवं सकर्मक हो जाता है। यही कविता को रहस्यमयी बनाती है। मनुष्य के भीतर यह विवेक है कि वह हर रहस्य को भेद देगा, उसे कविता की तरफ़ ले जाता है। कविता का पारस पत्थर हर चीज़ को बदल देता है। कोई भी वस्तु काव्य विषय होने का पश्चात् रूपान्तरित होती है। जैसे कोई कुम्हार गीली मिट्टी के लोंदे को एक सुन्दर से घड़े में रूपान्तरित करता है। कविता भी ठीक उसी तरह निरर्थक और सामान्य से लगते विषय को अर्थपूर्ण और सार्थक विषय में बदल देती है। काव्य प्रक्रिया एक सकर्मक प्रक्रिया है, जो सौन्दर्य एवं सौन्दर्य दृष्टि निर्मित करती है। ऐसा कई बार होता है कि हम किसी की पीड़ा को देखकर मुँह मोड़ लेते हैं। हम उस दृश्य, घटना से स्वयं को आबद्ध न करने का प्रयत्न करते हैं। लेकिन वास्तव में उस दृश्य या घटना को देखते ही हमारा अन्तर्मन उससे जुड़ जाता है, मुक्त होने की कोशिश हमें और आबद्ध करती है। हम बार–बार यह याद करने की कोशिश करते हैं कि वह क्या है, जिससे हम मुक्त होना चाहते हैं और ऐसा करते हुए हम उसके प्रति अनायास ही एक सम्बन्ध विकसित कर लेते हैं। स्मृति–पटल पर वह दृश्य भली भाँति अंकित हो जाता है। मस्तिष्क और हृदय के किसी सुराख़ में पीड़ा एक दृश्य, ध्वनि, करुणा या आर्तनाद बनकर प्रवेश कर जाती है। यहाँ से द्रष्टा या भोक्ता के भीतर कुछ बदलता है। वह चाहते, न चाहते हुए भी उसका एक अंश बन जाता है। पीड़ा, दृश्य, ध्वनि आदि चिह्नों में बदलकर उसे रूपान्तरित करने लगती है। उसका आत्म कहीं अवचेतन में इस रूपान्तरण का विरोध करता है। वह विरोध और रूपान्तरण के द्वैत में क़ैद हो जाता है। दो किनारों के बीच लहरें उसे इस पार से उस पार धकेलती रहती हैं। उसके भीतर दोलन पैदा होती है। यह दोलन कभी भाषा की ध्वन्यात्मकता में तो कभी दृश्य की धूप–छाहीं दुहराव में व्यक्त होती है।

मुक्ति और बद्धता की यह प्रक्रिया ही व्यापक अर्थों में कविता में दुहराव के तमाम नियमों को विकसित करता है। वह ध्वन्यात्मक दुहराव भी हो सकता है, जो सांगीतिक प्रभाव पैदा करता है। वह दृश्यात्मक दुहराव भी हो सकता है, जो हृदय के अन्तस में कम्पन पैदा करे। कविता का अनिवार्य सम्बन्ध दोलन की प्रक्रिया और तरंग गति से है, लेकिन भौतिकी में जहाँ दोलन गति और तरंग गति के अर्थ निश्चित हैं, समीकरण तय हैं। कविता में इनके अर्थ असीम विस्तार लिये हैं। कविता में मौजूद दोलन गति और तरंग गति का सम्बन्ध प्रकृति और चेतना में मौजूद हर तरह के कम्पन से है। यह कम्पन बाह्य भौतिक जगत और सूक्ष्म अन्तर्जगत दोनों को जोड़ती है। कविता के लिए दोनों का एकमेक होना अनिवार्य है। किसी एक की महत्ता कविता के प्रभाव को यान्त्रिक बनायेगी। बाह्य की गति जब अन्तर्जगत में एक लय उत्पन्न करती है तो चेतना उस लय, उस गति को मूर्त करने का प्रयत्न करती है। इस प्रक्रिया में ध्वनि और दृश्य दोनों चिह्नों की भूमिका निभाते हैं। कहना न होगा की ये चिह्न पहले से हमारी चेतना में मौजूद रहते हैं। कविता की प्रक्रिया अनिवार्य रूप से इन रास्तों से होकर गुज़रती है, लेकिन इस क्रमिकता के भीतर कई तरह के क्रमभंग मौजूद रहते हैं। अगर हम बिन्दु को विस्तार दें तो वह एक रेखा है और रेखा को सूक्ष्म करें तो वह बिन्दुओं का योग है यानी हर क्रमिकता में असंख्य क्रमभंग मौजूद रहते हैं। इन क्रमभंग को हम अन्तराल भी कह सकते हैं, जैसे ध्वनियों के बीच अन्तराल, शब्दों के बीच अन्तराल। ये अन्तराल कविता की अन्तर्लय का निर्माण करते हैं और इसमें प्रकट तौर पर मौजूद सारे विभाजन नष्ट होते जाते हैं। रुकना भी चलने की प्रक्रिया का अनिवार्य अंग होने लगता है।

कविता और समाज

कविता भाषा के सबसे चैतन्य रूप को सामने लाती है। ऐसा करते हुए वह भाषा को अर्थ की सीमाओं के परे ले जाती है।

बोलचाल की भाषा जहाँ शब्दों को रूढ़ अर्थ प्रदान करती है, वहीं कविता नये अर्थों का उन्मेष करती है। कविता भाषा की रूढ़ि को यथा–सम्भव तोड़ती है। कविता की सबसे बड़ी भूमिका यह है कि वह हमें इस बात से सम्पृक्त करती है कि अर्थ भाषा का अन्तिम लक्ष्य नहीं है और इस सन्दर्भ में कविता के उपयोगितावादी दृष्टिकोण से आगे निकलकर उसमें करुणा, संवेदना, आक्रोश, पीड़ा और संगीत भरती है। शब्दों में अर्थ और नाद के समन्वय से नये बोध तक पहुँचने की कोशिश कविता की प्राथमिकता होती है। भाषा का सम्बन्ध समाज और मनुष्य से है और कविता भाषा को ही माध्यम बनाती है, इसलिए सामाजिक रूपाकारों में आये बदलाव कविता को प्रभावित करते हैं। इस बात पर विचार किया जाना चाहिए कि भाषा से कविता का निर्माण नहीं हुआ, बल्कि इसके उलट कविता से भाषा निर्मित हुई है। जब मनुष्य की सामाजिकता का विस्तार हुआ तो उसे अधिक अर्थपरक और उपयोगी संवाद की ज़रूरत महसूस हुई और यहीं से कविता और भाषा का पृथक्कीकरण आरम्भ हुआ। कविता से बाहर की भाषा बाह्य अर्थ तक महदूद होती गयी। वह वस्तुओं की बाहरी दुनिया को इंगित और चिह्नित करने लगी। इस तरह कविता के बाहर की भाषा, भाषा के अन्य आयामों, जिसमें ध्वनि, अलंकार, प्रतीक, बिम्ब आदि से धीरे–धीरे पृथक होने लगी और भाषा के विविध आयाम कविता के साथ रह गये। ऐसे में यह सोचना ठीक नहीं जान पड़ता कि कविता की भाषा कोई विशिष्ट भाषा है, बल्कि यह कहना ज़्यादा संगत जान पड़ता है कि कविता की भाषा ही वास्तविक भाषा है। संवाद की भाषा महज़ उसका एक आयाम है, जिसमें भाषा के रूढ़ होने की सम्भावना अधिक है। यह कम दिलचस्प नहीं कि जब समाज कविता विहीन संवाद की भाषा में व्यवहार करता है तो वह उसे ही वास्तविक भाषा मानने लगता है। कविता को किसी और दुनिया, किसी और समाज की भाषा मानने लगता है। इस प्रक्रिया का परिणाम यह होता है कि वह कविता के साथ एक अजनबियत महसूस करने लगता है।

उसकी चेतना में कविता की भूमिका अनिवार्य की जगह अतिरिक्त की होने लगती है। वह कविता को फुर्सत की चीज़ मानने लगता है। कविता से यह विलगाव उसके भीतर एक संवेदनात्मक विलगाव भी पैदा करती है। वह संवेदनात्मक विवेक को मनुष्य की कमज़ोरी और भावुकता की तरह देखने लगता है। वह अर्थ–परकता को इस हद तक अनिवार्य और अन्तिम मानने लगता है कि उसे संवेदनात्मकता अतिरिक्त और ग़ैर ज़रूरी जान पड़ती है। अर्थ और संवेदना का यह विलगाव समाज का स्थायी भाव बनने लगता है।

आरम्भ में एक बात कही गयी है कि मनुष्य कविता से भाषा की तरफ़ आया होगा। भाषा की खोज मनुष्य के सामाजिक होने की प्रक्रिया के साथ ही सम्भव हुई होगी। मनुष्य सामाजिक इसलिए हो सका, क्योंकि उसने अपने दोनों हाथ स्वतन्त्र किये। स्वतन्त्र हाथों ने न सिर्फ़ साथी के लिए फल तोड़ा बल्कि उसे स्पर्श भी किया और यही आरम्भिक कविता रही होगी। जिसे बुनते–गुनते वह भाषा तक आया होगा। जैसे–जैसे वह भाषा को अर्थपूर्ण बनाता गया, अर्थ और संवेदना, भाषा और कविता का पृथक्कीकरण होने लगा। संवाद के केन्द्र में अर्थ आ गये और कविता और अर्थपूर्ण संवाद का विलगाव आरम्भ होने लगा। इस तरह कविता विहीन समाज की संरचना न सिर्फ़ एक शुष्क भाषा बोध निर्मित करती है, बल्कि एक विरूपित जीवन दृष्टि भी पैदा करती है। हम यह बात भूलने लगते हैं कि भाषा का अन्तिम और अन्यतम लक्ष्य कविता ही है। आधुनिक कविता पर विचार करते हुए अक्सर छन्द की वापसी का नारा बुलन्द किया जाता है। कुछ इस अन्दाज में जैसे कि छन्द का नष्ट होना काव्यात्मक विकास की प्रक्रिया से भिन्न कोई और अवस्था रही हो और कविता को वापस छन्द की राह पर चलाना सम्भव हो। कविता पर विचार करते हुए यह प्रश्न ऐसे में अनिवार्य हो जाता है कि कविता लम्बे समय तक, तक़रीबन 20वीं शताब्दी के आरम्भ तक छन्दमय ही थी लेकिन आधुनिक युग में छन्द लगभग नष्टप्राय हो गया। प्रश्न उठता है कि अगर कविता छन्द के बग़ैर भी सम्भव थी

तो कविता में छन्द का इतना महत्त्व क्यों था? छन्द ने कविता में जो जगह बनायी थी, वह जगह कहाँ गयीं? आधुनिक कविता में छन्द का विकल्प क्या है? साथ ही क्या वास्तव में कविता में छन्द की वापसी सम्भव है?

साहित्य पर विशेषकर कविता के विषय में बात करते हुए हम रूप–वस्तु के द्वैत पर बात करते हैं। क्या वास्तव में कला के किसी प्रारूप में रूप और अन्तर्वस्तु का सरल विभाजन सम्भव है? क्या यह महज़ एक व्याख्यात्मक सरलीकरण भर नहीं है? दरअसल, कविता में जितना दृश्य है, उतना ही अदृश्य भी। जब हम कविता को रूप और अन्तर्वस्तु के द्वैत में बाँटते हैं, तो कविता का मूर्त पक्ष ही हमारे ज़ेहन में रहता है, उसका अमूर्त पक्ष या अर्थ से इतर जो उसकी वास्तविकता है, वह हमसे ओझल होने लगती है। रूप अन्तर्वस्तु के विभाजन की शर्त पर हम कविता के अर्थ से इतर की वास्तविकता से महरूम होने लगते हैं। हक़ीक़त में किसी कला रूप में इस तरह का विभाजन सम्भव नहीं। उदाहरण के लिए अगर हम यह प्रश्न पूछें कि कविता में भाषा का सम्बन्ध रूप से है या अन्तर्वस्तु से तो यह प्रश्न ही ग़लत होगा। कविता में मौजूद छन्द को भी इसी तरह महज़ रूपगत कसौटी मानना छन्द की व्यापक सामाजिक, सांस्कृतिक एवं ऐतिहासिक भूमिका को नकारना है। छन्द का सम्बन्ध प्रकृति में मौजूद ध्वनियों के कम्पन, जीवन–सम्बन्ध और क्रियाशीलता से है। छन्द का स्पष्ट सम्बन्ध बाह्य जगत की वस्तुपरकता से है। उस वस्तुपरकता से जिसे हम भाषा के माध्यम से मूर्त करते हैं। उस चेतना से है, जो बाह्य रूपाकारों को ध्वनि और दृश्य माध्यमों में बदलती है। बाह्य जगत की वस्तुपरकता में अगर क्रान्तिकारी बदलाव आयेगा तो वह हमारे भाषिक व्यवहारों को भी परिवर्तित करेगा। यह देखना कम दिलचस्प नहीं होगा कि दुनिया के किस हिस्से में किस तरह के छन्द और लय का प्रयोग होता रहा है और उसका वहाँ के समाज और प्रकृति से किस तरह का सम्बन्ध रहा है। छन्द और लय की तलाश किसी भी समाज के लिए प्रकृति के साथ

उसके सह अस्तित्त्व की प्रक्रिया में ही सम्भव है। इसलिए छन्द कोई बाह्य आरोपित या मनोगत व्यवस्था नहीं है। इसे किसी कवि की निजी विशिष्टता के रूप में देखना उसकी वास्तविक संरचना को नकारना होगा। पहाड़ पर रहने वालों की कविता में जिस तरह के छन्दों का प्रयोग होता रहा है, उसका गहरा सम्बन्ध उनकी जीवन स्थितियों से है। उसमें साँस की कम्पन का प्रभाव मैदान पर रह रहे लोगों की अपेक्षा अधिक है। उसमें दूर तक गूँजने वाली ऐसी ध्वनियाँ जो प्रतिध्वनि उत्पन्न करे, स्पष्ट देखा जा सकता है। इसी तरह समुद्र के किनारे बसे लोगों की काव्य लय में समुद्र की लहरों का उठना गिरना, उसका समय बोध अधिक प्रभावी ढंग से प्रयुक्त होता है। कहने का तात्पर्य यह है कि दुनिया की तमाम कविताओं में जो लय और छन्द रहा होगा, उसका गहरा सम्बन्ध वहाँ की स्थानिकता एवं सामाजिक साँस्कृतिक संरचना से रहा है, वहाँ की जीवन शैली से रहा है। लेकिन स्थानिकता के इस व्यापक अर्थ को जिस तरह पिछले तीन सौ सालों की सभ्यता में बदला गया है, उसने निश्चित रूप से इस सम्बन्ध को प्रभावित किया।

ऐसे में छन्द और लय को सभ्यता विमर्श के दायरे में रखकर ही समझा जा सकता है। उससे परे छन्द के विषय में बात करना उसे एक निर्जीव तकनीकी सूत्र में बदलना होगा। कविता में छन्द और लय कविता की युगीन यथार्थ को इंगित करते हैं।

छन्द क्यों कारगर हुए

हमारे लिए यह भी महत्त्वपूर्ण है कि पिछली शताब्दी के मुहाने तक छन्द कविता का अविभाज्य अंश रहा है, लेकिन पिछले सौ साल की कविता पर नज़र डालें तो यह देखना कठिन न होगा कि आज कविता का वैभव छन्द के उस पुराने रूपाकारों से एक हद तक मुक्त है। अगर कहीं किसी कविता में वह प्रयुक्त हो भी रहा है तो उसका प्रभाव सीमित है। प्रश्न उठता है कि छन्द कविता में प्रभावी भूमिका लम्बे समय तक क्यों निभाते रहे? हम अगर मध्यकालीन

काव्य को देखें तो यह बात कल्पना से परे लगती है कि छन्द, लय और तुक के बग़ैर भी कोई कविता सम्भव हो सकती है। इसका सहज अनुमान इस बात से लगाया जा सकता है कि भक्तिकाल की किसी श्रेष्ठ कविता का ज्यों ही हम अनुवाद छन्द और लय से परे किसी अन्य भाषा में करते हैं, तो वह अपना प्रभाव खो देती है। मध्यकाल की अधिकांश कविताएँ गेय हैं। संगीतात्मकता उनका प्रधान गुण है। संगीत में सबसे छोटी इकाई ध्वनि और बड़ी इकाई शब्द हैं, वाक्य नहीं। यही वजह है कि कविता का जोड़ शब्दों पर है। फिर प्रकाशन का प्रश्न भी है। कविता के प्रसार का माध्यम श्रव्य होना हैं। मानव मस्तिष्क में वाक्य की अपेक्षा शब्द देर तक और दूर तक रह सकते हैं, रहते हैं। कहना न होगा कि छन्द और लय मध्यकालीन काव्यबोध का अनिवार्य और अविभाज्य हिस्सा रहे हैं। वह कविता की एक ठोस पहचान रही है और इसका सम्बन्ध जहाँ एक ओर स्थानिकता से रहा है, वहीं दूसरी ओर वह जीवन शैली और कार्यव्यापार से भी जुड़ा रहा है। अगर हम किसी मध्ययुग के सामान्य किसान के जीवन की कल्पना करें तो हम पायेंगे कि उसका जीवन स्थान विशेष से उम्र भर के लिए जुड़ा रहता था। उसके जीवन में चीज़ें निश्चित समय पर एक ख़ास लय में दुहराई जाती थी। समय के चक्र को वह दिन–रात की सूक्ष्म कोटि की अपेक्षा ऋतुओं के चक्र के रूप में देखता था, उसका जीवन बोध बारहमासा से बँधा था। उसके जीवन की लय बहुत तरह के बन्धनों में ही व्यक्त होती थी। ऋतु–चक्र और फ़सल–चक्र के बीच मौजूद जीवन से ही उसके जीवन की लय बनती थी। उसका छन्द बोध इससे बाहर नहीं था। जहाँ उसकी स्थानिकता उसके छन्द और लय के दायरों को निर्मित करती थी, वहीं उसके जीवन में मौजूद दुहराव उस छन्द की ध्वनियों को निर्धारित करते थे। उसका काव्यबोध इन्हीं पूर्व निर्मित परिपाटियों में विकसित होता रहा। ऐसे में उसकी कविता भाषा की सबसे छोटी इकाई में ही पूर्ण होती थी। यह सबसे छोटी इकाई है–शब्द।

शब्द ब्रह्म है, यानी सम्पूर्ण है। मध्यकाल तक की तमाम कविताओं के केन्द्र में शब्द हैं। किसान जीवन के केन्द्र में शब्द है। जीवन की तमाम अभिव्यक्तियाँ शब्दों में पूर्ण हैं। शब्द के इस व्यापक महत्त्व को स्वीकारते हुए कबीर कहते हैं–

साधो शब्द साधना कीजै
जे ही शब्द से प्रगट भये सब, सोयी शब्द गहि लीजै
शब्द गुरू शब्द सुन सिख भये शब्द सो बिरला बूझै
सोयी शिष्य सोयी गुरू महातम जेहि अन्तर गति सूझै
शब्दै वेद–पुरान कहत है शब्द शब्दै सब ठहरावै
शब्दै सुर मुनि सन्त कहत है शब्द भेद नहि पावै
शब्दै सुन सुन भेष धरत है शब्दै कहै अनुरागी
षट–दर्शन सब शब्द कहत है शब्द कहे बैरागी
शब्दै काया जग उतपानी शब्दै केरि पसारा
कहै 'कबीर' जहं शब्द होत है भवन भेद है न्यारा

(कबीर समग्र, पृ. 774)

वाक्य क्यों नहीं, शब्द क्यों? क्योंकि शब्दों का सम्बन्ध छन्द और लय की उस प्रक्रिया से है जिसका मुद्रण कागज़ की जगह मस्तिष्क पर हो रहा है। स्मृति के किसी कोने में जिस सहजता के साथ लय और छन्द में ढले शब्द, शब्द–खण्ड, शब्द–युग्म रह सकते हैं, वाक्य नहीं। मध्ययुग की तमाम कविताएँ गेय हैं। गीत और संगीत, छन्द और लय सब उसमें इस तरह घुले मिले हैं कि कविता की सामान्य परिभाषा का हिस्सा बन जाते हैं। इससे परे वहाँ कविता का कोई अस्तित्त्व सम्भव नहीं। कहना न होगा कि वहाँ शब्द लय और छन्द में ढलकर ही कवि की चेतना में दृश्यमान होते होंगे। चूँकि समाज अपनी स्थानिकता से मज़बूती से जुड़ा हुआ था। लोग एक दायरे के बाहर कभी नहीं जाते थे तो उन्हें कभी अपने काव्यबोध से परे किसी अन्य काव्यबोध की सम्भावना पर गम्भीरता से विचार करने की ज़रूरत महसूस नहीं हुई। यह तो आधुनिक समाज का बोध है कि कविता जटिल है, संगीत सरल। आधुनिकता ने कविता और संगीत के द्वैत को खड़ा किया है।

आधुनिक कविता का उद्भव

मध्य युग का मनुष्य एक विशिष्ट जीवन शैली से जुड़ा था। अधिकांश लोग अपने इर्द–गिर्द के छोटे और सुरक्षित दायरे के बाहर नहीं जाते थे। जीवन अनुभव चक्रीय था। सामान्य मनुष्य की चेतना में कुछ उदात्त और श्रेष्ठ की काव्यात्मक परिभाषा व्याप्त होती थी। दुनिया अच्छे–बुरे, राम–रावण, कृष्ण–कंस जैसे सरल द्वैतों में ढली थी। कवि इन गाथाओं के मध्य समकालीनता की लय तलाशता था। अन्तर्विरोध थे, लेकिन वे धीमी गति से प्रकट होते थे। कविता का महत्त्व सुनने में था। सुनने की प्रक्रिय तीव्र प्रतिक्रिया को जन्म देती थी। इसलिए प्रक्रिया और प्रतिक्रिया के दुहराव में पाठ, स्मृति में टंग जाते थे। उनका ध्वनि बोध मस्तिष्क में टिका रह जाता था। कविता शब्दों के रास्ते ज़ुबान पर लौट आती थी। उसकी अन्तर्लय स्मृति के कोठार में हमेशा के लिए अरक्षित हो जाती थी। लब्बो–लुबाब यह है कि कविता की समग्र प्रक्रिया मानवीय श्रम और मनुष्य की चेतना की गति की सीमाओं और विस्तार से बँधी थी। कवि और श्रोता के मध्य कोई तीसरी चीज़ नहीं थी। आधुनिकता के उद्भव ने इस गतिकी को बदल दिया। जीवन की लयात्मकता बिखरने लगी। गति का मान बढ़ने लगा। मनुष्य अपने सीमित दायरे से बाहर आने लगा और दुनिया के विस्तार को उसने गाथा और पुराणों की नज़र से नहीं अपनी खुली आँख से देखना आरम्भ किया। वह मध्ययुग तक दुनिया के विषय में सुनता था, जो स्मृति के किसी कोने में दर्ज हो जाती थी। श्रव्य परम्परा के रास्ते वह पीढ़ी दर पीढ़ी प्रसारित होती रहती थी। आधुनिकता ने इस प्रक्रिया को बदल दिया, अब वह सुनने की जगह देख रहा था। धीरे–धीरे कविता श्रव्य से दृश्य में ढलने लगी। इस देखने की प्रक्रिया ने उसकी चेतना को बदलना शुरू किया। उसका अन्तर्बोध बदलने लगा। आधुनिकता के आगमन के साथ ही मनुष्य और प्रकृति के बीच हज़ारों वर्षों का आदिम सम्बन्ध बदलने लगता है। उत्पादन की प्रक्रिया के तीव्र होने से उसे यथार्थ के एक नये धरातल पर ला दिया।

मध्य युग में यथार्थ का लक्ष्य आदर्श था। रामकथा में राम का यथार्थ अन्ततः रामराज्य के आदर्श में परिणत होता है, लेकिन आधुनिकता ने यथार्थ और आदर्श के बीच एक विलगाव पैदा कर दिया। आदर्श काल्पनिकता की जगह लेने लगा। यथार्थ वास्तव में ढलने लगा। मनुष्य का प्रकृति से संघर्ष एकायामी नहीं रह गया। मनुष्य प्रकृति से संचालित होता था। अब वह प्रकृति को संचालित करने का प्रयत्न करने लगा। इस संघर्ष में उसे एक नया मित्र मिला–मशीन। मशीनों ने मनुष्य के हाथों का विकल्प पैदा किया। उत्तरोत्तर वे मनुष्य का विकल्प बनने लगे। आज हम कह सकते हैं कि मशीन, मानवीय स्पर्श और विवेक का भी विकल्प बन चुके हैं। यहाँ से उसकी कल्पना ने एक नयी उड़ान भरी। आधुनिकता के इन आयामों ने उसके काव्यबोध को बदल दिया। अब जीवन न तो एक सीमित दायरे में व्यक्त होता था और न ही वह ऋतु–चक्रों पर पूर्णतया आश्रित रह गया था। प्रकृति पर वर्चस्व क़ायम करने की इच्छा के बलवती होने से उसके भीतर पर–निर्भरता का मिथक तोड़ दिया। इस टूटने ने उस पुरानी लय को भी जीवन से विशृंखलित कर दिया। यथार्थ और आदर्श के विलगाव की तरह ही कविता और संगीत में भी विलगाव पैदा हो गया।

आधुनिकता ने मनुष्य के जीवन में नये विलगाव निर्मित किये। इन विलगावों ने जीवन चक्र को बदल दिया। जीवन बोध सरलता से जटिलता की ओर बढ़ने लगा। मध्य युग में जीवन का लक्ष्य था–काव्यात्मक आदर्श। आधुनिक युग में कविता का लक्ष्य हो गया–जीवन बोध। पुरानी लय के समाप्त होने पर यथार्थ को अब किसी छन्द में देख सकना सम्भव नहीं रह गया। पहले जो चक्रीय था, अब वह अन्य ज्यामितिक संरचनाओं में ढलने लगा। चेतना के इस विस्तार ने कविता में मौजूद सूक्ष्म लय को तो रहने दिया लेकिन बाह्य लयात्मकता, ध्वन्यात्मक बोध समाप्त हो गया। शब्दों का महत्त्व कम तो नहीं हुआ लेकिन शब्दों के महत्त्व में शब्द सिर्फ़ अर्थ और ध्वनि भर नहीं रह गये। शब्द यथार्थ और कल्पना के

द्वैत में भी ढलने लगे। आधुनिक कविता की संरचना में शब्द की केन्द्रीयता की जगह वाक्य आ गये। वाक्य शब्द की तरह बाह्य ध्वन्यात्मक इकाई नहीं थे, इसलिए वे किसी बाह्य छन्द या लय पर भी टिके नहीं थे। आधुनिक कविता में छन्द का बन्धन नहीं रहा। छापाख़ाना आ चुका था। संगीतात्मकता का बाह्य दबाव भी नहीं रहा। ऐसे में कविता की संरचना में मूलभूत परिवर्तन आता है। कविता के केन्द्र में शब्द नहीं, वाक्य चले आते हैं। अनेक उदाहरण दिये जा सकते हैं। 'दुख ही जीवन की कथा रही'– जैसे वाक्य क्या मध्यकाल की कविता में सम्भव थे? मध्यकाल के कवि इस तरह कहते थे, "कत न वेदन मोहि देसि मरदाना।" फ़र्क स्पष्ट है। पहले की कविता में जो बाह्य संगीत था, वह अब आन्तरिक संगीत में ढलने लगा। 'वसन्त के अग्रदूत' में अज्ञेय ने निराला के हवाले से इसी लयात्मक परिवर्तन की बात की है। उस संस्मरण में निराला अज्ञेय से कहते हैं 'स्वर की बात तो हम भी सोचते थे, लेकिन असल में हमारे सामने संगीत का स्वर रहता था और तुम्हारे सामने बोल चाल की भाषा का स्वर रहता है।' (अज्ञेय संचयिता, पृ. 465)

कविता अब पुराने अर्थ सम्दर्भों में श्रव्य नहीं रह गयी थी। उसे सुनकर मन मस्तिष्क पर अंकित नहीं किया जा सकता था। मुद्रण की आधुनिक प्रविधि ने आधुनिक कविता को सम्भव बनाया। छपाईख़ानों के आने के बाद कविता को मस्तिष्क में अरक्षित रखने का संकट समाप्त हो गया। इसका सबसे बड़ा प्रभाव न सिर्फ़ कविता की संरचना पर पड़ा बल्कि कविता पढ़ने, सुनने और समझने की प्रक्रिया में भी व्यापक अन्तर आया। कविता के विषय भी बदल गये। मध्य युगीन कविता के पात्र और चरित्र से पाठक पहले से जुड़े होते थे। काव्यात्मक लय उन्हें शब्दगत करती थी। लोग रामचरितमानस से पूर्व रामकथा जानते थे, लेकिन मानस ने उस कथा को जिस शब्द संरचना में ढाला, वह सामान्य जनता के कण्ठ में सहजता से प्रविष्ट हो गया। लोग रामकथा के आदर्श से जीवन में प्रेरणा ग्रहण करने लगे।

यह बात बार–बार दुहराने की आवश्यकता महसूस होती है कि मध्यकाल तक मनुष्य के जीवन में कविता आदर्श की भूमिका निभाती थी, इसलिए कविता पहले से मौजूद आदर्शात्मक और प्रेरक चरित्रों को विशिष्ट शब्द संरचना में ढालती थी। यह विशिष्ट संरचना उस दौर की काव्यात्मक प्रारूप को इंगित करती थी। कविता के विषय थे, समाज में मौजूद धार्मिक, ऐतिहासिक और पौराणिक चरित्र। कवि उपस्थित होकर भी अनुपस्थित रहता था। कबीर जैसे कवियों ने निश्चित ही इस परिपाटी से अलग कविताएँ लिखी और यह अनायास नहीं है कि मुक्तिबोध अपने एक लेख का आरम्भ ही इस वाक्य से करते हैं 'मध्ययुगीन कवियों में कबीर इतने आधुनिक क्यों लगते हैं?'

कहना न होगा कि मध्य युग की कविता का आधार था श्रवण। आधुनिक कविता का आधार है, दृश्य। बीसवीं सदी के आते–आते लगभग पूरी दुनिया की कविता से छन्द और लय का बाहरी स्वरूप ख़त्म क्यों हो गया? इस विघटन को सभ्यता के विकासक्रम से किस तरह समझें। प्रश्न उठता है कि आख़िर छन्द, लय और ध्वनि–बोध के धीरे–धीरे समाप्त होने पर कविता में क्या रह गया? या कहें कि कविता में उसका स्थान किसने ले लिया? आधुनिक कविता में छन्द लय और ध्वन्यात्मक बोध का स्थान दृश्यात्मक बोध ने ले लिया। दृश्यात्मक बोध से हमारा तात्पर्य क्या है? सुनने की प्रक्रिया में घटित से एक दूरी होती है। रामकथा हर कवि के लिए पूर्व में घटित कथा थी। कवि अपनी काव्यात्मक प्रतिभा से उस कथा के गिर्द ध्वन्यात्मक संयोजन को निर्मित करता था और कविता सम्भव होती थी। आधुनिक कविता ध्वनि को दृश्य में बदलती है। वहाँ सुनने की अपेक्षा देखने पर बल है। ऐसा इसलिए भी क्योंकि आधुनिक कविता का सम्बन्ध कहने की अपेक्षा लिखने पर है। यह अनायास नहीं है कि ग़ज़लें कही जाती हैं, लेकिन कविता (आधुनिक कविता) लिखी जाती है।

यथार्थ से काव्यात्मक यथार्थ तक

देखने की प्रक्रिया में निकटता पर बल होता है। आवाज़ें हम दूर से सुन सकते हैं, लेकिन देखने में आँख की हदों के पार जाना सम्भव नहीं। यही वजह है कि आधुनिक कविता ध्वन्यात्मक बोध, लय और छन्द की जगह चाक्षुष बिम्बों पर बल देती है। सरल शब्दों में कहें तो यह कहा जा सकता है कि मध्यकाल की कविता में जो भूमिका शब्द और ध्वनि अदा करती थी, आधुनिक काल की कविता में वही भूमिका दृश्य और बिम्ब अदा करते हैं। इस प्रक्रिया में देखने पर बल है, लेकिन यह देखना महज़ आँखों देखा हाल नहीं है। यह काव्यात्मक निगाह से निकट की चीज़ों को देखना है। उदाहरण के तौर पर हम निराला की इन पंक्तियों को देखें–

मैं अकेला;
देखता हूँ, आ रही
मेरे दिवस की सान्ध्य बेला

(मैं अकेला, राग–विराग)

इन पंक्तियों में देखने पर बल है, लेकिन कवि एक सान्ध्य बेला को देखता और फिर स्वयं को। वह बाहर से भीतर की यात्रा करता है। सबसे कठिन ख़ुद को देखना है। ख़ुद को देखने में आँखें बेमानी हो जाते हैं। देखने की प्रक्रिया बदल जाती है। यहाँ ढलती हुई सन्ध्या जीवन की ढलती साँझ में परिणत होने लगती है। शाम का गुज़रना या गुज़रते जाना उसे स्वयं के गुज़रते जाने सा प्रतीत होने लगता है। हम यह देख सकते हैं कि बाह्य एक नये अन्तस में ढलने लगता है। बाहर को खुली आँखें भीतर को खुलने लगती हैं और फिर कवि की आँखें अन्दर बाहर के विभाजन से परे चली जाती हैं। इस परे चले जाने को ही हम काव्यात्मक दृष्टि कह सकते हैं। यह दृष्टि खुली आँखों से देखने की प्रक्रिया से कितनी दूर चली जाती है। समर्थ कवि वही है, जो काव्यात्मक दृष्टि से चीज़ों के देखने को रूपान्तरित करता है। आधुनिक कविता यथार्थ को इस तरह काव्यात्मक यथार्थ में बदलती है। वह पूर्वसंचित यथार्थ को ज्यों का त्यों नहीं रख देती

वह कवि दृष्टि या कवि के देखने की प्रक्रिया में परिणत होकर यथार्थ को रूपान्तरित करती है। निकट के दृश्यों पर निग़ाह के जमने से कवि के अन्तर्बोध में एक व्यापक परिवर्तन आता है। कविता का प्राप्य काव्यात्मक आदर्श न रहकर काव्यात्मक यथार्थ हो जाता है। कवि रामकथा के बँधे बँधाये दायरे से मुक्त होकर अपने इर्द–गिर्द देखने लगता है। कई बार इतना निकट कि वह एक समूची दुनिया को स्व तक ले आता है–

पके आधे बाल मेरे
हुए निष्प्रभ गाल मेरे,
चाल मेरी मन्द होती आ रही,
हट रहा मेला।

(मैं अकेला, राग–विराग)

लेकिन यह आत्मालाप भर नहीं है। वह स्व को विस्तृत करता है। 'अपने सुख को विस्तृत कर लो सबको सुखी बनाओ' की शब्दगत संरचना से यह बहुत आगे की बात है। इसमें स्वयं को उत्सर्ग कर देने, निज और परे के अन्तर को मिटा देने की कोशिश है। निराला के यहाँ आधुनिक कविता सबसे प्रांजल और प्रखर स्वर उभर कर आता है। वास्तव में जिसे हम आधुनिक हिन्दी कविता कहते हैं, उसका आरम्भ निराला से होता है। निराला की कविता समूचे काव्यात्मक वितान के समक्ष खड़ी होती है–उसे बदलती है। हिन्दी कविता के इतिहास में निराला के आने से मध्य काल का समूचा सिराजा बिखर जाता है। जिस तरह एजरा पाउंड और टी.एस. इलियट के आने से यूरोप की कविता के समक्ष परम्परा और वर्तमान की बहस खड़ी होती है, उसी तरह निराला के आने से हिन्दी कविता में परम्परा बनाम वर्तमान की बहस शुरू होती है, इसलिए हिन्दी कविता में आधुनिकता का आरम्भ निराला से होता है। उससे पूर्व जिसे हम आधुनिकता कहते हैं, वह वास्तव में आधुनिकता से पूर्व संक्रमण का युग है, जिसमें परस्पर विरोधी प्रवृत्तियाँ एक साथ नज़र आती हैं। निराला की कविता से आधुनिक कविता के आरम्भ

मानने के पीछे एक बड़ी प्रेरणा यह भी है कि उनकी कविता काव्यदृष्टि को सूक्ष्मतर बनाते हुए उसका असीम विस्तार करती है। वह पुराने काव्यादर्शों के स्थान पर निज को काव्यात्मक यथार्थ में बदल देती है। यह बात 'सरोज स्मृति' या 'राम की शक्ति पूजा' दोनों के विषय में कही जा सकती है। यहाँ विषयान्तर न करते हुए संक्षेप में हम सरोज स्मृति पर ध्यान केन्द्रित कर सकते हैं। हम जानते हैं कि वह कवि के जीवन में घटित का वर्णन है। सरोज निराला की पुत्री थी और सरोज स्मृति से झाँकती कथा निराला के निजी जीवन से झाँकती कथा है। लेकिन यह सब जानते हुए भी यह कविता हमारे मन पर इतना गहरा प्रभाव क्यों डालती है? निराला–सरोज का जीवन किसी गाथा या पुराण को व्यक्त तो नहीं करता। फिर इसे हम किसी दूसरे व्यक्ति की कथा समझकर विमुक्त क्यों नहीं होने लगते? दरअसल, निराला–सरोज के द्वैत में हम अपनी किसी पीड़ा या सालती हुई स्मृति को देखने लगते हैं। कवि का जीवन हमारे जीवन के पन्ने पलटने लगता है। यह निकटता पहले सम्भव नहीं थी। भाषा के बाह्य दबावों से परे यह कविता अपनी आन्तरिक संगति से हमारी जीवन वीणा के ताऱ छेड़ती है। निराला जब यह कहते हैं कि दुख ही जीवन की कथा रही तो वह पीड़ा महज़ निराला व्यक्ति की नहीं बल्कि कवि निराला की पीड़ा बन जाती है और कवि निराला का अर्थ है–वह जो इन पंक्तियों से गुज़रता है। सरोज स्मृति हर पाठक के जीवन को सम्बोध्य होने लगती है, जो इस कविता को पढ़ता है। कहना न होगा कि सरोज स्मृति में सरोज की अकाल मृत्यु देश काल की सीमाओं के परे जाकर उतनी बार घटित होती है जितनी बार पाठक इसे पढ़ता है। कविता आकार में रहकर निराकार होने लगती है। अपने वर्तमान से परे जाकर पाठक के वर्तमान में प्रविष्ट कर जाती है। किसी फ़िल्म की तरह। वह हर दर्शक के सामने घटित होती है। आधुनिक कविता का महत्त्व यह है कि वह हमारे यथार्थ को काव्यात्मक यथार्थ में बदल देती है।

रघुवीर सहाय जब यह कहते हैं–

बच्चा गोद में लिए
चलती बस में
चढ़ती स्त्री
और मुझ में कुछ दूर घिसटता जाता हुआ।

(चढ़ती स्त्री, आत्महत्या के विरुद्ध)

तो वह घिसटन हर उस पाठक के हिस्से में आती है, जो इस कविता से रूबरू होता है। कवि का वस्तुगत यथार्थ पाठक के विषयगत यथार्थ में बदलने लगता है। कवि व्यक्ति होकर भी पाठकीय समूह में परिवर्तित होने लगता है। आधुनिक कविता हमारे बोध को अधिक सूक्ष्म और मानवीय बनाती है। वह हमारे आत्म को विस्तृत करती है और अन्तःसंघर्ष को प्रगाढ़। बकौल मुक्तिबोध :

ये गरजती, गूँजती, आन्दोलिता
गहराइयों से उठ रही ध्वनियाँ, अतः
उद्भ्रान्त शब्दों के नये आवर्त में
हर शब्द निज प्रति शब्द को भी काटता,
वह रूप अपने बिम्ब से भी जूझ
विकृताकार–कृति
है बन रहा
ध्वनि लड़ रही अपनी प्रतिध्वनि से यहाँ

(ब्रह्मराक्षस, चाँद का मुँह टेढ़ा है)

साहित्य, समाज और पर्यावरण

सन्तोष अर्श

"The poetry of the earth is never dead."

- John Keats

हमारे यहाँ अवध में विवाह से पूर्व एक बड़ी प्यारी रस्म 'छेई' की होती है। इसमें घर–गाँव के लोग गाँव से बाहर एक आम का पेड़ ढूँढ़कर उसके तने पर बाँके या छोटी कुल्हाड़ी से हल्का घाव करते हैं। फिर उस घाव में हल्दी और गुड़ का मिश्रण भरते हैं। उसी जगह पेड़ के नीचे घी, लौंग का अगियार होता है। पेड़ को एक लोटा पानी दिया जाता है। तने के उस घाव के पास ही पेड़ को सिन्दूर की टिकुली दी जाती है। फिर पेड़ के तने पर हल्दी और चोरीठे (चावल का आटा) के घोल की थापे देते हैं। यह हाथ के पंजे की थाप छेई में आये सभी लोग अपनी पीठ पर लेकर घर लौटते हैं। सभी को खाने के लिए गुड़ दिया जाता है। यह ज़रूर कोई आदिम प्रथा है, जो पेड़ को मनुष्यवत् या देवोपम बनाती है।

पर्यावरणवाद की सम्पूर्ण अवधारणाएँ प्रकृति को मनुष्य द्वारा दिये गये घावों पर मुनहसिर है। प्रकृति को इतने घाव दिये जा चुके हैं कि अब उन्हें भर पाने में हमें अपने असामर्थ्य का बोध होने लगा है। जैसे–जैसे पूँजी का वर्चस्व और निजी सम्पत्ति की प्रवृत्ति बढ़ती गयी, पर्यावरण दूषित होता गया। यह एक खुली हुई स्पष्ट और सरल–सहज बात है। भौतिकशास्त्री और

ब्रह्माण्डविद् स्टीफन हॉकिंग ने यहाँ तक कह दिया कि अगले सौ वर्षों के पश्चात् हमें दूसरी पृथ्वी की ज़रूरत होगी। इसे प्राकृतिक पर्यावरण अवनयन, जलवायु परिवर्तन और दिन–प्रतिदिन पृथ्वी की ख़राब हो रही सेहत को लेकर विश्व के नागरिकों को गम्भीर कर देने वाला बयान माना जाना चाहिए। दूसरी पृथ्वी कहाँ है? अगर मिल भी गयी तो क्या आज के मुनाफ़ाखोर, लालची और उपभोगवादी लोग उसे भी कुछ दिनों में ख़राब नहीं कर देंगे?

साहित्य और पर्यावरण के अन्तर्सम्बन्ध पर्यावरण अवनयन के बोध के साथ बनने प्रारम्भ हुए। कुछ–कुछ उत्तर–आधुनिक परिस्थितियों में रेचेल कर्सन की पुस्तक 'साइलेंट स्प्रिंग' 1962 में आयी थी। यहीं से साहित्य और पर्यावरण के अन्तर्सम्बन्धों का प्रस्थान माना जाता है। बैरी लेविस ने 1960 से 1990 के मध्य के लेखन को 'डोमिनेंट पोस्ट–मॉडर्निस्ट राइटिंग' माना है। यह उत्तर औद्योगिक और उत्तर–औपनिवेशिक समय भी है। इसी समय के दौरान हम पर्यावरण और साहित्य के बनते हुए सम्बन्धों को देख सकते हैं। यह दुनिया भर में पर्यावरणवादी आन्दोलनों का भी समय था। कहीं न कहीं इन आन्दोलनों का प्रभाव भाषा–साहित्य की दुनिया पर भी पड़ा। धीरे–धीरे कैम्ब्रिज, हावर्ड जैसे विश्वविद्यालयों में साहित्य और पर्यावरण का अन्तर अनुशासनात्मक अध्ययन ज़ोर–शोर से शुरू होता है। इकोलॉजी और साहित्य का यह इंटरडिसिप्लिनरी अध्ययन एक नवीन अनुशासन के रूप में स्थापित हुआ। पर्यावरणवादी साहित्यालोचन को इकोक्रिटिसिज़्म कहा गया, जिसे हिन्दी में पारिस्थितिक आलोचना कह सकते हैं। ग्रेग गरार्ड जिनकी महत्त्वपूर्ण पुस्तक 'इकोक्रिटिसिज्म' 2004 में प्रकाशित हुई, ने इसे मनुष्य और मनुष्येतर सम्बन्धों का अध्ययन कहा है।

पारिस्थितिकीवाद या पर्यावरणवाद अब एक वैश्विक विचारधारा बन चुकी है, जिसमें मनुष्य के उन तौर–तरीक़ों की आलोचना की जाती है, जिनके साथ वह पृथ्वी पर रह रहा है। पर्यावरण चिन्तन एक गम्भीर विषय है। बीसवीं सदी के अन्तिम दशक में यह मान लिया गया था कि पृथ्वी को बचाये रखना इक्कीसवीं सदी की सबसे

बड़ी चिन्ता होगी। पर्यावरण विज्ञान को एक अनुशासन बनाने के अतिरिक्त, मानविकी के प्रत्येक क्षेत्र में इस विचारधारा को संश्लिष्ट रूप में थोड़ा–बहुत अपनाया गया। इसी विचारधारा के अन्तर्गत इको–क्रिटिसिज़्म या पर्यावरणीय आलोचना आती है। पर्यावरणीय आलोचना वस्तुतः पर्यावरणिक दृष्टिकोण से साहित्य की आलोचना करना है। मनुष्य के भौतिक वातावरण से उसके सम्बन्ध साहित्य में कैसे अभिव्यक्त हुए हैं, यह इस बात की तस्दीक करती है। पर्यावरण विज्ञान और सौन्दर्यशास्त्र के विकसित संयुक्त दृष्टिकोण के माध्यम से साहित्यालोचन, पर्यावरणीय आलोचना का आधार है। इस नज़रिये से यह साहित्य और पर्यावरण का अन्तर–अनुशासनात्मक अध्ययन है, जिसमें साहित्य के अध्येता यह अवलोकन करते हैं कि पाठ में पर्यावरण चिन्तन किस प्रकार आया है तथा यह आकलन करते हैं कि लेखक ने प्रकृति के विषय को कैसे ग्रहण किया है। पर्यावरणीय आलोचना का स्पष्ट उद्देश्य हरित सांस्कृतिक अध्ययन है। यह अध्ययन साहित्य को पर्यावरण से जोड़कर सामाजिक पर्यावरणवाद तक ले जाता है। पर्यावरणीय आलोचकों ने इसे समकालीनता के साथ पर्यावरणीय चिन्तन को खंगालने में सहायक माना है। यह सैद्धान्तिकी साहित्य के पाठक में पर्यावरण चेतना का विकास करती है और वैश्विक पर्यावरणिक संस्कृति का उत्थान करती है।

यद्यपि पश्चिम में भी साहित्य के प्रति पर्यावरणीय दृष्टिकोण देर से ही विकसित हुआ। इसके लिए उत्तर–आधुनिक परिस्थितियों को बुनियाद के रूप में समझना चाहिए, लेकिन हिन्दी साहित्य में रामविलासीय आलोचना के प्रभाव से मुक्त न हो पाने वाले आलोचकों ने अपनी तमाम ऊर्जा उत्तर–आधुनिकता के विरोध में ही खर्च कर डाली। सम्भवतः इसीलिए हिन्दी आलोचना में अब तक कोई पर्यावरणीय दृष्टिकोण विकसित नहीं हो सका। एकाध अधकचरी पुस्तकें अहिन्दी भाषी क्षेत्रों के अकादमिशियनों द्वारा अवश्य लिखी गयी, जिनमें टोने–टोटकों, मिथकों का प्राचुर्य और तार्किकता, वैज्ञानिकता का अभाव है।

पश्चिम में जोसफ मीकर की पुस्तक 'दि कॉमेडी ऑफ़ सरवाइवल' ने साहित्य में पर्यावरणवाद को स्थापित करने में अहम भूमिका निभायी। 1970 का यह समय पर्यावरणवादी रुचियों के विस्फोट का समय था। इस समय पश्चिम में कई पुस्तकें पर्यावरणवादी रुझानों को लेकर लिखी गयी। 1990 में अमेरिका के ग्लेन लव ने इकोलोजिकल आलोचना की आवाज़ उठायी। इसी समय ब्रिटेन में जोनाथन बेट के विचांर 'रोमांटिक इकोलोजी वड्र्सवर्थ एंड दि एनवायरमेंटल ट्रेडिशन' शीर्षक से प्रकाशित हुए। ग्लेन लव के प्रयासों से ही 1992 में अमेरिका के युवा अध्येताओं ने मिलकर 'एसोसिएशन फॉर द स्टडी ऑफ लिटेरचर एंड एनवायरमेंट' (ए.एस.एल.ई.) का गठन किया, जिसका प्रथम सम्मेलन 1995 में कोलराडो में हुआ। इन्हीं संगठनों और अभियानों के तहत साहित्य और पर्यावरण का सम्मिलित अध्ययन विस्तृत और प्रासंगिक हुआ। हम पाते हैं कि यही समय विश्व में पर्यावरणवादी आन्दोलनों और पर्यावरण को लेकर हुए वैश्विक सम्मेलनों का भी समय था। 1971 में रमसार कन्वेंशन (जो ईरान वेटलैंड को लेकर हुआ था) और 1992 में आयोजित हुए संयुक्त राष्ट्र के रियो सम्मिट के मध्य में पर्यावरण को लेकर कई सन्धियाँ, सम्मेलन, समझौते आदि हुए। अनेक मानवजनित पर्यावरणीय दुर्घटनाएँ भी इसी के दरम्यान हुई। भूमण्डलीकरण या सार्वभौमीकरण में पर्यावरण और पारिस्थितिकी का मुद्दा ऐसा है जो पूरी तरह से भूमंडलीकृत है। पर्यावरण का मुद्दा अमीर–ग़रीब, गोरे–काले, दलित–सवर्ण, पूरब–पश्चिम, मनुष्य–मनुष्येतर सबके लिए ही अहम है।

यूरोपीय और अमेरिकी अंग्रेज़ी साहित्य में हम पर्यावरणीय आलोचना को लेकर कुछ महत्त्वपूर्ण कार्य देख सकते हैं। इनमें डाउनिंग क्लेस का 'इकोलोजी एंड एनवायरमेंट इन यूरोपियन ड्रामा' उल्लेखनीय है, जिसमें ग्रीक ट्रेजडी से लेकर ब्रेख्त के नाटकों तक का पर्यावरणीय या हरित अध्ययन हुआ है। इसमें लेखक ने साहित्य के पर्यावरणीय दर्शन और पर्यावरणीय इतिहास

पर भी विचार किया है। इसके परिचय में ही वे पर्यावरण एक्टिविस्ट, कवि और किसान 'वेंडेल बैरी' को उद्धृत करते हुए लिखते हैं, प्रकृति और मानव संस्कृति, जंगलीपन और घरेलूपन एक दूसरे के विरोधी नहीं, अपितु परस्पर एक दूसरे पर निर्भर हैं। यह देखना दिलचस्प है कि 'हरित शेक्सपियर' जैसे अध्ययन भी वहाँ हो चुके हैं। लोरेंस बुएल जो प्राथमिक पर्यावरणीय आलोचकों में गिने जाते हैं, उनकी महत्त्वपूर्ण पुस्तक 'दि फ्यूचर ऑफ़ एनवायरमेंटल क्रिटिसिज़्म' है। इसमें इन्होंने साहित्यिक कल्पना और पर्यावरण अवनयन को लेकर विचार किया है। यद्यपि पर्यावरणीय आलोचना की सैद्धान्तिकी और शाब्दिकता कुछ नवीन है। इसमें सामाजिक पर्यावरणवाद, गहन पर्यावरणवाद, इको–मार्क्सवाद, पर्यावरणीय समाजवाद या हरित मार्क्सवाद, पर्यावरणीय–नारीवाद प्रमुख हैं। ग्राम्यवाद या रोमानी ग्राम्यवाद, चरवाहा संस्कृति, मानवेतरवाद, महाप्रलयवाद, देशजता, साकल्यता, जंगलीपन और आदिमपन भी इसकी सैद्धान्तिकी में सम्मिलित हैं। आदिम ग्राम्यवाद और बाज़ारवाद पर्यावरणीय आलोचना की दो ऐसी धाराएँ हैं, जो मनुष्य की आधार संस्कृति से जुड़ती हैं। ये धाराँ साहित्यिक आलोचना को लोकोन्मुखी बनाती हैं और ग्रामीण जीवन से लेकर महानगरीय जीवन तक एक समानान्तर रेखा खींचती हैं। इसी प्रकार आवश्यकतावाद अथवा अपरिहार्यवाद पर्यावरणीय आलोचना की एक ऐसी वैचारिक कड़ी है, जो मानवीय अतियों, सम्पत्तिवाद, वर्चस्ववाद, बाज़ारवाद और उपभोक्तावाद का निषेध करती है। पर्यावरणीय आलोचना का उद्देश्य मूलरूप से साहित्य में मनुष्य द्वारा प्रकृति के प्रति होने वाले व्यवहार और अलगाव को स्पष्ट करना है। यह मनुष्य के प्राकृतिक जीवन को मुखर करने के लिए एक प्रकार की हरित–सामाजिकता का विकास करती है तथा पर्यावरणीय संकट उत्पन्न करने वाले कारकों के विरुद्ध प्रतिरोध निर्मित करती हैं। विध्वंसक पूँजीवादी विकासवाद और सांस्कृतिक अतिक्रमण के समक्ष पर्यावरणीय आलोचना भाषा, लिंग, मानवीय अस्मिता और पर्यावरण जैसे विषयों को संयोजित

करके एक नवीन आलोचना का मार्ग विकसित करती है। सबसे प्रमुख है पर्यावरणिक न्याय या एनवायरमेंटल जस्टिस, जो सामाजिक न्याय का सार्वभौमिक, बृहत्तर रूप है। इसके अन्तर्गत मनुष्य ही नहीं, मनुष्येतर प्राणी को भी रखा गया है। पर्यावरणिक न्याय वस्तुतः पर्यावरण अवनयन से प्रभावित होने वाले मनुष्यों और अन्य प्राणियों के न्याय की बात करता है। यह प्राकृतिक पर्यावरण को नुक्सान पहुँचा कर पायी गयी भौतिक सुविधा या मुनाफ़े में इससे प्रभावित होने वाले लोगों की हानि को न जोड़े जाने पर विचार करता है। ऐसा इसलिए है, क्योंकि पर्यावरण को नुक्सान पहुँचाने वाले कुछ लोग ही होते हैं, किन्तु पर्यावरण अवनयन से उपजी जैविक विसंगतियों का सामना निर्दोष मनुष्यों और मनुष्येतर जीवों के बड़े समुदाय को करना पड़ता है। यदि कोई पर्यावरण को नुक्सान नहीं पहुँचाता है, बावजूद इसके उसे पर्यावरण प्रदूषण का अतिक्रमणकारी आतंक सहन करना पड़ता है तो यह उसके साथ अन्याय ही तो है? लुइज़ वेस्टलिंग ने अपनी सम्पादित पुस्तक 'दि केम्ब्रिज कैपेनियन टु लिट्रेचर एंड द एनवायरमेंट' के परिचय में पर्यावरणिक न्याय को लेकर किये गये महत्त्वपूर्ण कार्यों का उल्लेख किया है। इनमें जोनी एडमसन की 2001 में आयी 'दि एनवायरमेंटल जस्टिस रीडर पॉलिटिक्स, पोएटिक्स एंड पेडागॉजी' प्रमुख हैं। रॉब निक्सन की पुस्तक 'स्लो वाइलेंस एंड दि एनवायरमेंटलिज़्म ऑफ़ दि पुअर' का भी उन्होंने उल्लेख किया है। यह भी गौरतलब है कि पर्यावरणीय आलोचना के दायरे में केवल साहित्य न होकर फ़िल्में भी हैं यानी मटेल की 'लाइफ ऑफ पाइ' जैसी फ़िल्मों का अध्ययन भी इस हवाले से किया जा चुका है। हम देखते हैं कि पश्चिमी साहित्यालोचन में पर्यावरणवाद की सन्तोषजनक, सैद्धान्तिक पैठ हो चुकी है।

भारतीय पर्यावरणवाद भी सन्तोषजनक अवस्था में पहुँचा है। भारत में पर्यावरण को लेकर बड़े आन्दोलन भी हो चुके हैं। रामचन्द्र गुहा जैसे विचारक भारतीय पर्यावरणवाद को 'ग़रीबों का पर्यावरणवाद' कहते हैं। कतिपय भारतीय विचारकों का कहना है

कि पश्चिम ने पूरब को लूट कर ही अपनी सारी समृद्धि अर्जित की है, इसलिए पश्चिम का पर्यावरणवाद अमीरों का पर्यावरणवाद है। यह महत्त्वपूर्ण तथ्य है कि भारत के पर्यावरणीय इतिहास में ब्रिटिश राज के दौरान ही सबसे अधिक वनों की कटाई हुई। अलावा इसके कई मौक़ों पर हम कार्बन उत्सर्जन के मामले में अमेरिका और यूरोपीय देशों का रवैया देख चुके हैं। अमेरिका के राष्ट्रपति डोनाल्ड ट्रंप ने 2015 में हुई 'पेरिस एग्रीमेंट ऑन क्लाइमेट चेंज' से अमेरिका को बाहर कर लिया है यानी सभी तरह के समझौतों को मानने से इनकार कर दिया है। कारण यह है कि वह कार्बन उत्सर्जन में कटौती की शर्तों को मानने के लिए तैयार नहीं हैं, जिस पर फ्रांस के राष्ट्रपति मैक्रोन ने कहा कि 'जलवायु परिवर्तन पर कोई ग़लती नहीं हो तो बेहतर है, कोई दूसरा रास्ता नहीं है, क्योंकि दूसरी पृथ्वी भी नहीं है। अमेरिका की आबादी विश्व की छह प्रतिशत है, लेकिन वह विश्व की तीस से चालीस प्रतिशत प्राकृतिक संसाधनों का उपभोग करता है। इसे हम एक बड़े पर्यावरणिक अन्याय के रूप में देख सकते हैं। यूरोपीय देश भी उसी के पिछलग्गू हैं। फिर एशिया–अफ्रीका के लिए क्या बचता है? वैश्विक हालात तो ऐसी हैं कि ग़रीब देशों को नर्क बना दिये जाने की पूरी तैयारी है। सोमालिया के समुद्र तट पर मिला ज़हरीला कबाड़ हो या विकासशील देशों में विकसित देशों द्वारा ई–कचरे की डंपिंड, ये घटनाएँ पर्यावरणिक अन्याय का ही हिस्सा है। विकसित देश किसी तरह भी कार्बन उत्सर्जन में कमी के लिए तैयार नहीं हैं। चीन और अमेरिका के बाद कार्बन उत्सर्जन में भारत का तृतीय स्थान है। भारत पर भी कार्बन उत्सर्जन कम करने के लिए वैश्विक दबाव है। इसीलिए कार्बन उत्सर्जन को लेकर जितने अन्तरराष्ट्रीय सम्मेलन हुए, उनमें कोई ख़ास नतीजा सामने नहीं आया। असल में कोई भी अपने हितों से समझौता नहीं करना चाहता है। पर्यावरण और पारिस्थितिकी असन्तुलन के ख़तरे पर सही और स्पष्ट बात भी सामने नहीं आ पाती। यह पर्यावरणवाद की राजनीति और हिप्पोक्रेसी का

अन्तरराष्ट्रीय रूप है। भारत में भी पर्यावरण की राजनीति कुछ इसी तरह की है। पर्यावरणीय आन्दोलनों की आड़ में यहाँ ख़ूब राजनीति की गयी है। इसीलिए साहित्य में पर्यावरण चिन्तन ढूँढने के लिए यहाँ, जो शोध आदि हुए हैं, वे वेदों पुराणों और स्मृतियों तक पहुँच जाते हैं, जबकि उनमें किसी तरह की पर्यावरण चेतना नहीं है। प्रकृति–प्रेम पर्यावरण चिन्तन नहीं है। यदि ऐसा होता तो हिन्दी की सम्पूर्ण छायावादी कविता पर्यावरणवादी कविता बन जाती। दरअसल, वेदों–पुराणों में पर्यावरण–चिन्तन ढूँढ़ना दक्षिणपन्थी राजनीति की एक सोची–समझी चाल है। बिना किसी वैज्ञानिक सैद्धान्तिकी के पर्यावरणवाद केवल एक दिखावा बनकर रह जाता है। मुकुल शर्मा ने अपनी पुस्तक 'ग्रान एंड सैफ़रान' में भारतीय पर्यावरणवाद की राजनीति पर पर्याप्त विचार किया है और इसे स्पष्ट भी किया है। उन्होंने अपनी पुस्तक में बताया है कि हिन्दुत्ववाद की राजनीति करने वाले विश्व हिन्दू परिषद और आरएसएस जैसे संगठनों ने पर्यावरण आन्दोलनों को अपनी राजनीति के लिए इस्तेमाल किया है। उत्तराखण्ड के टिहरी डैम आन्दोलन में विश्व हिन्दू परिषद शामिल हुआ था। इसी तरह अन्ना हज़ारे द्वारा किये गये आन्दोलन आरएसएस के समर्थन से किये गये आन्दोलन निकले। उत्तर प्रदेश में 'वृन्दावन फॉरेस्ट रिवाइवल प्रोजेक्ट' में भी हिन्दुत्ववादी संगठनों के संलिप्त होने की बात सामने आयी थी। गंगा को लेकर स्वयं प्रधानमन्त्री ने 2014 के आम चुनावों में राजनीतिक बातें की थीं। सत्ता में आने के बाद गंगा की सफ़ाई के लिए बड़ा फंड और योजनाएँ भी शुरू की गयीं, लेकिन नतीजा सिफर रहा। 'नमामि गंगे परियोजना' के लिए जो 2037 करोड़ रुपये का बजट रखा गया था। उसमें से अभी अठन्नी खर्च होने की भी जानकारी सामने नहीं आयी है। पर्यावरणवाद की इस राजनीति में दक्षिणपन्थ एक बड़ा हिप्पोक्रेट है। एक तरफ़ तो वह कॉर्पोरेट समर्थक पूँजीवाद को लेकर चलता है, दूसरी तरफ पर्यावरण को बचाने की बात करता है। विकास के नाम पर वोट माँगना, गंगा को साफ़ करने की बात करना

और अति–उदारवादी रवैया अपना कर सौ प्रतिशत एफ़डी आयी, लागू करना पर्यावरण के लिए अच्छे नहीं हो सकते। वास्तव में विकास पर्यावरण के लिए सबसे ख़तरनाक शब्द है। हाल ही में आर्ट ऑफ लिविंग वाले आध्यात्मिक गुरु रविशंकर ने 'विश्व संस्कृति महोत्सव' आयोजित किया था। इस आयोजन की तैयारी में यमुना नदी के बहाव क्षेत्र का भारी नुकसान हुआ। यह बात स्वयं नेशनल ग्रीन ट्रिब्यूनल ने सिद्ध की है। उन पर जुर्माना आदि लगाने की बात भी कही–सुनी गयी। इसी तरह गुजरात में सरदार सरोवर डैम के नज़दीक बन रही 'स्टेच्यू ऑफ यूनिटी' को लेकर भी पर्यावरणवादियों का रुख साफ़ नहीं हो सका। पर्यावरणवाद के दिखावटी दाँत और हैं, असली और।

हिन्दी में पर्यावरणवादी लेखन कम है या फिर यह कहा जाये कि हिन्दी पट्टी ग़रीब और शोषित थी। इसलिए इसके साहित्य में ग़रीबों के शोषण और उसकी मुक्ति के मार्ग पहले तलाश किये गये। हिन्दी का तमाम साहित्य मार्क्सवादी, प्रगतिशील, जनवादी माना जाता रहा है। विमर्शों के आने के बाद हिन्दी साहित्य की यह एकरूपता समाप्त हुई और दलित–आदिवासी–पिछड़े स्त्री स्वर भी साहित्य में सुनाई दिये। यद्यपि विमर्शों को खड़ा करने के कारण राजेन्द्र यादव और हंस को रामविलासीय आलोचक अब भी गरियाते पाये जाते हैं। पर्यावरणवादी लेखन हिन्दी में बहुत सीमित रहा। भारत में भूमण्डलीकरण और उदारीकरण के बाद इस ओर रचनाकारों का ध्यान अधिक गया, किन्तु एक दायरे में सिमटा हुआ है। विमर्शों के आने से पूर्व हिन्दी का तमाम साहित्य एक सीमित वर्ग द्वारा लिखा गया है। उस लेखन में सीमित वर्ग की वर्चस्ववादी राजनीति या उसके अपने टोने–टोटके भी शामिल थे। हाशिये के रचनाकारों के पास भी अपने दुःख, पीड़ाएँ, सामाजिक न्याय और आत्मसम्मान की लड़ाई जैसे विषय थे। उनसे भी पर्यावरणवादी विषय अछूते रहे। दरअसल, रोटी और सम्मानजनक जीवन किसी भी व्यक्ति की प्रथम चिन्ता है। भारत में पर्यावरणवाद दो तरह का है–एक तो इलीट वर्ग का एनजीओ

आधारित साहित्येतर हिप्पोक्रेट पर्यावरणवाद, दूसरा आदिवासियों का आन्दोलनकारी पर्यावरणवाद। आदिवासी साहित्य में उनके आन्दोलनकारी पर्यावरणवाद की गूँज है। इधर, मुख्य धारा वाले हिन्दी के कुछ खाते–पीते कवि भी सामने आये हैं, जो सीसायुक्त पेट्रोल जलाने वाली कारों में चलते हैं और पर्यावरण को लेकर चिन्तित भी हैं। विडम्बना यह भी है कि उन्हें पता तक नहीं है कि उनकी कार के धुएँ से कितनी गौरेया मर गयीं या किस तरह की तितलियाँ ग़ायब हो गयी हैं, लेकिन वे इन पर कविताएँ छापे रहते हैं।

भारत में सामाजिक न्याय को लेकर यहाँ के प्रभु वर्ग में अच्छी धारणा नहीं रही है। तब वह पर्यावरणिक न्याय को हज़म कर पायेगा, इसमें सन्देह है। भारत का पूँजीवाद जाति आधारित पूँजीवाद है, जो ब्राह्मणवादी व्यवस्था को समर्थन देता है। यद्यपि भारत की आदिम और लोक संस्कृति पर्यावरण प्रेमी रही है। इसे हरित संस्कृति कही जा सकती है। भारत के विविध लोक साहित्य में आस–पास के परिवेश के प्रति अद्भुत सजगता है। हितोपदेश की कहानियों से लेकर जातक कथाओं तक में इसे देखा जा सकता है। भारत की लोक कथाओं में पशु–पक्षियों, वनस्पतियों को मनुष्य जीवन का समतुल्य रखा गया है। जातक कथाओं में बोधिसत्व स्वयं कभी कठफोड़वा बनता है, तो कहीं वानर। यह मानवेतरवाद के सुन्दर उदाहरण है। अगर हम भारत में पर्यावरणिक न्याय की बात करें तो इसकी परिधि में स्लम में रहने वाले लोग भी आयेंगे जो सभ्य और समृद्ध समाज द्वारा बनाये गये कचरे से जीवन यापन करते हैं तथा वे आदिवासी भी आयेंगे जो पूँजीवादी समाज की लूट से प्रभावित विस्थापित होते हैं। पर्यावरण अवनयन न केवल हमारी जैविकी को प्रभावित करता है, बल्कि वह हमारी मानसिकता को आतंकित भी करता है। सौन्दर्यबोध के निर्माण में प्राकृतिक परिवेश का भी योगदान रहता है। रचनाकार बदलते हुए पर्यावरण से प्रभावित होता है। अवनयित पर्यावरण हमें आतंकित करता है, भले ही हम इसको नज़रअन्दाज करते हैं।

अनुपम मिश्र का पर्यावरणवादी लेखन उल्लेखनीय है। उन्होंने भारत के लोक–जीवन की पर्यावरण प्रेमी या इको–फ्रेंडली संस्कृति को पहचानने में कामयाबी हासिल की है। ग्राम्यवाद अनुपम मिश्र के विचार–चिन्तन का आधार है, क्योंकि वे गाँधीवादी हैं। गाँधी कहते थे कि भारत गाँवों में बसता है। ग्राम्यवाद पर्यावरणोन्मुखी अवधारणा है। उनकी पुस्तक 'आज भी खरे हैं तालाब' वस्तुतः ग्राम्यवाद का ही एक हिस्सा है। तालाब आज भी गाँव के प्राण हैं। जल संरक्षण पर अनुपम मिश्र की लिखाई–पढ़ाई सराहनीय है। गाँधीवाद हमें कुछ–कुछ पर्यावरणप्रेमी भी बना देता है, यह उसकी विशेषता है। 'हिन्द स्वराज' इन बातों को लेकर गाँधी जी की महत्त्वपूर्ण और प्रसिद्ध पुस्तक है। गाँधी जी की यह उक्ति विदेशों में भी लोकप्रिय है कि 'पृथ्वी प्रत्येक व्यक्ति की ज़रूरतों को पूरा करने के लिए पर्याप्त है, लेकिन किसी एक भी व्यक्ति के लालच के लिए नहीं।' भाषा और पर्यावरण को लेकर भी अनुपम मिश्र ने विचार किया है। 'भाषा और पर्यावरण' हिन्दी भाषा को लेकर लिखा गया उनका एक महत्त्वपूर्ण निबन्ध है, जिस पर ध्यान दिया जाना चाहिए। इसमें उन्होंने सबसे बड़ा प्रश्न यह उठाया है कि अपने समाज को जाने–समझे बिना हम उसका विकास कैसे कर सकते हैं? वे लिखते हैं, 'अपने को, अपने समाज को समझे बिना उसके विकास की इस विचित्र उतावली में गजब की सर्वसम्मति है।" यह बहुत बड़ी बात है। उन्होंने भाषा और पर्यावरण के सम्बन्धों को भी अपने इस निबन्ध में रेखांकित किया है। किसी समाज का पर्यावरण पहले बिगड़ना शुरू होता है या उसकी भाषा हम इसे समझ कर सँभाल सकने के दौर से अभी तो आगे बढ़ गये हैं। पर्यावरण के साथ भाषा भी या तो अवनयित, प्रदूषित होती रहती है या जैव विविधता की तरह संकटग्रस्त रहती है। विलुप्त हो चुके प्राणियों की तरह शब्द भी विलुप्त होते रहते हैं। पर्यावरण और भाषा का गहरा सम्बन्ध है। किसी एक समय की भाषा जब उस समय के पर्यावरण के साथ विलुप्त हो जाती है तो हमारे पास दो–चार मुहावरों के सिवाय कुछ नहीं बचता।

अनुपम मिश्र का पर्यावरणवादी लेखन प्रशंसनीय है, किन्तु उसमें रोमाटिसिज़्म की अधिकता है। निरे रोमांस से भी पर्यावरण नहीं बचाया जा सकता। पारिस्थितिकी और पर्यावरण विज्ञान भी हैं। विज्ञान तर्कानुमोदित, तथ्यात्मक विश्लेषण की माँग करता है।

वर्तमान हिन्दी साहित्य में पर्यावरणवाद की आहटें हैं, किन्तु प्रभु वर्ग या ज्ञान सत्ताधारी वर्ग की ओर से यह कम है। वास्तव में वह प्रकृति प्रेम को ही पर्यावरणवाद समझ बैठता है, जबकि यह विलासी आभिजात्य का सा प्रभाव पैदा करता है। हाशिये के समुदाय विशेषतः आदिवासी साहित्य में पर्यावरण के ख़तरे को लेकर गम्भीर स्वर सुना जा सकता है। पर्यावरणवाद की सारी सैद्धान्तिकी आदिवासी साहित्य पर प्रयोग की जा सकती है। जल–जंगल–ज़मीन की लड़ाई प्रकारान्तर से पर्यावरण की भी लड़ाई है। आदिवासी गद्य–पद्य साहित्य में पर्यावरण को लेकर विशेष चिन्ता सायास या अनायास ही आ जाती है। हमारे चिन्तन में हमारी संस्कृति का विशेष स्थान होता है। भारत के मध्य वर्ग की संस्कृति भी प्रदूषित हो चुकी है। वह भी अब संस्कृति के प्रश्न पर हाशिये के समुदायों का मुँह ताक़ता है। आदिवासी संस्कृति में पर्यावरण और प्राकृतिक परिवेश के प्रति विशेष सजगता है, इसलिए उसमें यह सब स्वतः आ जाता है। एक स्लम में रहने वाले कवि, एक पॉश एरिया में रहने वाले कवि, एक जंगल में रहने वाले कवि, एक गाँव में रहने वाले कवि और एक महानगर में रहने वाले कवि की कविताओं में हमेशा भिन्नता पायी जायेगी, क्योंकि उनका प्राकृतिक परिवेश या भौतिक वातावरण उनके सौन्दर्यबोध को प्रभावित करेगा। दुनिया में ही नहीं भारत में भी कई प्राकृतिक प्राणियों की प्रजातियाँ, जिसमें आदिम मनुष्य की प्रजातियाँ भी शामिल हैं, बुरी तरह से संकटग्रस्त हैं। जैव विविधताएँ, मानव–विविधताएँ, प्रजातीय विविधताएँ, सांस्कृतिक विविधताएं सभी संकट में हैं। साहित्य और पर्यावरण के सम्बन्धों को और भी दृढ़ करके इन्हें बचाने के प्रयास किये जा सकते हैं। एक हरित सौन्दर्यबोध निर्मित किया जा सकता है।

अभी भारत में बहुत कुछ बचा हुआ है, जो और बहुत कुछ बचा लेने का माध्यम बन सकता है। बहुत कुछ बचाने के लिए मूल तक जाना होगा। मसलन यदि ध्रुवीय भालू को बचाना है तो पहले ग्लेशियर बचाने होंगे। जब ग्लेशियर बचेंगे तो बर्फ़ बचेगी, बर्फ़ बचेगी तो सील बचेगी, सील बचेगी तभी सुन्दर हिम–भालू बचेगा। सीधे हिम भालू को बचाने की बात करने वाले लोग या तो मूढ़ हैं या छलिया।

पर्यावरणीय-चिन्तन एवं आदिवासी-अस्मिता का अन्तःसम्बन्ध

डॉ. भीम सिंह

इस विषय को अध्ययन की दृष्टि से छह भागों में बाँट कर देखा जा सकता है। इस सम्बन्ध में कुछ सवाल उपस्थित हुए हैं, उनके क्रम में ही इसको बेहतर तरीक़े से समझा जा सकता है।

1. पाश्चात्य और भारतीय चिन्तन में प्रकृति के कौन–कौन से तत्त्व माने गये हैं? पर्यावरण–चिन्तन का उदय कब से है? पर्यावरण के पश्चिम और भारतीय संस्करणों में क्या मौलिक अन्तर है?
2. 'आदिवासी' संकल्पना से क्या अभिप्राय है?
3. आदिवासी–अस्मिता के निर्माण में पर्यावरण की भूमिका की पड़ताल।
4. जैव–विविधता के संरक्षण में आदिवासी समुदायों की भूमिका का मूल्यांकन।
5. आदिवासी आन्दोलनों के मूल में 'जल, जंगल और ज़मीन' का मुद्दा।
6. सम्बन्धित साहित्य की समीक्षा।

1

आदिवासी चिन्तक और साहित्यकार श्री हरिराम मीणा ने इस सम्बन्ध में लिखा है कि "आदिवासी का सीधा सम्बन्ध आदिमयुगीन जीवन–शैली से है। विश्व की सम्पूर्ण मानवता के आदि–पुरखे

आदिम युग में ऐसा ही जीवन जिया करते थे। कालयात्रा के साथ अर्जित ज्ञान–विज्ञान के सहारे उस मूल मानवता का अधिकांश आदिमता के उस खोल से बाहर निकलता चला गया। इस मानवता का जो हिस्सा वर्तमान में भी आदिम जीवन शैली को अपनाये हुए हैं। उसे हम आदिवासी समाज के रूप में चिह्नित करते हैं। विश्व के पृथक–पृथक भू–भागों में इन मानव समुदायों को 'आदिवासी' (ट्राइब), 'आदिम' (एबोरिजिन), 'देशी' (नेटिव), 'मूलनिवासी' (इनडिजीनस) जैसे नाम दिये जाते रहे हैं।"[1] भारतीय संविधान में 'आदिवासी' की जगह 'अनुसूचित जनजाति' शब्दावली का व्यवहार किया गया है। इसका कारण औपनिवेशिक शिक्षा और उसका प्रशासनिक ढाँचा रहा है। दूसरा कारण, भारतीय समाज–व्यवस्था को जाति आधारित रूप में देखना भी हो सकता है, जबकि आदिवासी समाज व्यवस्था जाति से इतर गोत्र और गणचिह्न पर आधारित रही है। विश्व प्रसिद्ध समाजशास्त्री और गम्भीर अध्येता घनश्याम शाह के अनुसार, "संविधान की धारा 366 (25) ने 'अनुसूचित जनजातियों' को परिभाषित करते हुए लिखा है कि वे जनजातियाँ या जनजातीय समुदाय या ऐसी जनजातियों या जनजातीय समुदायों के हिस्से या समूह जिन्हें 342 की धारा के तहत संविधान के प्रयोजन हेतु अनुसूचित जनजातियाँ मानी जाती हैं, राष्ट्रपति को भारत के संविधान की धारा 342 के खण्ड (1) के तहत प्राप्त शक्तियों के अनुसार संविधान (अनुसूचित जनजातियाँ), 1950 के आदेश के अनुसार 212 जनजातियों को अनुसूचित जनजातियाँ घोषित किया गया। किसी समूह की 'पृथकता, पिछड़ापन और सांस्कृतिक विशिष्टता' ऐसी तीन प्रमुख विशेषताएँ हैं जो राज्य को किसी समुदाय को 'अनुसूची' में सम्मिलित करने का दिशा–निर्देशन करती हैं। ये विशेषताएँ क़ानूनी और समाजशास्त्रीय अर्थ में अपरिभाषित हैं। बाद में, लोकसभा के एक विधान द्वारा कुछ अन्य समूहों को भी 'अनुसूची' में सम्मिलित कर लिया गया।"[2] आदिवासी जनसमुदाय नृजातिक समूह (एथनिक ग्रुप) हैं। इन आदिवासी समुदायों की विभिन्न संस्कृतियाँ यथा

बोली, जीवन–शैली, सामाजिक–संरचनाएँ, रीति–रिवाज, संस्कार, मूल्य आदि हैं जो उन्हें प्रमुख ग़ैर–जनजातीय कृषक सामाजिक समूहों से अलग करती हैं।

2

पर्यावरण किसी भी जीव की जीवन प्रणाली का आधार है। इस पर्यावरण के बारे में पश्चिम के चिन्तन में विशेषकर यूनान में चार तत्त्वों की बात की गयी है, यथा–जल, आग, वायु और धरती। भारतीय दर्शन के केन्द्र में पांच तत्त्व को महत्त्व दिया गया है– 'छिति जल पावक गगन समीरा'। अर्थात् धरती, जल, अग्नि, आकाश और समीर। सांख्य–दर्शन विधिवत रूप से पर्यावरण–चिन्तन को प्रस्तुत करता है। इस चिन्तन में 'प्रकृति की स्वतन्त्र सत्ता'[3] को स्वीकार किया गया है, जो पुरुष सत्ता से अलग है। इस चिन्तन में इस जगत के सारे पदार्थ सीमित, परिमित, परतन्त्र, अव्यापक, अनित्य और अनेक माने गये हैं। विश्व का प्राचीन दर्शन या चिन्तन प्रकृति केन्द्रित रहा है। विराट सत्ता प्रकृति है और उसके अनुकूलन और प्रतिकूलन पर जीवों की जीवन–प्रणाली आधारित है। प्राचीन मानव सभ्यताओं के केन्द्र में आदिम जीवन और उसकी विश्वास प्रणाली को देखा जा सकता है। इसका मतलब है कि प्रकृति का अनुकरण ही मानव जीवन का ध्येय था। विश्व की सम्पूर्ण मानवता आदिवासी जीवन से ही अवतरित और विकसित हुई है। कालान्तर में इस प्रकृति आधारित जीवन–शैली में व्यवधान आ गये। इसके मूल में विश्व पर क़ाबिज़ होने की भावना का उदय, दुनिया के व्यापार को नियन्त्रित करने की चाह, बेहतर जीवन–शैली की तलाश आदि कारणों को गिनाया जा सकता है। धर्मों के सांस्थानिक रूप ने भी परम्परागत जीवन–विधान को नुक्सान पहुँचाया है। 'प्रकृति को जीतने पर बल दिया गया।' इसको लेकर भारतीय जीवन–दर्शन भिन्न दृष्टिकोण रखता है। जैसे–'प्रकृति रही दुर्जेय, हम सब थे भूले मद में' (कामायनी, जयशंकर प्रसाद)। मानव–सभ्यता की विकास–यात्रा

में खेती की शुरुआत, औद्योगिक–क्रान्ति और तकनीक की क्रान्ति ने पर्यावरण को बदलने और बिगाड़ने में कोई कसर नहीं छोड़ी है।

3

"आदिवासी और जंगल के बीच घनिष्ठ सम्बन्ध हैं। आदिवासियों की पहचान, संस्कृति, परम्परा, स्वायत्तता, विश्वास और अस्तित्त्व जंगल पर ही निर्भर है।"[4] 'आदिवासी–अस्मिता' के दर्शन की बुनियादी विशेषता 'आदिमता या प्राकृतिकता' है। इस आदिमता में 'प्रकृति और मानवेतर जीवजगत का निकट सम्बन्ध' है। इस आदिमता में 'ऋत की आदिमता' है, 'नाद का प्रत्यय' है, 'वृत्त और गति की सनातनता' है, 'समरसता' की भावना है और 'औषध–ज्ञान' है। 'आदिम रोग–निदान पद्धति' है, (ट्राइबल थेरेपी), 'आदिम–अभियान्त्रिकी' है। 'घोटुल–बाल गणतन्त्र की प्राथमिक पाठशाला' है, 'प्रसन्नता का आदर्श–प्रारूप' है। 'आदिवासी–अस्मिता' के मूल में सामूहिकता और सामुदायिक जीवन–प्रणाली है, जबकि आधुनिक–सभ्यता के मूल में व्यक्तिवाद और व्यक्ति की असीम इच्छाओं का असंख्य लोक है। आदिवासी–अस्मिता सहअस्तित्त्व पर आधारित जीवन–प्रणाली से जुड़ी हुई है और आधुनिक–सभ्यता तकनीक की तीव्र–गतिकी है, जो नित परिवर्तित और बदल रही है। इस सामुदायिक जीवन–पद्धति को 'ग्रहण' आधुनिक–सभ्यता का लग गया है। जो मिटने का नाम ही नहीं ले रहा है। यह 'ग्रहण' आधुनिक पूँजीवादी–व्यवस्था का दिया हुआ है। इसने आदिमता का गला घोंट दिया है, देश के भीतर और बाहर, हर जगह। इसने प्रकृति के आदि–पुरखों और पुरखिनों की बनायी व्यवस्था को किनारे कर दिया है। इस व्यवस्था में पूँजी अनियन्त्रित खेल खेलती है और पर्यावरण का रुदन साफ़ सुना जा सकता है। पर्यावरण आख़िरी साँस ले रहा है। यह सब 'एन्थ्रोपोसीन' का कमाल है।

4

दुनिया में जहाँ–जहाँ आदिवासी है, वहाँ–वहाँ प्राकृतिक सुषमा की छटा को देखा जा सकता है । देश के शासक (औपनिवेशिक काल–खण्ड के परदेशी या आज़ादी के बाद के देशी) और नीति–निर्माताओं का एक वर्ग जो आर्थिक–विकास के अलावा सामाजिक, सांस्कृतिक, पर्यावरणीय–अधिकार को कोई ख़ास तवज्जो नहीं देता है। इसके गम्भीर परिणाम का आना शुरू हो चुका है। स्वतन्त्रता से पहले आदिवासी जीवन–शैली को बाधित करने के लिए स्थायी बन्दोबस्ती कानून (1793), भूमि अधिग्रहण बिल (1894), आपराधिक जनजातीय अधिनियम (1871), वन कानून 1865 (प्रथम वन क़ानून), भारतीय वन क़ानून (1878), राष्ट्रीय वन नीति (1894), वन विभाग और वन–बोर्ड की स्थापना की गयी। भारतीय वन क़ानून (1927) ने जंगलों को तीन भागों में बाँट दिया– 1. आरक्षित–वन, 2. संरक्षित–वन और 3. ग्राम–वन।[5] आदिवासी जीवन–विधान को बदलने में इन क़ानूनों की भूमिका विशेष रही है। जंगल और ज़मीन पर आधारित जीवन–शैली का एक नया शासक वर्ग उदित हुआ, जो पहले ईस्ट इंडिया कम्पनी से ब्रिटिश राज तक जाता है। आदिवासी जीवन–दर्शन यह मानता है कि आप प्राकृतिक तत्त्वों के मालिक नहीं हो सकते हैं। यह प्रकृति–प्रदत्त है। इसके हम संरक्षक हैं, मालिक नहीं। अमेज़ोन के जंगल हो, नियमगिरि की पहाड़ियाँ हों, सारंडा के जंगल हों या पूर्वोत्तर भारत की हरीतिमा हो, आदिवासी ही इसके मूल–संरक्षक हैं। अंग्रेज़ तो व्यापारी थे, जिन्हें मुनाफे से मतलब था। आदिवासी अपनी जरूरतों के लिए वन पर आश्रित थे और हैं। आदिवासी आन्दोलनों के मूल में यह प्राथमिक मुद्दा रहा है। झूम–खेती हो, शिकार हो, कन्द–मूल हो या प्रकृति आधारित उनकी जीवन–पद्धति हो, उनके प्रति आदिवासियों का एक विशिष्ट प्रकार का रिश्ता रहा है। जैसे– "क्या तुम्हें अपनी धरती की/सेंधमारी सुनायी नहीं दे रही?/क्या अब भी निहारते हो/अपने को/दामोदर और स्वर्ण रेखा के/प्रदूषित जल में?.../

किसने किये हैं बदरंग / जीवन को / कत्थ के वन में?... / धुआँने लगी है क्यों / केन्दू की पत्तियाँ?"[6] (ग्रेस कुजूर : 'एक और जनी शिकार')।

अब यहाँ एक सवाल उपस्थित होता है कि जैसे एक पंचवर्षीय योजना में कहा गया था कि क्या आदिवासी जंगलों को उजाड़ते हैं? जंगल के आदि–संरक्षक आदिवासी ही हैं। प्राचीन आर्य–अनार्य प्रसंग के मूल में भी यज्ञ के नाम पर कृषि–सभ्यता की विस्तारवादी नीति को अमलीजामा पहनाया गया था। उसका नाम धर्म दिया गया। वे ऋषि–मुनि कहलाये। वही चक्र अंग्रेजों ने विधि या क़ानून के नाम पर चलाया। वे सभ्यता के महारथी कहलाये। और आज यह खेल विकास के नाम पर खेला जा रहा है। यह सब शब्दावलियाँ आकर्षित तो करती हैं, जैसे विज्ञापन की दुनिया। लेकिन इसके पीछे की राजनीति का अर्थतन्त्र हमें नहीं दिखायी देता है, क्योंकि हम भी विकास के प्रबल पैरोकार हैं! यह सब संसाधनों की अबाध लूट की नंगी–नाच है, जो पुनर्वास नीतियों के खुले उल्लंघन के रूप में देखा जा सकता है। आज की सरकारों का उद्देश्य है– पर्यटकों को आकर्षित करना, सफारी–संस्कृति को बढ़ावा देना और संरक्षित–क्षेत्र को बनाये रखना। भले ही आदिम मानवता 'डूब' क्षेत्र में आ जाये, इन पर कोई असर नहीं पड़ता क्योंकि ये विश्व बैंक के क़र्ज़दार हैं।

5

आदिमता या प्राकृतिकता और ज्ञात–स्रोतों के आधार पर प्राचीन अवस्थिति को आदिवासी के साथ जोड़ा जाता है। आदिवासी जीवन–शैली और उसके जीवन–दर्शन ने आधुनिक मानव–सभ्यता के महापुरुषों को भी व्यापक रूप से प्रभावित किया है। जैसे–रूसो, इलियु पल्मेर (1801–'बैक टू नेचर'), रोमांटिसिज्म के कवि, हेनरी डेविड थोरो, विंसेंट वान गॉग, नॉम चोम्स्की, दयानन्द सरस्वती ('वेदों की ओर लौटो'), लेव ताल्स्तॉय, रवीन्द्रनाथ टैगोर (शान्ति निकेतन की स्थापना), महात्मा गाँधी ('हिन्द स्वराज'), छायावाद के कवि, सुन्दरलाल बहुगुणा, अनुपम मिश्र, मेधा पाटकर, वन्दना शिवा,

हबीब तनवीर, सीताकान्त महापात्र, अज्ञेय, निर्मल वर्मा आदि। प्रकृति आधारित जीवन–शैली में कुछ तो विशेष है, जिसके कारण गौतम बुद्ध और महावीर स्वामी के विचारों में इसकी सदानीरा बहती है। प्रकृति आधारित जीवन सन्तोषी–वृत्ति और सरलता का समर्थक है और लोभ और लूट का विरोधी विचार–दर्शन है। इसलिए मध्यकाल के भक्त–कवि और समाज–सुधारक कबीर, रविदास, कुम्भनदास के चिन्तन पर सन्तोष की चादर ने अमिट प्रभाव छोड़ा है। आधुनिक मानव–सभ्यता पूँजी केन्द्रित है। यह औद्योगिक–क्रान्ति के रथ पर सवार होकर निकली है। इसके चतुर्दिशा में अश्वमेध बाज़ारवाद के सहारे आगे बढ़ रहे हैं। इसका लक्ष्य उपभोक्तावादी जीवन–संस्कृति को फैलाना है। बहुराष्ट्रीय कम्पनियों की तकनीक व अकूत पूँजी, पर्यावरण और पारिस्थितिकी को बदरंग करने पर तुली हुई है। आदिवासी जीवन–शैली की बुनियाद प्रकृति है। प्रकृति के ऋतु–चक्र के आधार पर उसके पर्व हैं। जैसे– 'सरहुल' और 'करम' / 'करमा' आदि । प्रकृति आधारित ही 'आदि धरम' है। आदिवासी चिन्तन के पुरोधा रामदयाल मुण्डा ने सही ही कहा है– 'जे नाची से बांची'।

6

आदिवासी जीवन–संघर्ष, प्रतिरोध और आन्दोलनों के केन्द्र में 'जल, जंगल और ज़मीन' का मुद्दा प्राथमिक है। भारतीय स्वाधीनता–संग्राम के प्रथम लड़ाके आदिवासी रहे हैं। भारतीय प्रशासनिक सेवा के अधिकारी और 'ट्राइबल मूवमेंट्स इन इंडिया' (दो खण्डों में) के सम्पादक कुमार सुरेश सिंह ने आदिवासी आन्दोलनों को सामने लाने का अभिनव कार्य किया है। सन् 1767 से शुरू हुआ यह सिलसिला आज़ादी के बाद भी नहीं थम रहा है। इस पुस्तक के पहले खण्ड में रानी गैदिन्ल्यु ने आदिवासी दर्शन को सामूहिकता और विश्व के भविष्य से जोड़ा है । साथ ही उन्होंने नागा गीत के हवाले से बताया है कि 'चांद और सूरज सारी धरती का अँधियारा मिटाते हैं और रोशनी फैलाते हैं। हमारा देश विकास की नयी बुलन्दियों को हासिल

करे और ज़ेलिंगरांग भी फले–फूले'। इस पुस्तक के दूसरे खण्ड में कुमार सुरेश सिंह ने 'जंगल के लिए सत्याग्रह'[7] (ए फोरेस्ट सत्याग्रह) नामक 'पलामू के खेरवार' जनजातीय समुदाय के संघर्ष को विश्लेषित किया है। इस आन्दोलन ने आदिवासी महासभा के साथ अपने अभियान को 'स्वराज' की तर्ज पर आगे बढ़ाया। आदिवासी–आन्दोलन को देखने के तीन आयाम हो सकते हैं। पहला, यह किसान आन्दोलन है, जो अपनी ज़मीन के लिए चलाया गया। दूसरा आयाम पर्यावरण से जुड़ा हुआ है। तीसरा यह अपनी सामाजिक–सांस्कृतिक पहचान के लिए लड़ी गयी लड़ाई है। रंगा और सहजानन्द सरस्वती जैसे किसान नेताओं ने जनजातियों को 'आदिवासी किसान' कहा है। कुमार सुरेश सिंह ने कृषक और जनजातीय आन्दोलन के अन्तर और सम्बन्ध के बारे में लिखा है कि "जबकि कृषक आन्दोलनों में शुद्धतः कृषीय होने की प्रवृत्ति होती है, क्योंकि कृषक लोग भूमि से गुज़ारा करते हैं। जनजातीय आन्दोलन कृषिक और जंगल दोनों पर आधारित होते हैं, क्योंकि जनजातियों की जंगलों पर निर्भरता उतनी ही निर्णायक है, जितनी निर्भरता उनकी भूमि पर होती है। इसके साथ ही नृजातिक कारक भी महत्त्वपूर्ण था। जनजातीय विद्रोह ज़मींदारों, सूदख़ोरों और छोटे सरकारी अफ़सरों के ख़िलाफ़ केवल इसलिए नहीं होते थे, क्योंकि वे उनका शोषण करते थे, अपितु इसलिए भी होते थे, क्योंकि वे बाहरी व्यक्ति थे।"[8]

इतिहासकार रामचन्द्र गुहा और अमिता बाविस्कर ने आदिवासी आन्दोलनों के पर्यावरणीय–पक्ष पर गम्भीर शोध किया है। गुहा और गाडगिल ने उपनिवेशी भारत के विभिन्न भागों में वन उत्पादों, वन–भूमि और चरागाह से सम्बन्धित संघर्ष के बारे में लिखा है कि "शिकारी–संग्राहकों और स्थानान्तरित (झूम) खेती करने वालों द्वारा स्थायी खेती करने के लिए राज्य द्वारा किये गये हस्तक्षेप के प्रति प्रदर्शित प्रतिरोध को देखा जा सकता है।"[9] झूम खेती के साहित्यिक साक्ष्य हमें अरुणाचल प्रदेश की जमुना बीनी तादर के कविता–संग्रह 'जब आदिवासी गाता है' (2018) में मिलते हैं।

जैसे–"झूमखेती के/बना पुरुप में/मुकु–मबलअ खाना।"[10] अर्थात् खेती के सबसे पुराने तरीक़ों में से एक झूम खेती है। इसमें जंगलों को काटकर जलाया जाता है और भूमि साफ़ की जाती है, फिर इस भूमि पर खेती की जाती है। पुरुप– खेत में बना एक विश्रामगृह है। मुकु–मबलअ–खीरा को कहा जाता है। यहाँ हम प्रकृति और संस्कृति का एक साथ संयोजन देख पाते हैं। इस कविता–संग्रह में 'आदिवासी–बोध' को 'बचे रहने की उम्मीद' कविता में कवयित्री ने इस प्रकार अभिव्यक्त किया है–"तुम्हारे/आदिवासी–बोध ने बतलाया/तुम्हें पहाड़ों/और/जंगलों की ओर/भागना चाहिए/वहाँ ऊपर/दुश्मनों से/महफूज रहते आये/अनगिनत काल से।"[11] इस कविता में प्रकृति को आश्रय–स्थली के रूप में दर्शाया गया है। प्रकृति ने विभिन्न नस्लों को विलुप्त होने से बचाया है। विशेषकर–आदिवासी जन–समुदायों को।

अरुणाचल प्रदेश की ही रचनाकार और हिन्दी की कथा–लेखिका जोराम यालाम नाबाम के 'जंगली फूल' (2019) उपन्यास और 'रे' (2021) कहानी में प्रकृति, श्रम आधारित आदिवासी–संस्कृति को देखा जा सकता है। जैसे–'जंगली होने का अर्थ मेरे लिए इस प्रकार है–प्रकृति से जुड़ना। उनके साथ स्वयं को अभिन्न अंग जानकर चलना। फूलों के साथ जो मुस्करा सके। नदी की बहती लहरों का गान सुन सके।' मिज़ो–जीवन में 'बाँस–संस्कृति' को महत्त्व मिला है। इसको लेकर हिन्दी में श्रीप्रकाश मिश्र ने 'जहाँ बाँस फूलते हैं' (1996) उपन्यास की रचना की है। भारत और तीसरी दुनिया में आदिवासी–आन्दोलन और सरकारों की टकराहट को पर्यावरणीय–चिन्तक 'जीवन–रक्षा (उत्तरजीविता) और लोभकारिता' के अनिवार्यता के बीच संघर्ष के तौर पर देखते हैं। युवा–कवि राठौड़ पुण्डलिक का कविता–संग्रह है– 'जंगल के अँधियारे से' (2019) । इस संग्रह में विस्थापन, ग़रीबी, शोषण के साथ प्राचीन और आदिम जीवन–शैली के प्रति अनुराग की अनेक अर्थ–छटाएँ एक साथ देखी जा सकती हैं।

जैसे– "पूर्वजों की प्रेरणा/आज भी यहाँ न मर सकी/किन्तु तम विवर में अशान्त घुस चुकी/घोर अन्धकार में तलाशती नेतृत्व को।"[12] आदिवासी संघर्ष और प्रतिरोध की संस्कृति के मूल में पर्यावास की चिन्ता है। आदिवासी क्षेत्रों में खनन–कार्य (यूरेनियम) की वजह से मानव स्वास्थ्य पर प्रतिकूल प्रभाव पड़ रहा है। इसको लेकर महुआ माजी का 'मरंग गोड़ा नीलकण्ठ हुआ' (2012) उपन्यास विचारणीय है। रणेन्द्र के 'ग्लोबल गाँव के देवता' (2008) और 'ग़ायब होता देश' (2014) उपन्यासों में पर्यावरण सन्दर्भ प्रमुख हैं। इस धरा का संकट बहुत ही गहरा है। इसको लेकर हरिराम मीणा ने छोटी, लेकिन गम्भीर कविता लिखी है। जैसे– "जो लोग नहीं थे ज़मीन से जुड़े/वे ही ज़मीन को ले उड़े।"[13]

7

चिपको आन्दोलन की नेत्री गौरा देवी (1925–1991) के अप्रतिम योगदान से सब परिचित हैं। उनके बारे में अल्मा ग्रेस बरला की टिप्पणी है कि वे 'समृद्ध भूमि के निर्धन आदिवासी' हैं। गौरा देवी के विचार हैं– "यह जंगल हमारा मायका है... हम पेड़ों को गले लगायेंगे, यदि तुम पेड़ काटना चाहते हो, तो तुम्हें अपनी कुल्हाड़ी से पहले हमें काटना होगा।"[14] इस आन्दोलन की महिलाओं ने दो नारों का निर्माण किया था। पहला नारा जनहित विज्ञान को दर्शाता है– 'जंगल हमें क्या देते हैं?/भूमि, जल और शुद्ध वायु'।/ दूसरा नारा अन्ध जंगल विज्ञान पर कटाक्ष करता है–/'जंगल हमें क्या देते हैं?/राल (रेजिन), लकड़ी और मुनाफा'।

नीले पर्वतों की बेटी वसामल्ली कोर्रेतोज (1958) ने सामुदायिक भूमि अधिकारों की पुनर्स्थापना और आत्मनिर्भरता के कार्यक्रम से जुड़कर सामुदायिक पहचान (टोडा) को गति दी है। उनके अनुसार "प्रकृति के साथ सद्भाव में जीवन जीना ही हमारा मूल धर्म है।"[15] देश के भीतर और बाहर पर्यावरणीय–आन्दोलनों की अनुगूँज सुनायी दे रही है। झारखण्ड में पत्रकार दयामणि बारला ने 'आदिवासी मूलवासी अस्तित्त्व रक्षा मंच' और 'इंसाफ' (इंडियन सोशल एक्शन फारम–इंसाफ) की स्थापना की है। इन संगठनों ने आदिवासी और मूलवासी अधिकारों के लिए भूमि

और श्रम के मुद्दे पर अनेक सार्थक और सफल लड़ाइयाँ लड़ी हैं। जैसे—पूर्वी झारखण्ड में अर्सेलर मित्तल के इस्पात संयन्त्र का विरोध और दि ग्रीनफ़ील्ड स्टील परियोजना का विरोध आदि। 'आयरन लेडी' के रूप में इन्हें पहचाना जाता है।

केरल में सी.के. जानु जल, जंगल और ज़मीन के हक़ में एक बुलन्द आवाज़ है। आदिवासियों के हक़ों को दिलाना, भले ही भूमि सम्बन्धी हो या उनके जंगल की सुरक्षा (वायनाड) का मसला हो 'द मदर फोरेस्ट' के नाम से मशहूर सी.के. जानु के संघर्ष को सीबीएसई की आठवीं कक्षा के पाठ्यक्रम में स्थान मिला है। वहाँ उन्हें इको—फेमिनिस्ट के तौर पर दर्शाया गया है। इनके संगठन का नाम है—'आदिवासी मज़दूर विकास संघ' / समिति (आदिवासी विकसन प्रवर्तन समिति)। एक अन्य संगठन है—'आदिवासी गोत्र महासभा'। जंगल को जलाने के सम्बन्ध में सी.के. जानु के विचार हैं—"पुनम (बड़ा जंगल) को इस तरह जलाया जाता था। नयी मिट्टी जलने पर कुछ असहनीय—सी गन्ध फैल जाती है। इन्सान को जिन्दा जलाने पर निकलने वाली गंध। पहाड़ियों को आग लगते देखने पर डर लगता है। रात में उसे देखने पर लगता है इंसान को जिंदा जलाया गया है।"[16]

आदिवासी—अस्मिता 'ऑरेचर' पर केन्द्रित है। वर्तमान जीवन की महत्त्वपूर्ण समस्या है—जलवायु—परिवर्तन। इसका निदान आदिवासी जीवन—दर्शन में दिखायी देता है। मध्य भारत में छत्तीसगढ़ से आने वाली सोनी सोरी का कहना है कि "आदिवासी की छवि को विरूपित कर दिया गया है। आदिवासी विकास विरोधी नहीं है। उसे आत्मनिर्णय का अधिकार प्राप्त हो।" पूर्वोत्तर भारत में हाइड्रोपावर प्रोजेक्ट, बाँध—निर्माण और विस्थापन के ख़िलाफ़ बराक और ब्रह्मपुत्र में विरोध के मुखर स्वर सामने आये हैं। इसी तरह त्रिपुरा में गुम्ती नदी पर सामूहिक विरोध बड़े बाँधों के ख़िलाफ़ आकार ले रहा है। मणिपुर में लोकतक और तुपैमुख में भी स्थानीय आबादी पर्यावरण के प्रति सजग दिखायी दे रही है। मध्य भारत में झारखण्ड के भीतर 'पत्थलगड़ी' अपने पर्यावरण की रक्षा में

उठाया गया आन्दोलन ही था। आदिवासी संघर्ष और प्रतिरोध जन–चेतना में तब्दील हो रहा है। इसे हम ओड़िशा में चले नियमगिरि आन्दोलन, काशीपुर, पॉस्को विरोध के सन्दर्भ में समझ सकते हैं। इन आन्दोलनों से उपजे एक गीत के द्वारा आदिवासी जन–समुदायों की पर्यावरणीय जाना को समझा जा सकता है। जैसे– ''गाँव छोड़ब नहीं, जंगल छोड़ब नहीं।/ माय माटी छोड़ब नहीं, लड़ाय छोड़ब नहीं।''

अर्थात् हम अपना गाँव नहीं छोड़ेंगे। हम अपना जंगल नहीं छोड़ेंगे। हम अपनी देश की माटी नहीं छोड़ेंगे। हम अपनी लड़ाई भी नहीं छोड़ेंगे। निर्मला पुतुल की काव्य–चिन्ता के केन्द्र में–'अपने घर की तलाश' है। यह घर 'बेघर सपने' की सामूहिक अभिव्यक्ति है। जो 'नगाड़े की तरह बजते शब्द' के रूप में गुँजायमान हो रही है। आधुनिक मध्य वर्ग और सरकारों के दावे पहाड़ और जंगल उजाड़ने से बद्ध हो गये हैं। इसलिए वे पौधारोपण अभियान चलाते हैं। कॉर्पोरेट इनको अनुदान देता है। उसके अनुकूल नीतियाँ तय होती हैं। आदिवासी जीवन–विधान का सांस्कृतिक–विस्थापन एक नयी त्रासदी को जन्म दे रहा है। इसमें रचाव–बचाव की संस्कृति प्रतिहिंसा और हिंसा में बदल रही है। आदिवासी–संस्कृति में आधुनिक–व्यवस्था का उपचार दिखता है। आदिवासी–अस्मिता ने कथा–संस्कृति, सामूहिक गायन और नृत्य के साथ संगीत को जिया और संवर्धित किया है। पर्यावरण–संरक्षण के सम्बन्ध में 'कथासरित्सागर' के प्रसंग में वनस्पतियों के बारे में वनवासियों की समझ का उल्लेख हुआ है। औषध–ज्ञान एथनो–मेडिसिन है, जो पूर्वजों की परम्परागत चिकित्सा–पद्धति है। सामुदायिक–सोच का विकास अनेक तनावों से हमें बचा सकता है। सहअस्तित्त्व की जीवन–संस्कृति देशों के मध्य सम्बन्धों को नया आकाश प्रदान कर सकती है।

सन्दर्भ

1. आदिवासी दर्शन और समाज, हरिराम मीणा, राजस्थान हिन्दी ग्रन्थ अकादमी, जयपुर, प्रथम संस्करण : 2020, भूमिका से।

2. भारत में सामाजिक आन्दोलन (सम्बन्धित साहित्य की एक समीक्षा), घनश्याम शाह, अनुवादक : हरिकृष्ण रावत, रावत पब्लिकेशंस, जयपुर, प्रकाशन वर्ष : 2009, पृ. सं. 78–79
3. भारतीय दर्शन : आलोचन और अनुशीलन, चन्द्रधर शर्मा, मोतीलाल बनारसीदास, नयी दिल्ली, प्रथम संस्करण : 1990, पृ. सं. 143
4. आदिवासी और वनाधिकार : झारखण्ड में वन अधिकार का ज़मीनी हक़ीक़त, ग्लैडसन डुंगडुंग, पृथ्वी प्रकाशन, नयी दिल्ली, प्रथम संस्करणः 2016, पृ. सं. 23
5. वही, पृ. सं. 37
6. लोकप्रिय आदिवासी कविताएँ, सं. वन्दना टेटे, प्रभात प्रकाशन, नयी दिल्ली, प्रथम संस्करण 2017, पृ. सं. 35
7. ट्राईबल मूवमेंट इन इंडिया, खण्ड 2, के. एस. सिंह (सं), मनोहर पब्लिशर्स, नयी दिल्ली, पुनर्मुद्रण 2006, पृ. सं. 187
8. भारत में सामाजिक आन्दोलन (सम्बन्धित साहित्य की एक समीक्षा), घनश्याम शाह, अनुवादक : हरिकृष्ण रावत, रावत पब्लिकेशंस, जयपुर, प्रकाशन वर्ष : 2009, पृ. सं. 79
9. वही, पृ. सं. 240
10. जब आदिवासी गाता है (कविता–संग्रह), जमुना बीनी तादर, परिन्दे प्रकाशन, नयी दिल्ली, प्रथम संस्करण : 2018, पृ. सं. 13
11. जब आदिवासी गाता है (कविता–संग्रह), जमुना बीनी तादर, परिन्दे प्रकाशन, नयी दिल्ली, प्रथम संस्करण : 2018, पृ. सं. 28–29
12. जंगल के अँधियारे से, राठोड़ पुण्डलिक, अनंग प्रकाशन, दिल्ली, प्रथम संस्करण : 2019, पृ. सं. 40
13. आदिवासी लोक की यात्राएँ, हरिराम मीणा, भारतीय ज्ञानपीठ, नयी दिल्ली, प्रथम संस्करण : 2016, पृ. सं. 10
14. आदिवासी वीरांगनाएँ–भारत की वीर आदिवासी महिलाओं की सच्ची गाथा, मनीषा ग्रेस बरला, हिन्दी अनुवाद : मनीषा खालखो, स्टैनी तिर्की, इंटरनेशनल वर्क ग्रुप फॉर इंडिजेनस अफेयर्स, कोपेनहेगन, डेनमार्क, प्रकाशन वर्ष : 2016, पृ. सं. 69
15. आदिवासी वीरांगनाएँ–भारत की वीर आदिवासी महिलाओं की सच्ची गाथा, मनीषा ग्रेस बरला, हिन्दी अनुवाद–मनीषा खालखो, स्टैनी तिर्की, इंटरनेशनल वर्क ग्रुप फॉर इंडिजेनस अफेयर्स, कोपेनहेगन, डेनमार्क, प्रकाशन वर्ष : 2016, पृ. सं. 153
16. मेरा जीवन मेरी कहानी : सी.के. जानु की जीवनी, मूल मलयालम लेख. क–बारा भास्करन, हिन्दी (अनुवादक–सुमित पी.वी.), अलख प्रकाशन, जयपुर, प्रथम संस्करण : 2013, पृ. सं. 11–12

पूँजीवादी अर्थ तन्त्र बनाम पर्यावरण अवबोध

सुप्रिया के. पी.

'पर्यावरण' आज का बहुचर्चित शब्द है, जो व्युत्पत्ति की दृष्टि से 'परि' और 'आवरण' शब्द के योग से बना है। 'परि' शब्द का अर्थ होता है–'चारों ओर' तथा 'आवरण' शब्द का अर्थ होता है– 'घेरा'। इस प्रकार पर्यावरण शब्द का व्युत्पत्तिगत अर्थ होता है– 'चारों ओर से घेरा हुआ।' सामान्य भाषा में पर्यावरण शब्द का तात्पर्य 'आसपास' या 'पास–पड़ोस' होता है। साहित्य के क्षेत्र में पर्यावरण के लिए अक्सर प्रकृति शब्द का प्रयोग किया जाता है।[1] पर्यावरण के लिए अंग्रेज़ी भाषा में 'एनविरोनमेंट' शब्द प्रयुक्त है, जो फ्रांसीसी भाषा से उत्पन्न है, जिसका अर्थ 'घेरना' होता है। अमरेकी वैज्ञानिक निकोलस की राय में 'पर्यावरण समस्त बाहरी दशाओं तथा प्रभावों का योग है, जो प्रत्येक प्राणी के जीवन विकास पर प्रभाव डालता है'।[2] यूनिवर्सल विश्वकोश के अनुसार "पर्यावरण उन समस्त दशाओं, अभिकरणों तथा प्रभावों का योग है, जो किसी जीव, जाति या प्रजाति के विकास, बढ़ोत्तरी, जीवन और मरण को प्रभावित करते हैं।"[3] पर्यावरण सम्बन्धी उपर्युक्त वैज्ञानिक परिभाषाएँ जैविक तत्त्वों पर केन्द्रित हैं। लेकिन किसी जीव विशेष को केन्द्र में रखकर नहीं, बल्कि सम्पूर्ण जैविक–अजैविक तत्त्वों को केन्द्र में रखकर पर्यावरण शब्द पर आज के जीवन सन्दर्भ में विचार किया जाना चाहिए क्योंकि विभिन्न जैविक–अजैविक तत्त्वों के बीच का सम्बन्ध एक मकड़ी के जाल के विभिन्न रेशों के बीच का सम्बन्ध है, उसके किसी भी रेशे में होने वाला परिवर्तन समस्त पर्यावरण

में न्यूनाधिक मात्रा में परिवर्तन का कारण बनता है या बन सकता है। मानव के जीवन के सन्दर्भ में पर्यावरण शब्द का दायरा और व्यापक रूप इसलिए धारण करता है, क्योंकि मानव के लिए भौतिक पर्यावरण के साथ ही अपनी तरफ़ से निर्मित एक सांस्कृतिक पर्यावरण होता है। इस सांस्कृतिक पर्यावरण का आधार भाषा है जो प्रकृति के साथ मानव के सतत बोधात्मक संवाद का परिणाम कहा जा सकता है। इस भाषा के बल पर मानव की सांस्कृतिक स्थिति निर्मित हुई है। 'संस्कृति' शब्द मानव की सर्जनात्मकता के बल पर विकसित समस्त ज्ञानात्मक स्थितियों के अर्थ में प्रयुक्त किया जाता है। टिटलर के अनुसार, 'संस्कृति के अन्तर्गत समस्त ज्ञान–विज्ञान, विश्वास, कला–साहित्य, आचार–विचारों के तत्त्व समाहित हैं।''[4] सार यह है कि मनुष्य की समस्त सांस्कृतिक अवस्थाएँ पर्यावरण शब्द की अर्थ सीमा में समाहित की जा सकती हैं। इसको विस्तारित करते हुए आनन्द प्रकाश सिंह कहते हैं– "पर्यावरण का तात्पर्य उन सभी दशाओं और परिस्थितियों की सम्पूर्णता से है जो एक प्राणी के जीवन को चारों ओर से घेरे हुए हैं। पर्यावरण का भौतिक पक्ष, उतना ही महत्त्वपूर्ण है जितना उसका मानवीय एवं समाजशास्त्रीय पक्ष। प्राकृतिक पक्ष जैसे–वायु, जल, तापमान, भूमि की बनावट, खनिज पदार्थ, आर्द्रता आदि आयाम जितने महत्त्वपूर्ण हैं, उसी प्रकार पर्यावरण का सामाजिक पक्ष जैसे–सामाजिक ढाँचा, सामाजिक संस्थाएँ, सामाजिक नियम, सांस्कृतिक विरासत तथा विभिन्न प्रकार के समाज आदि भी जीवन पद्धति को निर्धारित करते हैं। इसके अतिरिक्त अनेक सांस्कृतिक प्रतिमान जैसे धर्म, भाषा, नैतिकता, प्रथा, परम्परा, आविष्कार, सामाजिक मूल्य, लोकाचार आदि भी हमारे जीवन के पर्यावरणीय भाग को प्रभावित करते हैं। इन सभी प्राकृतिक, सामाजिक तथा सांस्कृतिक दशाओं की सम्पूर्णता को ही हम पर्यावरण कहते हैं।''[5] कहने का तात्पर्य यह है कि पर्यावरण संज्ञा में प्राकृतिक, सामाजिक, सांस्कृतिक स्थितियों का विलयन होता है।

उल्लेख किया जा चुका है कि मानव संस्कृति का विकास मनुष्य और पर्यावरण के आपसी सम्बन्ध पर आधारित है।

सांस्कृतिक परिवर्तन का आधार मानव के अवबोधात्मक परिवर्तन के अनुरूप होता है। यह परिवर्तन श्रम के परिवर्तन के अनुसार बदलता चला जाता है। श्रम अपने आप में मानव द्वारा भौतिक प्रकृति में किये जाने वाले सर्जनात्मक परिवर्तन का नाम है जिसके माध्यम से मानव की आन्तरिक वृत्तियों में भी परिवर्तन आते हैं। श्रम सोद्देश्यपूर्ण सर्जना है जिसमें बुद्धि और शरीर का संयोग रहता है। यही श्रम मानव संस्कृति की आधारभूमि है और इसीसे प्राप्त बौद्धिक सक्रियता के बल पर प्रकृति के समानान्तर एक नयी व्यवस्था की स्थापना में मनुष्य सक्षम हुआ। लेकिन विज्ञान के विकास के साथ–साथ मानव का प्रभुत्व प्रकृति में जम गया और प्रकृति के केन्द्र में मनुष्य की स्थापना हुई। भाषा, तर्क, चिन्तन शक्ति के बल पर मनुष्य अपने को श्रेष्ठ मानने लगा। इस भावना को बढ़ाने में धर्म का भी सहारा अवश्य रहा है। 16वीं–17वीं शती में पश्चिम में जिस जागरण की लहर आयी, उसने शरीर और मन, प्रकृति–संस्कृति के रूप में द्वन्द्व प्रस्तुत करके प्रकृति पर मनुष्य के अधीशत्व को प्रोत्साहित और प्रमाणित किया। देकार्ते का मतवाद इस विचार को साक्ष्यांकित करता है।[6] माधव गाड़गिल और रामचन्द्र गुहा की राय में "आदिम मनुष्य यद्यपि अपने जीवन निर्वाह हेतु प्रकृति का आश्रय लेता था, किन्तु उसे अपने क़ब्ज़े में रखने का उद्देश्य नहीं था। प्रारम्भिक आखेटक, संग्राहक का जीवन इसके लिए उदाहरण है।"[7] गाड़गिल और गुहा इस बात पर भी प्रकाश डालते हैं–"प्राकृतिक संसाधनों का विवेकपूर्ण उपयोग, मनुष्येतर प्रकृति के साथ सहअस्तित्त्व की भावना, पूजनीय भाव आदि इनकी विशेषताएँ रहीं। प्राकृतिक संसाधनों को पवित्रता की दृष्टि से देखने के बजाय उसे हस्तगत करने की प्रवृत्ति आगे के घुमन्तू पशुपालकों में विकसित होने लगी और व्यवस्थापित खेती के चरण से प्रकृति पर मानव का प्रत्यक्ष हस्तक्षेप शुरू होता है।"[8] खेती में किसी विशेष प्रजाति के पौधों का अंकुरण और पालन होता है जो प्रकृति की स्वाभाविकता से भिन्न मानवीय जीवन व्यवहार को सूचित करता है। लेकिन पर्यावरण से मनुष्य

के भीषण संवेदनात्मक अलगाव का उदय औद्योगिकीकरण की उपज है। विज्ञान की विभूतियों को प्राकृतिक सम्पदा के दोहन के माध्यम के रूप में अपनाकर पूँजीवादी व्यवस्था ने मनुष्य और प्रकृति के बीच के रागात्मक सम्बन्ध को या उनके बीच के लयात्मक सन्तुलन को बिगाड़ दिया। इससे पर्यावरण के साथ एक वस्तुपरक सम्बन्ध का विकास हुआ। पूँजीवाद के नज़रिये में प्राकृतिक संसाधन मुफ़्त में मिलने वाली पूँजी है, जिसका ज़्यादा से ज़्यादा दोहन कर वित्तीय पूँजी की बढ़ोतरी की जा सकती है।

एक ओर औद्योगिक क्रान्ति के जरिये पूँजीवाद प्रकृति पर अपने अधिकार का विस्तार करता है तो दूसरी ओर विज्ञान की अधुनातन खोजों के ज़रिये वह पर्यावरण को प्रयोगशाला में बदलकर प्रकृति को भोग्या बनाता है। जैव तकनीकी के विकास के जरिये जीवन के आधारभूत तत्त्व में परिवर्तन करके अपनी इच्छानुसार अपने आर्थिक प्रभुत्व को स्थापित करता है तथा जैविक विविधता जो जीवन के अतिजीवन के लिए अपेक्षित है, उसको विनष्ट करता है। उदाहरण स्वरूप चूहों पर किये जाने वाले परीक्षण को लिया जा सकता है। आम तौर पर चूहों को कैंसर की बीमारी नहीं लगती है। लेकिन प्रयोग के जरिये ऐसे चूहों को पैदा किया गया जिनमें कैंसर के शिकार होने की सम्भावना ज़्यादा है'।[9] पर्यावरण में प्रत्येक जीव की विशेष भूमिका है, वैसे ही उसके प्रकृति प्रदत्त जैव गठन का भी ख़ास महत्त्व होता है। उसमें परिवर्तन लाना पर्यावरण के सन्तुलन को बदलना है। उपर्युक्त प्रयोग इस तथ्य का सूचक है कि जीवों की उपस्थिति–अनुपस्थिति के निर्णय का अधिकार मानव अपने ऊपर लेता है। जैविक हथियारों का उपयोग इसी का दूसरा सबूत है। आनन्द अपनी पुस्तक में लिखते हैं–''महामारियाँ फैलाने लायक जीवाणुओं को लम्बी अवधि तक प्रयोगशालाओं में सुरक्षित रखा जाता है और किसी विपक्षी देश पर इसका प्रयोग किया जाता है। यहाँ तक कि विभिन्न प्रकार की बैक्टीरिया, वायरस आदि के जरिये फ़सलों को नष्ट करके कृत्रिम रूप से खाद्यान्न की कमी पैदा की जाती है।''[10]

पूँजीवाद उत्पाद और उपभोग को निरन्तर उकसाता है। विकास सम्बन्धी उसकी परिकल्पना भी उपभोग की अतिशयता पर आधारित है। इसी के बल पर देशों का विभाजन विकसित, विकासशील और अविकसित के रूप में किया जाता है। विकसित देशों के विकसित होने की स्थिति का आधार विकासशील या अविकसित राष्ट्रों की सम्पत्ति है। इंग्लैंड का इतिहास इसका साक्षी है। "प्राकृतिक संसाधनों या ऊर्जा के उपभोग की दृष्टि से विकसित राष्ट्रों का प्रतिव्यक्ति उपभोग दुनिया के औसत प्रतिव्यक्ति उपभोग के दस गुना अधिक है और आकलनों से पता चलता है कि तीसरी दुनिया के राष्ट्रों में स्थित खनिज पदार्थों का 80 प्रतिशत से ज़्यादा उपभोग अमरेका जैसे विकसित देशों के जरिये होता है।"[11] अगर उपभोग का यही स्तर प्राप्त करना भारत के लिए विकास का आदर्श रहेगा तो इसका परिणाम सपाट विध्वंस है। पूँजीवादी विकास संकल्पना मशीनीकरण को प्रोत्साहित करता है। गुणात्मकता के स्थान पर परिमाणात्मकता आज के विकास में महत्त्वपूर्ण है। भारत में खेती के क्षेत्र में चलायी गयी हरित क्रान्ति इसका प्रबल प्रमाण है। इसने संकर बीजों, रासायनिक खादों व कीटनाशकों के साथ–साथ खेती के आधुनिक तरीकों को सामने रखा जिनसे प्रारम्भिक दौर में पैदावार में अल्पकाल में वृद्धि तो हुई, किन्तु दीर्घकाल में उन तरीक़ों के अपनाये जाने की वजह से ज़मीन बंजर होती जा रही है। इसके अलावा मिट्टी, वायु और जल को दूषित करने और मनुष्य में स्वास्थ्य सम्बन्धी समस्याएँ उत्पन्न करने में हरित क्रान्ति कारण बनी है। वास्तव में वैज्ञानिक एवं तकनीकी के क्षेत्र में होने वाली नयी–नयी खोज़ के आधार पर नहीं, बल्कि उसके परिणामों और समुचित उपयोग व प्रभाव के आधार पर विकास का आकलन करना सही होगा। विकास के नाम पर चलायी जाने वाली परियोजनाएँ पर्यावरण सन्तुलन को मिटाने के लिए ज़िम्मेदार रही हैं। नदी संयोजन की आजकल चर्चा हो रही है। आपस में मिलायी जाने वाली नदियों में एक अगर प्रदूषित है तो दूसरी नदी पर भी उसका असर पड़ेगा।

नदी की स्वाभाविक गति में लाये जाने वाला बदलाव कभी उसके सूख जाने का कारण बन सकता है। नदी एक ऐसा पारिस्थितिक तन्त्र है जिसका सूख जाना उस पर निर्भर रहने वाले विभिन्न जीवों के अन्त की भी सूचना देता है। यहाँ तक कि मनुष्य की सभ्यता के विकास पर वह बुरी तरह हावी हो सकता है। सिन्धु घाटी की सभ्यता का इतिहास इसका गवाह है कि उस सभ्यता के विनाश का एक कारण सिन्धु और गंगा नदी से मिलाने के लिए सतलज और यमुना नदी के प्रवाह की दिशा में किया गया परिवर्तन है। 'शहरी क्षेत्रों में सिन्धु घाटी सभ्यता के क्षीण होने के पीछे भी यही कारण बताया जाता है।'[12] ''समुद्र की ओर बहने वाली एक नदी के प्रवाह को रोक देना सोवियत यूनियन के अराल समुद्र के सूख जाने का एक कारण बना है।''[13] अर्थात् विकास योजनाओं के रूपायन में समष्टिगत, समेकित व दूरगामी दृष्टिकोण का अभाव उसे विनाश के रूप में बदल रहा है। इसका दूसरा उदाहरण बाँधों के रूप में देखा जा सकता है। सिंचाई, जलविद्युत का उत्पादन, औद्योगिक क्षेत्र में पानी की उपलब्धि जैसे उद्देश्यों की पूर्ति हेतु बाँधों का बड़ी संख्या में निर्माण होता है। लेकिन इससे आसपास की ज़मीन पानी में धँस जाती है, भूमि और जल में लवणता आ जाती है। ''बड़े–बड़े बाँधों के वैज्ञानिक परीक्षण से यह सिद्ध हुआ है कि बाँधों में बड़ी मात्रा में पानी का जमाव होना भूकम्प की सम्भावना को बढ़ाता है।''[14] डी.एन. तिवारी लिखते हैं–''ग्रीन हाउस गैस उत्पन्न करने की दृष्टि से बाँध पर्यावरण विरोधी ठहरते है।''[15] इसके अलावा प्राकृतिक बहाव के अभाव में बाँध में इकट्ठे हुए पानी की जीवन्तता अथवा स्वाभाविकता का नाश भी होता है। वर्तमान विकास परियोजनाएँ पर्यावरण विनाश के साथ–साथ आसपास की प्रकृति पर निर्भर होकर जीवन यापन करने वाले जनसमुदाय को भारी संकट पहुँचाती हैं। इतना ही नहीं, उन्हें विस्थापित होने के लिए विवश करती हैं और विस्थापित होने पर पुनर्वास के लिए उचित प्रबन्धन नहीं किया जाता है। इससे उनके जीने का अधिकार नष्ट होता है। प्रत्येक मनुष्य का जीवन,

उसके आचार–विचार, यहाँ तक कि भाषा भी जीवन–परिस्थितियों की उपज कही जाती है। इसलिए विस्थापन उन्हें अपनी जड़ें खो देने को मजबूर करता है। पी.साईनाथ ने सही बताया कि "विस्थापित लोगों के पारिवारिक, सामाजिक सम्बन्धों में बदलाव आता है, उनकी सामाजिक हैसियत में गिरावट आ जाती है; सांस्कृतिक शून्यता भी विस्थापन का परिणाम है।"[16] गम इस बात का है कि समाज के पददलित लोग, ग़रीब, आदिवासी आदि हमेशा विस्थापन के शिकार हुए हैं।

पूँजीवाद में पूँजी का केन्द्रीकरण इने–चुने हाथों में होता है, मगर उनमें पूरी दुनिया पर वित्त/अर्थ के माध्यम से वर्चस्व स्थापित करने का सामर्थ्य रहता है। पूँजी की वृद्धि हेतु प्रकृति और मनुष्य का जो शोषण जारी है, उसका स्वरूप निरन्तर परिवर्तनशील है। प्रारम्भ में पूँजीवाद के शोषण के तरीक़े बहुत कुछ स्पष्ट थे, लेकिन अब उसके स्वरूप को पहचानना भी क़ाफी मुश्किल हो गया है, उसकी शोषण पद्धति बहुस्तरीय है। वर्तमान पूँजीवाद उदारीकरण, निजीकरण और भूमण्डलीकरण के मुखौटो में अपनी असलियत छिपाता है। उदारीकरण बहुराष्ट्रीय कम्पनियों को तीसरी दुनिया के देशों में प्रवेश करने और उद्योग चलाने की अनुमति प्रदान करता है। इसका यही फल निकलता है कि ये कम्पनियाँ प्रदेश विशेष की जनता की बुनियादी ज़रूरतों की पूर्ति का निषेध करके, पर्यावरण सुरक्षा सम्बन्धी शर्तों को अनदेखा करके लोगों की जान के साथ खिलवाड़ करती हैं। केरल के 'प्लाच्चिमड़ा' में खुली कोकोकोला कम्पनी इसका उदाहरण है। इसने इतनी मात्रा में भूमिगत जल चूस लिया कि जिसके कारण प्रदेश विशेष में भारी जल संकट आया। जिन जलस्रोतों में कम मात्रा में पानी उपलब्ध था, वह प्रदूषित हुआ और जलस्रोत सूख गय। दूसरी ओर कम्पनी ने अपने औद्योगिक अपशिष्टों को खाद के नाम से जनता को मुफ्त में बाँट दिया था। ये अपशिष्ट कैंसर, त्वचा सम्बन्धी बीमारियाँ पैदा करते थे।'[17] अपने ही देश में पैदा होने वाले औद्योगिक अपशिष्टों का तीसरी दुनिया के देशों में

निर्यात करके पूँजीवादी देश उसके निपटान के खर्च से अपने आप बच जाता है। इस तरह निर्यातित सामग्रियों में घटिया दर्जे के यन्त्र, प्रतिबन्धित औषधि, कीटनाशक आदि भी शामिल हैं। विदेशों में निरोधित एंडोसल्फान का केरल के कासरगोड जिले के काजू बगाने में प्रयुक्त होने से आपदा अब तक टली नहीं सो है। कई बच्चे अब भी विकृत रूप में जन्म लेते हैं, जीवित रहने वाले महामारियों के शिकार हैं और गर्भस्थ शिशुओं की मृत्यु अब भी जारी है। "वैसे ही अमरेका के मोनसैंडो ने 'राउंड अप' नाम से जो कीटनाशक का निर्माण किया, वह दरअसल 'ओरेंज एजेंड' नामक विषैली वस्तु है जिसका प्रयोग दूसरे विश्वयुद्ध के अवसर पर होता था।"[18] अर्थात् पूँजीवादी देश यही चाहता है कि अपनी ओर से उत्पादित वस्तुओं की बिक्री स्थगित न जाये ताकि बाज़ार को हानि न पहुँचे। इसीलिए रूप, नाम बदलकर ऐसी वस्तुओं को तीसरी दुनिया के देशों पर थोपा जाता है। उदारीकरण की आड़ में प्रदूषणकारी उद्योगों को स्थानान्तरित करने का खतरनाक परिणाम भारत ने भोपाल त्रासदी के रूप में भुगत लिया है। फिर भी विकसित देशों के साथ आर्थिक समझौते बनाते वक़्त विकासशील देश की सत्ता आवश्यक सावधानी नहीं बरतती है। उदारीकरण आर्थिक विकास की एक सामान्य नीति न होकर विकासशील देशों को लूटने वाली और पर्यावरण को ख़तरा पहुँचाने वाली कुटिल नीति है। उदारीकरण के तहत निर्मित विभिन्न करार इसके प्रमाण हैं। गाट समझौते की बात ली जाए, तो पहले कर, सीमा शुल्क आदि से जुड़े एक समझौते के रूप में इसकी प्रस्तुति हुई थी, लेकिन बाद में खेती से लेकर देश की जीव विविधता इसके दायरे में शामिल हो गये। भारत एक खेती प्रधान देश है। जहाँ खेती लाभ कमाने की उपाधि न होकर किसान और मिट्टी / प्रकृति के बीच की आत्मीयता की परिचायक है। खाद्य पदार्थों के साथ मवेशियों को चारा प्रदान करने वाली खेती में ऐसे जैविक खादों का उपयोग होता था जो मिट्टी की उर्वरता को बनाये रखने में समर्थ हैं। परम्परागत खेती में बीज के चुनाव

से लेकर फ़सल की कटाई और अगली उगाव तक की निरन्तर प्रक्रिया को पर्यावरण अनुकूल बनाने के क़ाफी प्रयास हुआ करते हैं। लेकिन उदारीकरण के फलस्वरूप खेती उद्योग के रूप में बदल गयी जिसका नियन्त्रण मोनसैंडो, कार्गिल जैसे निगमों के हाथ में आ गया। ये किसानों के बीज इकट्ठा करने, हस्तान्तरण करने के अधिकार को समाप्त करके अपनी ओर से प्रस्तुत संकर बीज, रासायनिक उर्वरक और कीटनाशक खरीदने के लिए किसानों को विवश करते हैं। ये बीज परम्परागत बीजों में जनितकीय बदलाव करके बनाये जाते हैं जिनके पेटेंट सिर्फ़ इन्हीं निगमों के हाथ में सुरक्षित हैं। इसलिए किसान को बार–बार बीज बैंकों का आसरा लेना पड़ता है, जो उनके जीवन में आर्थिक संकट पैदा करता है। बहुराष्ट्रीय निगमों की ओर से प्राप्त बीजों में अधिकांश की यह ख़ासियत रही है कि इसकी एक ही पीढ़ी फ़सल उत्पादित करती है उसके बाद ऊषर बन जाते हैं। इन बीजों से उगने वाले पौधों से आसपास के पौधों का नैसर्गिक विकास रुक जाता है। साथ ही रासायनिक उर्वरक आदि के जरिये मिट्टी की उर्वरता ग़ायब हो जाती है अर्थात् लाभ हेतु पूरी पृथ्वी को ऊषर छोड़ने में पूँजीवादी संस्कृति कोई हिचक नहीं दर्शाती है। पूँजीवाद द्वारा संचालित खेती–उद्योग का दूसरा रूप औद्योगिक रोपण है। ख़ास प्रजाति के पौधों या वृक्षों के पालन को यह क़ाफी प्रोत्साहन करता है, जिसका बाज़ार भाव ज़्यादा हो और जिससे आर्थिक क्षेत्र में लाभ प्राप्त किया जा सके। इसके लिए स्वाभाविक वनों को नष्ट किया जाता है, जिससे विभिन्न जीव प्रजातियाँ और उससे जुड़े पारिस्थितिक तन्त्र का भी नाश होता जा रहा है। 'गाट' के तहत आये ट्रिप्स के जरिये विकासशील देशों की जैव विविधता पर पूँजीवादी देश ने अपनी आँखें जमा रखी हैं। किसी जीवरूप की जैविक संरचना में कोई बदलाव लाकर या उसके उपयोग के सम्बन्ध में कोई नयी जानकारी विकसित करके उसका पेटेंट प्राप्त किया जाता है और उस पर अपना एकाधिकार स्थापित करता है। इनकी ओर से प्रदत्त नयी

जानकारी दरअसल स्थानीय/प्रादेशिक जनता के परम्परागत ज्ञान भण्डार का हिस्सा होती है। किन्तु पेटेंट के अधिकार प्राप्त होते ही आसपास की वनस्पतियों के उपयोग से लोग वंचित रह जाते हैं। भारत में नीम को लेकर यही स्थिति पैदा हुई है। इसका पेटेंट अमरेका के हाथ में है, इसीलिए नीम से उत्पादों का निर्माण उसके द्वारा नियुक्त कम्पनी ही कर सकती है।[19] प्राकृतिक संसाधनों का स्वामित्व अब निजी कंपनियों के हाथ में चला जा रहा है। कोयले का निजीकरण पहले हो चुका है, पानी के निजीकरण का क़ाफी प्रयास चालू है। राष्ट्रीय जल नीति के होते हुए भी छत्तीसगढ़ की शिवनाथ नदी को निजीकृत करने का मामला क़ाफी चर्चित रहा है। औद्योगिक मंत्रालय ने रेडियस वाटर नामक निजी फर्म के साथ बनाये गये ठेके के आधार पर नदी के एक हिस्से को 22 सालों के लिए हस्तान्तरित किया। दो जिला मुख्यालयों के बीच के प्रदेश में पानी–वितरण का अधिकार रेडियस वाटर को सौंपा गया, जिसने नदी में बाँध का निर्माण किया। पहले तो गाँववालों को मुफ्त में पानी देने की व्यवस्था बनायी गयी थी, मगर बाद में किसानों को सिंचाई के लिए नदी से पानी लेने और मछुआरों को मछली पकड़ने की मनाही कर दी गयी। बाँध के कारण आसपास के कुओं में पानी का स्तर घटने लगा।[20] पृथ्वी और उसमें उपलब्ध जल, वायु जैसे जीवन के आधारभूत तत्त्वों की गणना सार्वजनिक सम्पत्ति में की जाती है अर्थात् प्रकृति के ऐसे वरदान जो पृथ्वी पर जीवन को सम्भव बनाते हैं और उन पर समस्त जीवों का समान अधिकार अवश्य है। मलयालम के रचनाकार आषा मेनोन के अनुसार पंच महातत्त्व 'कमोडिटी' न होकर 'कंटेंट' हैं यानी प्रकृति की ऐसी अन्तर्वस्तु है जिसकी बिक्री नहीं की जा सकती है। अगर उसका क्रय–विक्रय हो रहा है तो समझिए कि प्रकृति का ताल टूट रहा है, उसके सन्तुलन का स्वर–भंग हो रहा है।'[21] लेकिन निजीकरण के तहत अब इनका क्रय–विक्रय ही नहीं, इस पर एकाधिकार की स्थापना हो रही है। बहुराष्ट्रीय कम्पनियाँ इन प्राकृतिक तत्त्वों का दाम निश्चित

करती हैं और समय–समय पर उसमें वृद्धि करती हैं। दाम तो ऐसी वस्तुओं का होता है जो किसी उत्पादक द्वारा उत्पादित होता है। पानी, वायु इत्यादि किसी कल कारख़ाने में उत्पादित नहीं होते हैं। प्रकृति से सीधे संसाधन लेकर ब्रांडेड रूप में मण्डी में इन्हें पहुँचाने का कार्य क़ाफी लाभदायक है। यही कारण है कि आयी टी डब्ल्यू चिप आदि क्षेत्र के क्षीण हो जाने पर अन्तरराष्ट्रीय आर्थिक संस्थाएं पानी के व्यापार में निवेश करने की सलाह बहुराष्ट्रीय कंपनियों को देती है। ''सूयस, विवेंटी, नेस्ले, पेप्सी, मोनसैंडो आदि का पानी उद्योग के क्षेत्र में प्रवेश इसका प्रमाण है।''[22] 'यह तर्क दिया जाता है कि प्राकृतिक संसाधनों की रक्षा और सभी लोगों को समान रूप से उन्हें उपलब्ध कराने के उद्देश्य की पूर्ति निजीकरण के जरिये होती है। लेकिन इसके ठीक विपरीत फल निकलता है। ब्रजील का उदाहरण देकर जोसफ ई स्टिग्लिज बता रहे हैं कि ''वहाँ वन के निजीकरण से वन विनाश की दर क़ाफी बढ़ गयी है।''[23] निजीकरण पर्यावरण रक्षा और लोगों के जीने के अधिकार के सामने सबसे बड़ी चुनौती पेश करती है। वैसे ही भूमण्डीकरण पूँजीवादी देशों को विश्व भर के प्राकृतिक संसाधनों को अपने क़ब्ज़े में करने का लाइसेंस प्रदान करता है और ये संसाधन उसकी नज़र में मण्डी के माल हैं। वृक्ष उनके लिए कागज़, फर्नीचर बनाने का साधन है, जड़ी–बूटियाँ औषधि निर्माण के उपादान हैं। वायु मण्डल को विषैली धुआँ उगालने का सर्वाधिक उपयुक्त स्थान माना जाता है। नदियाँ रेत निकालने की उत्तम जगह व कूड़ादान हैं। वस्तुकरण की उपर्युक्त दर्शन में सहअस्तित्त्व का कुछ मूल्य नहीं रह गया है। भूमण्डलीकरण के विस्तार में अपशिष्टों का बाज़ार भी चलता है। कार्बन ट्रेड इसका उत्तम उदाहरण है। ''विकासशील देशों में प्रदूषण कम करने की योजनाओं में आर्थिक मदद करके विकसित देश कार्बन क्रेडिट प्राप्त करते हैं। इसी क्रेडिट के बल पर वे कार्बन उत्सर्जन सम्बन्धी क़ानूनों में छूट प्राप्त करते हैं। न तो इसके लिए अपने देश के उद्योगों में परिवर्तन लाना पड़ता है,

न ही सकल राष्ट्रीय उत्पाद के क्षीण होने की आशंका सताती है।"[24] लेकिन दुखदायक बात यह है कि इस सौदागिरी में पर्यावरण प्रदूषण में कोई कमी नहीं आने वाली है। "विकासशील देशों की ओर से प्रदूषण में लायी जाने वाली कमी की आपूर्ति विकसित देशों की ओर से हो रही है। इस मलिन व्यापार समस्त जीव समुदाय के सामने ख़तरा उपस्थित करता है।"[25] भूमण्डलीकरण के बागड़ोर सम्भालने वाली अनेक बहुराष्ट्रीय कम्पनियाँ हैं। इनके नजरिये में पूरी धरती बाज़ार है और दुनिया के लोग निरा उपभोक्ता मात्र हैं। जो खरीदने की सामर्थ्य रखता है उसी का सम्मान किया जाता है। बाज़ार का विकल्प समाज की निचली श्रेणी के लोगों के लिए नहीं, वह उपभोक्ता के रूप में रहने वाले लोगों के लिए मात्र प्राप्त है। बाज़ार के माध्यम से उपभोग का नशा जनता के मन और मस्तिष्क में भरा जाता है और उनके सोच–विचार की क्षमता को क्षीण कर देता है। आदमी की आवश्यकताओं का निर्णय और नियन्त्रण अब बाज़ार के हाथ में है। ज़रूरत को ग़ैर–जरूरत और ग़ैर–जरूरत को ज़रूरत बनाने की कला में वह माहिर है। मनुष्य द्वारा प्रकृति को उसकी सहजता में अपनाने में बाज़ार बाधा पहुँचाता है। जैसे बोतलबन्द पानी के रूप में बाज़ार मनुष्य के प्यास बुझाने का दावा करता है, लेकिन जिसकी ज़ेब में पैसे की खनक है, वही उसको प्राप्त कर सकता है। उस पानी भरे बोतल में प्रकृति की जीवन्तता नहीं मिलेगी। इसके अलावा प्रकृति में उपलब्ध जल–स्रोतों को मलिन करके, उस जीवन परिस्थिति को भी लाभ जुटाने के अवसर के रूप में इस्तेमाल कर पूँजी की संस्कृति अपनी अमानवीयता को बेनकाब करती है। जो पानी को गन्दा करता है, वही पानी को बेचता है। पानी एक जैविक अनुभूति है, उस अनुभूति में जीने के संस्कार से भी आज का मानव वंचित रह जाता है। बहुराष्ट्रीय कम्पनियों द्वारा तीसरी दुनिया के देशों में पहुँचाये जाने वाले ब्रांटेड खाद्य–पेय पदार्थों में स्वास्थ्य के लिए हानिकारक चीज़ों की उपस्थिति पायी गयी है। भारत में बेची जाने वाली कोकोकोला, पेप्सी, मिरिंडा

आदि में विषैले पदार्थ मौजूद हैं जबकि अमरेका के बाज़ार में उपलब्ध इन्हीं चीजों को ज़हरमुक्त किया गया है।[26] फ़ादर सेबास्ट्यिन काप्पन के ये शब्द क़ाफी सार्थक लगते हैं कि "वर्तमान का सबसे बड़ा उपभोक्ता खुद पूँजीवादी व्यवस्था है और वह प्रकृति और मनुष्य दोनों को निगलकर विसर्जन करता है, उस विसर्जित प्रकृति और मनुष्य की संस्कृति अब जारी है।'[27] पूँजीवाद के इसी दोहन के परिणामस्वरूप प्रकृति हड्डी के ढाँचे के रूप में परिवर्तित हुई है, उसका सन्तुलन बिगड़ गया है, उसकी नैसर्गिकता तबाह हो रही है। भूतापन में होनेवाली वृद्धि, अकाल और बाढ़, जैव सम्पदा का विनाश, महामारियाँ आदि बहुविध रूपों में पर्यावरण संकट विकराल रूप धारण कर चुका है। मानव समुदाय के बहुतायत 'लोगों के जीने के अधिकार पर सवालिया चिह्न लगाया जा रहा है। खुद मानवेतर अन्य प्राणी, वनस्पतियाँ आदि की जैविक अस्मिता पर सवाल खड़े हो रहे हैं। इस कालखण्ड में मनुष्य और प्रकृति के अन्तर्सम्बन्धों का पुनरीक्षण अब अनिवार्य बन गया है। आनन्द के अनुसार "मनुष्य एक साथ प्रकृति का स्वतन्त्र और बद्ध इकाई है। स्वतन्त्र इस अर्थ में है कि प्रकृति का अंश होते हुए भी उस पर विकार कर सकता है, उसमें बदलाव ला सकता है। शारीरिक रूप से उससे जुड़ते वक़्त भी मानसिक दृष्टि से वह अपनी दुनिया रच सकता है। मगर वह प्रकृति से इतना बद्ध है कि अपने प्राकृतिक अस्तित्त्व का निराकरण वह कभी कर नहीं सकता।'[28] वर्तमान पर्यावरण अवबोध का आधार यही विचार है। नारायण का मानना ठीक ही है, 'यह दरअसल प्रकृति को अधीन करने वाली सभ्यता के विरुद्ध विकसित प्रतिबोध है, जो एक नवीन जीवन पद्धति को तलाशता है।'[29]

वैश्विक स्तर पर पर्यावरण अवबोध जगाने के प्रारम्भिक प्रयासों में अमरेकी लेखिका रेचल कार्सन द्वारा प्रस्तुत 'साईलेंट स्प्रिंग' पुस्तक की हमेशा चर्चा की जाती है। 1962 में लिखित प्रस्तुत पुस्तक डीडीटी के मृत्युवाहक रूप का परिचय देती है। पक्षियों के कलरव और फूलों की हँसी के बगैर मूक एवं निस्पन्द

बन पड़े वसन्त के दृश्यों के माध्यम से पर्यावरण विध्वंस की चेतावनी देने में यह पुस्तक क़ाफी सफल निकली है। इसके बाद पर्यावरण विनाश की भीषण समस्या को रोकने हेतु अनेक औपचारिक–अनौपचारिक कोशिशें दुनिया में हुई हैं। इस सन्दर्भ में 1972 का स्टॉकहॉम शिखर सम्मेलन क़ाफी उल्लेखनीय है। प्रस्तुत सम्मेलन में पर्यावरण रक्षा से जुड़ी कई सिफ़ारिशों पर राष्ट्रों की सहमति हुई। संयुक्त राष्ट्र संस्थाओं के पर्यावरण–रक्षा सम्बन्धी विभिन्न प्रयासों को आपस में मिलाने के लिए रूपायित संयुक्त राष्ट्र पर्यावरण कार्यक्रम, यूनेप आदि स्टॉकहॉम सम्मेलन का परिणाम है। इसी सम्मेलन के उपरान्त जून पाँच को विश्व पर्यावरण दिवस के रूप में निर्दिष्ट किया गया है। 1970 और 80 के दशकों में पर्यावरण की रक्षा से सम्बन्धित कई समझौते हुए। इसमें 1972 का लन्दन एंटी डंपिग समझौता विषैली कचरा समुद्र में फेंकने का विरोध करता है। 1973 के मारपोल अन्तरराष्ट्रीय समझौते में समुद्री जहाज़ों से तेल के रिसाव से होने वाले प्रदूषण को रोकने की व्यवस्था की गयी। 1985 में ओसोन सुरक्षा की अनिवार्यता पर विएन्ना समझौता हुआ और 1987 में इसी उद्देश्य में मॉट्रियल प्रोटोकाल तैयार किया गया। यह प्रोटोकोल ओसोन क्षरन के मुख्य कारक सी.एफ.सी पदार्थों के उपभोग को कम करने और उनमें से अत्यन्त हानिकारक पदार्थों के उपभोग को रोकने से सम्बन्धित था। स्टॉकहॉम सम्मेलन के 20 वर्ष बाद संयुक्त राष्ट्र संघ के नेतृत्व में रिओ डि जेनेरो में पृथ्वी सम्मेलन का आयोजन किया गया। प्रस्तुत सम्मेलन में पर्यावरण और विकास के विभिन्न स्तरों पर चर्चाएँ हुईं और स्थायी विकास की अवधारणा पर क़ाफी ज़ोर दिया गया अर्थात् विकास तो ऐसा होना चाहिए जो वर्तमान की ज़रूरतों को पूरा करने के साथ–साथ आगामी पीढ़ी की आवश्यकताओं की पूर्ति के लिए भी सक्षम हो।

जलवायु परिवर्तन को रोकने के उपाय के रूप में 1997 में क्योटो प्रोटोकाल की प्रस्तुति हुई। यह प्रोटोकोल ग्रीन हाउस गैसों के उत्सर्जन को कम करने की ज़रूरत पर बल देने वाला है

और यह कमी की दर भी निर्धारित करता है। इसके अनुसार औद्योगीकृत देशों को 2012 तक ग्रीन हाउस गैसों के उत्सर्जन में 1990 के मुताबिक 5.2 प्रतिशत कमी लानी चाहिए। यद्यपि पहले अमेरिका सहित 38 औद्योगीकृत देशों इस पर सहमति प्रकट की, लेकिन बाद में अमरेका ने इसे अस्वीकार कर लिया।

1977 में न्यूयोर्क में संयुक्त राष्ट्र के नेतृत्व में पृथ्वी शिखर सम्मेलन हुआ जिसका उद्देश्य रियो सम्मेलन की प्रगति का मूल्यांकन करना था। 1998 के त्यूनिस एरिस बैठक में विभिन्न राष्ट्रों द्वारा ग्रीन हाउस गैसों के उत्सर्जन में कमी लाने हेतु किये गये कार्यों की समीक्षा की गयी। 2002 में जोहन्सबर्ग सम्मेलन सम्पन्न हुआ जो रियो के एजेंडा– 21 के क्रियान्वयन की समीक्षा थी। इसी वर्ष यू.एन.ई.पी. द्वारा ओजोन एक्शन कार्यक्रम शुरू हुआ। क्योटो लागू करने की दृष्टि से 2005 का विशेष महत्त्व है। 2007 में इंडोनेशिया के बाली द्वीप में आयोजित सम्मेलन और 2009 का कोपनगेहन सम्मेलन दोनों का सम्बन्ध जलवायु में होने वाले परिवर्तन से है। इस परम्परा की एक कड़ी 2015 का पैरिस सम्मेलन रहा है। इसमें राष्ट्रों द्वारा भूतापन की दर 2 डिग्री सेल्सियस से (हो सके तो 1.5 डिग्री सेल्सियस से) कम करने के लिए प्रयत्नशील होने का निर्णय लिया गया। पर्यावरण रक्षा की दिशा में अन्तरराष्ट्रीय स्तर पर कार्यरत कई ग़ैर–सरकारी संगठनों की भूमिका सराहनीय है। इनमें ग्रीन पीस, फ्रेंड्स ऑफ द एर्थ, कंसर्वेशन इंटरनेशनल, वर्ल्ड वाइल्ड लाह फंड आदि के नाम विशेष उल्लेखनीय हैं।

भारत में जंगल, नदी, जीव सम्पदा आदि की रक्षा हेतु और प्रदूषण के ख़िलाफ़ जितने भी संघर्ष और आन्दोलन हुए हैं या अभी हो रहे हैं, उनके मूल में विकास बनाम विनाश का मुद्दा रहा है। इन आन्दोलनों के भागीदार अधिकतर समाज के निचले तबके के लोग हैं, क्योंकि पर्यावरण विनाश का सीधा प्रभाव इन्हीं लोगों को भोगना पड़ रहा है। उनके लिए पर्यावरण का विनाश रोजी–रोटी और ज़िन्दगी का सवाल है। अतः भारत जैसे तीसरी

दुनिया के देशों में पर्यावरण रक्षा आन्दोलन की भूमिका द्विविध रही है– एक पृथ्वी और जैविक अवस्थिति की रक्षा और दूसरी मानव अधिकारों के संरक्षण की माँग।

स्वतन्त्र भारत में औद्योगिक वन कटाई के विरुद्ध हुए आन्दोलनों में उत्तराखण्ड तत्कालीन उत्तर प्रदेश के चिपको आन्दोलन का नाम सर्वप्रथम आता है। 1973 में चमोली के रेनी गाँव से शुरू हुए इस आन्दोलन का सम्बन्ध अक्सर 18वीं शती के पहले राजस्थान के मारवार में ब्रिष्णोइयों द्वारा वन संरक्षण के लिए किये प्रयासों से जोड़ा जा सकता है। ब्रिष्णोइयों की नज़र में पेड़ों की कटाई और जानवरों की हत्या दोनों पाप है। इसीलिए जब जोधपुर सम्राट अजय सिंह ने महल बनाने के लिए पेड़ कटवाना चाहा तो उनके सैनिकों के साथ ब्रिष्णोइयों का संघर्ष हुआ और इसमें कई लोगों की कुर्बानी हुई। 1973 में जब सरकार ने खेलकूद की सामग्री बनाने वाली कम्पनी को अलकनन्दा घाटी क्षेत्र के पेड़ काटने की अनुमति दी तो जनता ने इसका विरोध किया। जब ठेकेदार पेड़ काटने आया तो लोग पेड़ों से चिपककर उसकी कटाई को रोक दिया। चिपको आन्दोलन का नेतृत्व यद्यपि दशौली ग्राम गाँधीवादी संघ ने किया किन्तु इसके संचालकों के रूप में औरतों की सक्रिय भागीदारी थी। गौरा देवी, इन्दिरा देवी, सावित्री देवी, चण्डी प्रसाद भट्ट, सुन्दरलाल बहुगुणा, धूमसिंह नेगी आदि के जरिये चिपको आन्दोलन के पर्यावरणीय दर्शन का ख़ूब प्रसार हुआ।

''साइलेंट वाली आन्दोलन' केरल के पालक्काड़ जिले में स्थित साइलेंट तराई के संरक्षण से जुड़ा है। यह पश्चिमी घाट का बचा हुआ सदाबहार वन क्षेत्र है, जो 50 मिल्यन साल पुराना है।''[30] जीवजन्तुओं, वनस्पतियों व सूक्ष्मजीवों की विविधता की दृष्टि से यह अनमोल है। इन प्रजातियों में अधिकांश स्थानीय और वंश विनाश के कगार पर खड़ी हैं। 70 के दशकों में केरल विद्युत बोर्ड के नेतृत्व में इस वन क्षेत्र के आसपास बहने वाली कुन्ति नदी में बाँध बनाने की योजना बनायी गयी।

केरल के उत्तरी ज़िलों की ऊर्जा सम्बन्धी माँग की पूर्ति, सिंचाई के लिए आवश्यक पानी की प्राप्ति जैसे कई वायदे उक्त जल विद्युत योजना के तहत रखे गये। किन्तु पर्यावरण की दृष्टि से साइलेंट वाली की अद्वितीयता को पहचानने वाले वैज्ञानिक, समाजसेवी, साहित्यकार आदि के नेतृत्व में इस परियोजना का घोर विरोध किया गया। इनमें डॉ. सतीशचन्द्र, डॉ. वी.एस. विजयन, सलीम अली, एम.के प्रसाद, एम.पी. परमेश्वरन, एन.वी. कृष्णवारियर, सुगतकुमारी आदि के नाम विशेष उल्लेखनीय हैं। केरल शास्त्र साहित्य परिषद ने साइलेंटवाली के संरक्षण के प्रयास में मुख्य भूमिका निभायी। एन. वी. कृष्ण वारियर, सुगतकुमारी, ओ. एन. वी, विष्णुनारायण नंपूतिरि, के. वेलायुधन नायर आदि के नेतृत्व में रूपायित प्रकृति संरक्षण समिति प्रकृति की रक्षा के लिए, जीवन के स्थायित्व का नारा लेकर इस आन्दोलन में अडिग रहे। समिति की ओर से पर्यावरण रक्षा से जुड़ी कविता संकलन 'वनपर्व' का प्रकाशन भी हुआ। समाज के विभिन्न स्तर के लोगों के सम्यक प्रयास के फलस्वरूप 1983 में तत्कालीन प्रधानमन्त्री इन्दिरा गाँधी ने साइलेंट वाली योजना को रद्द किया। साहित्य और पर्यावरण रक्षा को आपस में जोड़ने और साहित्यकारों द्वारा सामाजिक दायित्वों की पूर्ति करने की दृष्टि से साइलेंट वाली आन्दोलन का विशेष स्थान है।

अप्पिक्को को सत्तर के चिपको आन्दोलन की अगली कड़ी बतायी जा सकती है। चिपको आन्दोलन का प्रभाव अगले दशक में कर्णाटक में देखने को मिलता है। ठेकेदारों की ओर से पेड़ों की कटाई करने के विरुद्ध इसकी शुरुआत हुई। 1983 में सालकनी तथा आसपास के गाँवों के युवकों ने पेड़ों को गले लगाकर कटाई को रोक दिया। सदाबहार वनों को गिराकर उसके स्थान पर औद्योगिक जरूरतों की पूर्ति करने वाले यूकेलिप्टस, सागवान आदि लगाने के सरकारी निर्णय के ख़िलाफ़ भी आन्दोलनकारियों ने आवाज़ उठायी है। जल्दी ही विभिन्न ज़िलों में इसका प्रचार–प्रसार हुआ और पूरे दक्षिण भारत के वन संरक्षण प्रयासों में इसका प्रभाव

देखा जा सकता है। 'अप्पिक्को आन्दोलन' मुख्यतः तीन लक्ष्यों को लेकर सामने आया–वर्तमान में मौजूद वनों की रक्षा, ऊषर बने प्रदेशों में वनों का पुनरुजीवन तथा प्राकृतिक संसाधनों की रक्षा करते हुए उनका विवेकपूर्ण उपयोग।'[31] इन लक्ष्यों की पूर्ति के लिए आन्दोलनकारियों ने भरसक प्रयास किया है। व्यापारिक और औद्योगिक हितों की रक्षा हेतु होने वाले पर्यावरण विनाश की ओर जनता का ध्यान आकर्षित करने में यह आन्दोलन सफल निकला।

''नर्मदा घाटी विकास परियोजना' के तहत नर्मदा और इसकी सहायक नदियों में 30 बड़े, 135 मँझोले और 3000 छोटे बाँध बनाने के सरकारी निर्णय के विरुद्ध प्रारम्भित आन्दोलन भारत में ही नहीं, अन्तरराष्ट्रीय स्तर पर चर्चा का विषय रहा है।''[32] नर्मदा नदी गुजरात, मध्यप्रदेश और महाराष्ट्र इन तीनों राज्यों से होकर बहती है। जिसकी लम्बाई 1312 कि. मी. हैं। 1978 में भारत सरकार ने विश्व बैंक की आर्थिक सहायता से बाँध–निर्माण का फैसला लिया। सरकार ने यह वायदा किया कि इससे 40 मिलियन लोगों की पानी सम्बन्धी माँग की पूर्ति हो जायेगी, 6 मिलियन ज़मीन की सिंचाई और पूरे प्रदेश में विद्युत की की आपूर्ति लेकिन इस योजना से होने वाले पर्यावरणीय आघात और जनता के विस्थापन की समस्या की परवाह नहीं की गयी। तीनों राज्यों के सामाजिक कार्यकर्ताओं, गैर–सरकारी संगठनों व बाँध योजना के शिकार होने वाले लोगों के नेतृत्व में 1980 से बाँध निर्माण का विरोध शुरू हुआ। मेधा पटकर ने आदिवासियों, किसानों व प्रादेशिक जनता को जगाने और सम्मिलित करने की क़ाफी कोशिश की। 'नर्मदा बचाओ आन्दोलन' समिति के ज़रिये इस आन्दोलन का व्यापक प्रचार–प्रसार हुआ। सबसे बड़ा विरोध सरदार सरोवर बाँध को लेकर था, क्योंकि इसकी नियोजित ऊँचाई तक पहुँचने पर तीन राज्यों की 3700 हेक्टर भूमि जलमग्न हो जायेगी; 40 करोड़ लोगों पर इसका असर पड़ेगा, कई हज़ार लोगों का विस्थापन होगा जिसमें अधिकांश आदिवासी हैं। कई बार आन्दोलनकारियों पर राजनीतिक दल के कार्यकर्ताओं

की ओर से आक्रमण हुआ, मगर बाबा आमरे, अरुन्धति रॉय जैसे मशहूर व्यक्ति, पर्यावरण विद् आदि की ओर से इस आन्दोलन का समर्थन अब भी हो रहा है। इस आन्दोलन से जुड़कर जनता ने 'विकास चाहिए विनाश नहीं', 'कोई नहीं हटेगा, बाँध नहीं बनेगा' आदि नारे प्रस्तुत करके कुविकास की गहरी आलोचना की, भूख हड़तालों की परम्परा चली, दिसम्बर, 1990 में जनविकास संघर्ष यात्रा नाम से एक पदयात्रा भी हुई। करीब 6000 बाँध विरोधियों ने राजघाट से मध्यप्रदेश, गुजरात तक की पदयात्रा की। इन्हें पुलिस, सेना का सामना करना पड़ा।''[33] बाद में विश्व बैंक ने बाँध परियोजना को आर्थिक सहायता देने से पीछे हटा। यद्यपि 1993 में उच्चतम न्यायालय ने विस्थापित लोगों के पुनर्वास के उचित प्रबन्ध होने तक बाँध निर्माण को रोकने के आदेश दिये, मगर अक्तूबर, 2000 में बाँध की ऊँचाई 90 मीटर तक बढ़ाने की अनुमति दी। लेकिन इससे नर्मदा बचाओ आन्दोलन को असफलता की कसौटी से कसना उचित नहीं है। इस आन्दोलन ने पर्यावरण व मानव अधिकारों की रक्षा के लिए सतत प्रयत्नशील लोगों की एक पीढ़ी ज़रूर प्रदान की है।

उपर्युक्त आन्दोलनों के अलावा पर्यावरण बचाव हेतु भारत में प्रांतीय और देशीय स्तर पर समय–समय पर कई आन्दोलन उभर रहे हैं। उड़ीसा का चिलका आन्दोलन, टिहरी बाँध विरोधी आन्दोलन, एंडोसल्फान के विरुद्ध होने वाला संघर्ष आदि इसके उदाहरण हैं। चिलका एशिया की सबसे बड़ी खारे पानी की छिछली झील है। 'उड़ीसा' में स्थित यह झील प्रवासी पक्षियों की कई प्रजातियों व चीते के महत्त्वपूर्ण प्रजातियों का निवास स्थान है। साथ ही 192 गाँवों की यह आजीविका का साधन भी है। झींगा मछली का पालन करके यहाँ के कई मछुआरे अपना जीवन यापन करते हैं। 1986 में तत्कालीन सरकार ने चिलका के 14000 हेक्टर झींगा प्रधान क्षेत्र टाटा और उड़ीसा सरकार की संयुक्त कम्पनी को पट्टे पर देने का निर्णय किया।''[34] इसके विरुद्ध 'मछुआ महासंघ', 'क्रान्तिदर्शी युवा संगम' आदि के नेतृत्व

में गाँव वालों ने जो संघर्ष चलाया, जिसके परिणाम स्वरूप 1992 में सरकार को अपना निर्णय रद्द करना पड़ा। उत्तराखण्ड के गढ़वाल में भागीरथी पर निर्मित हो रहे टिहरी बाँध के खिलाफ़ आन्दोलन चलाने का कार्य स्वतन्त्रता सेनानी वीरेंद्र दत्त सकलानी ने शुरू किया था। सुन्दरलाल बहुगुणा ने इनका काफ़ी समर्थन किया है। उक्त प्रदेश भूगर्भीय दृष्टि से अत्यन्त संवेदनशील होने के नाते यहाँ भूकम्प की सम्भावना अधिक है। इस मुद्दे को लेकर आन्दोलनकर्ता बाँध का विरोध कर रहे हैं।

पर्यावरण प्रदूषण के खिलाफ उभरे आन्दोलनों में 1957 में केरल में ग्वालियर रयोंस फैक्टरी की शाखा के विरुद्ध हुआ संघर्ष प्रसिद्ध है। फैक्टरी के अपशिष्टों से चालियार नदी काफ़ी प्रदूषित हुई, पशु व मछलियाँ बड़ी संख्या में मरने लगे और लोग कई प्रकार की बीमारियों से ग्रस्त होने लगे। केरल शास्त्र साहित्य परिषद के नेतृत्व में चलाये गये आन्दोलन के अन्त में कम्पनी बन्द कर दी गयी। भारत के पर्यावरण रक्षा आन्दोलन के सन्दर्भ में इतना तो बताया जा सकता है कि ये सारे आन्दोलन किसी घटना विशेष से जुड़े होने के साथ–साथ उससे ऊपर उठकर प्रकृति के साथ के नाभिनाल सम्बन्ध की पुनरुस्थापना की कामना करते हैं और सीमित प्राकृतिक संसाधनों को ध्वस्त होते जाने की चिन्ता वास्तव में आगामी समय में पृथ्वी की स्थिति को लेकर संवेदनशील मानव के मन में उभरने वाली चिन्ता को ही रेखांकित करती है। पूँजीवादी विकास के दौर में होने वाले विकास की अवधारणा पर एक प्रकार से आम जनता सवाल चिह्न खड़ा करती है, जो मानव के सजग पर्यावरणीय अवबोध का उदात्त मिसाल है।

भारत में संवैधानिक स्तर पर पर्यावरण रक्षा को ध्यान में रखकर अनेक नियम भी बनाये गये हैं। 1972 में भारत में वन्य जीव संरक्षण अधिनियम पारित किया गया। जिसमें जंगली जीवों के संरक्षण के लिए राष्ट्रीय उद्यान एवं अभयारण्य खोलने का निर्देश सम्मिलित है। इस अधिनियम में उल्लिखित वन्य जीवों के

शिकार को दण्डनीय अपराध मानता है। 1986 में प्रस्तुत इसके संशोधन द्वारा वन्य जीवों से सम्बन्धित उत्पादों के व्यापार पर पूर्ण प्रतिबन्ध लगाया गया। सन् 1980 में निकले वन संरक्षण अधिनियम में राज्य सरकार द्वारा वनों का प्रयोग केवल वानिकी कार्यों के लिए करने का आदेश दिया गया है। 1992 में निकले इसके संशोधन में वन के भीतर बिजली लाइन बिछाना, बाँध परियोजना, भूकम्प सर्वेक्षण जैसे अवानिकी कार्यों पर केन्द्रीय सरकार से पूर्व सहमति लेने की शर्त रखी गयी है। वनों की विविधता को बनाये रखने का प्रयास भी इसमें शामिल है। जल प्रदूषण को रोककर उसे स्वच्छ बनाने के उद्देश्य में 1974 का जल प्रदूषण निवारण एवं नियन्त्रण अधिनियम पारित किया गया जिसमें भूमिगत एवं सतही जलस्रोतों की गुणवत्ता बनाये रखने का प्रावधान रखा गया है। इसके लिए केन्द्रीय एवं राज्य प्रदूषण नियन्त्रण बोर्डों की स्थापना की गयी। 1981 में पारित किया गया वायु प्रदूषण निवारण एवं नियन्त्रण अधिनियम वायु प्रदूषण को कानूनन अपराध मानता है। यद्यपि पर्यावरण के विभिन्न आयामों से जुड़े कई अधिनियम बनाये गये हैं, किन्तु इनमें समन्वय की कमी महसूस हो रही थी। 1986 में पारित किया गया पर्यावरण संरक्षण अधिनियम इस कमी को पार करने में सहायक रहा है। इसमें 26 धाराएँ हैं, जिन्हें चार अध्यायों में बाँट दिया गया है। 2001 में ऊर्जा संरक्षण अधिनियम और 2002 में जीव वैविध्य अधिनियम पारित किया गया। पर्यावरण रक्षा की दृष्टि से इन दोनों का विशेष महत्त्व है। इसके अलावा भारतीय संविधान का 21वाँ अनुच्छेद नागरिक को एक सन्तुलित पर्यावरण में रहने व संक्रामक बीमारियों एवं उनके ख़तरों से बचाने की गारंटी देता है। अनुच्छेद 51ए में प्राकृतिक पर्यावरण के संरक्षण और सुधार को प्रत्येक नागरिक का कर्तव्य माना गया है और अनुच्छेद 48ए के द्वारा देश को, वन संसाधन और जीव वैविध्य की रक्षा करने तथा पर्यावरण को सुरक्षित रखने का आदेश दिया गया है। संविधान के जरिये या अन्य औपचारिक तौर पर पर्यावरण रक्षा के जितने

भी प्रयास किये गये हैं जिनसे मानव के सामाजिक व्यवहार को व्यापक लोकहित की रक्षा में नियन्त्रित करने का विधान किया गया है जो मानव के नैतिक बोध को ही दर्शाता है। उच्चतम नैतिक अवबोध के विकास के अभाव में पर्यावरण संकट के शाश्वत समाधान की उम्मीद करना असम्भव है। पर्यावरण बचाव को ध्यान में रखकर किये जाने वाले आन्दोलन एवं उसकी रक्षा हेतु अन्तरराष्ट्रीय संगठनों और विभिन्न राष्ट्रों के संविधान की तरफ़ से किये जाने वाले प्रावधान जनता के बढ़ते पर्यावरणीय अवबोध या नागरिक जागरूकता के ऐतिहासिक दस्तावेज़ हैं।

पर्यावरण अवबोध का सम्बन्ध नैतिकता से भी है। प्रत्येक मनुष्य को अपने सहजीवियों के साथ व्यवहार में निश्चित मापदण्डों का पालन करना होता है। पर्यावरण नैतिकता 'सहजीवि' शब्द को व्यापक अर्थ में प्रस्तुत करती है। पर्यावरणीय नैतिक बोध के अन्तर्गत मनुष्य सहित प्रकृति शामिल होती है। मनुष्य जिस तरह अपनी प्रजाति की भलायी की कामना करता है, उसी तरह पूरी प्रकृति और उसमें निवासित जीवों की रक्षा के लिए उसे प्रयत्नशील होना चाहिए अर्थात् वह प्रकृति के साथ के सम्बन्धों को इस तरह बनाये रखे कि जिससे प्रकृति की सहजता भंग न हो जाए। लेकिन आज के जीवन बोध के केन्द्र में मानव है, इस मानव–केन्द्रिता की वजह से मानवेतर प्रकृति के अस्तित्त्व को लेकर वह चिन्तित होता नहीं है। मनुष्य प्रकृति का हिस्सा है और प्रकृति उसके जीवन का एकमात्र आधार रहा है। मनुष्य का भौतिक अस्तित्त्व पर्यावरण के विभिन्न तत्त्वों के सामंजस्य पर टिका हुआ है। साथ ही प्रकृति उसके लिए एक मानसिक ज़रूरत है। मानव की अभिव्यक्ति का माध्यम भाषा है, जो प्रकृति का विस्तार है। मन की व्यथा को बारिश के रूप में, ख़ुशी को फूलों की हँसी के रूप में प्रकृति में प्रतिबिम्बित होते देखना मनुष्य और प्रकृति के गहनतम संवेदनात्मक–रागात्मक सम्बन्ध का परिचायक है। पर्यावरण का विनाश एक साथ मनुष्य के जैविक अस्तित्त्व और आन्तरिक स्वत्व की बर्बादी होती है। इस दृष्टि से पर्यावरण को

बचाने के सारे के सारे प्रयास मनुष्य द्वारा अपने आपको बचाने की कोशिश है। दूसरी ओर इस तथ्य को स्वीकार करना परम आवश्यक है कि पृथ्वी सिर्फ़ वर्तमान के सीमित मनुष्यों के हित में रूपायित नहीं है। अन्य जीव–जन्तु तथा अजैविक पदार्थ भी इसके अंश हैं। समस्त जीवों और आने वाली पीढ़ियों का पृथ्वी पर समान अधिकार है। वैज्ञानिक अध्ययन से इस तथ्य की पुष्टि होती है कि मनुष्य सहित समस्त जीवों, वनस्पतियों के भीतर प्रकृति में उपलब्ध सारे तत्त्व न्यूनाधिक मात्रा में पाये जाते हैं। भारतीय दर्शन इसे दूसरे ढंग से व्याख्यायित करता है। वह तिनके से लेकर महावृक्ष तक, कीट–पतंगों से लेकर हाथी तक, पृथ्वी, आकाश, जल, वायु, अग्नि, सूरज, चन्द्रमा और नक्षत्रों में एक ही चैतन्य का, ईश्वरत्व की स्थिति को स्वीकार करता है। उसके अनुसार पृथ्वी माँ है, नदी पवित्र है, वन और पर्वत पूज्य है, वृक्ष और फूल चेतनता के प्रतीक हैं। इसी संकल्पना के आधार पर प्राचीन भारतवासी पर्यावरण के प्रत्येक अंश के प्रति अत्यन्त श्रद्धा का भाव बनाये रखते थे। वर्तमान काल में आदिम जनजातियों की दृष्टि में प्रकृति के प्रति समभाव और सम्मान का भाव प्रकट है। अमरिका के रेड इंडियंस के नेता सिएटिल के विख्यात भाषण से इसकी सूचना प्राप्त होती है। उनके ही शब्दों में–"पृथ्वी हमारी माँ है। हम पृथ्वी के हिस्से हैं और पृथ्वी हमारे भी। ये सुगन्धित फूल हमारी बहनें हैं। हिरण, घोड़े और गिद्ध हमारे भाई हैं।"[35] यह दर्शन प्रकृति के प्रति गहरी आस्था से युक्त है। इसके ऊपर उपभोगवादी मानसिकता की प्रतिष्ठा वर्तमान पर्यावरण संकट का कारण है। अतः मनुष्य का प्रकृति के साथ किये जाने वाले व्यवहार में परिवर्तन लाना जरूरी हो जाता है। मनुष्य में यह विवेक जाग्रत होना आवश्यक है कि प्राकृतिक संसाधन असीमित नहीं है। इसीलिए इसके उपयोग में क़ाफी सतर्कता बरतनी चाहिए। आवश्यकता और आडम्बर की सीमा रेखा को निश्चित करने में हमें क़ाबिल होना चाहिए। आषा मेनोन के शब्दों में कहें तो "हर बार उपभोग की सामग्री में

डूबते वक़्त, उसके लिए कुर्बान हुए जीवों की, विकास की दौड़ में ऊषर बन जाने वाली भूमि की चिन्ता अगर नहीं सताती है तो इसका परिणाम ख़तरनाक होगा।"[36] प्रकृति को चूस–चूसकर उसका छिलका मात्र छोड़ते वक़्त और उसे विषयुक्त बनाते समय इस बात पर ध्यान देना आवश्यक है कि प्रकृति से जो कुछ छूट जाते हैं, वे हमारे भीतर रिक्तता भर देते हैं। पृथ्वी समस्त जीवों का घर है। यहाँ से किसी को निष्कासित करने का अधिकार मनुष्य को नहीं है। अतः भोग के स्थान पर त्याग को हमें अपना मन्त्र स्वीकारना चाहिए। ग़लती विज्ञान या तकनीकी की नहीं, मनोवृत्ति की है। इसीलिए, आँखों से लोभ और तृष्णा के तिमिर को हटाकर, स्वार्थ के स्थान पर प्रेम और सहअस्तित्त्व के मूल्यों पर अडिग रहकर मनुष्य और पर्यावरण के बीच के सन्तुलन को पुनःस्थापित करना आज के समय की आवश्यकता है।

सन्दर्भ

1. प्रायः हम जिसे प्रकृति कहते हैं, वह पर्यावरण ही है जो समूचे जीवित पदार्थों और भौतिक परिवेश को घेरे रहता है। हबीब, इरफान, *मनुष्य और पर्यावरण.* राजकमल प्रकाशन : नयी दिल्ली, 2015. पृ. 9. मुद्रित।
2. शर्मा, बी.एल और पलक भारद्वाज। *मानव एवं पर्यावरण।* मलिक एंड कम्पनी प्रकाशन : जयपुर, 2005, पृ. 2. मुद्रित।
3. सिंह, श्रीनिवास। *पर्यावरण प्रौद्योगिकी।* ग्रामोदय प्रकाशन : दिल्ली, 2012. पृ. 8. मुद्रित।
4. Culture is the complex; whole which includes knowledge, belief, art, moral, law, customs and any other capacities and habits acquired by man as member of the society. (Rai, B.C. *Sociological Foundations of Education.* Prakashan Kendra : Lucknow, 1990. pg. 107. Print).
5. यादव, वीरेन्द्र सिंह, *नयी सहस्राब्दी का पर्यावरण : चिन्तन–चुनौतियाँ और समाधान,* भाग एक, ओमेगा पब्लिकेशन, नयी दिल्ली : 2010, पृ. 3. मुद्रित.
6. गणेश के.एन. *प्रकृतियुम मनुष्यनुम।* केरला शास्त्र साहित्य परिषद : तृश्शूर, 2014. पृ. 93. मुद्रित।
7. Gadgil, Madhav. Ramachandra Guha. *This fissured Land : An Ecological history of India.* Oxford University press : New Delhi, 2010. pg. 1. Print.

8. Gadgil, Madhav. Ramachandra Guha. *This fissured Land: An Ecological history of India.* Oxford University press : New Delhi, 2010. pg. 20-22, 28-29, 37. Print.
9. कुमार, वीरेंद्र. *लोकव्यापार संघटनयुम ऊराक्कुडुक्कुकलुम्।* मातृभूमि बुक्स : कोषिक्कोड, 2006. पृ. 122. मुद्रित।
10. आनन्द, *जैवमनुष्यन,* डीसी बुक्स : कोट्टयम, 2002, पृ. 242, मुद्रित।
11. पियरस्न, एम. एन. *आगोलवल्करणवुम मार्क्सिसवुम,* डीसी बुक्स : कोट्टयम, 2007. पृ. 156, मुद्रित।
12. Gadgil, Madhav. Ramachandra Guha. *This fissured Land : Ecological history of India.* Oxford University press : New Delhi, 2010. pg. 78. Print.
13. प्रसाद. के. एम. हरित चिन्तकल, केरला शास्त्र साहित्य परिषद : कोच्ची, 2006, पृ. 155, मुद्रित।
14. वेदप्रकाश. पर्यावरण आधार, नवयुग साहित्य : दिल्ली, 2002, पृ. 165, मुद्रित।
15. तिवारी, एन.डी. *वन आदिवासी एवं पर्यावरण,* शान्ति प्रकाशन : इलाहाबाद, 2006, पृ. 151. मुद्रित।
16. साईनाथ, पी. *नल्लोरु वरलचये एल्लावरुम इष्टप्पेडुन्नु* मातृभूमि बुक्स : कोषिक्कोड, 2009. पृ. 96. मुद्रित।
17. कुमार, वीरेन्द्र, *अधिनिवेशत्तिंडेअडियोषुक्कुकल्.* मातृभूमि बुक्स : कोषिक्कोड, 2010. पृ. 17. मुद्रित।
18. ताम, पॉल्स, *हरित विप्लवत्तिंडे काणाप्पुरंङगल.* मातृभूमि बुक्स : कोषिक्कोड. 2007, पृ. 53–4, मुद्रित।
19. कुमार, वीरेन्द्र, गाट्टुम काणाच्चरडुम, मातृभूमि बुक्स : कोषिक्कोड. 1996, पृ. 71–0, मुद्रित।
20. Das, Binayal, Gansedh Pangare,"Privatization in Chattishgarh : A River becomes Private Property "*Economic and Political Weekly*. (February 2016) : 611-2. Print.
21. मेनोन. आषा. अवकाशिकळल्ला नम्मल, मातृभूमि. अंक 29 सितम्बर–अक्तूबर 2012) : 52. मुद्रित।
22. नीलकण्ठन. सी. आर. *प्रकृतियुडे निलविलिकळ,* इस्लामिक पब्लिशिंग ब्यूरो : कोषक्किोड, 2007. पृ. 112. मुद्रित।
23. स्टिग्लिज़. जोसेफ, *आगोलीकरणम प्रावर्तिक माक्कल.* राजगोपाल के. अनु. केरल भाषा इंस्टिट्यूट : तिरुवनन्तपुरम, 2009, पृ. 201, मुद्रित।
24. *मण्णो एण्णयो.* अनु. प्रशांत कुमार. डीसी बुक्सः कोट्टयम, 2011. पृ. 26–8. मुद्रित।
25. सिंह, अमित कुमार. *भूमण्डलीकरण और भारत,* परिदृश्य और विकल्प. सामयिक प्रकाशन : नयी दिल्ली, 2010. पृ. 23. मुद्रित।

26. कुमार, वीरेन्द्र, *अधिनिवेशत्तिंडे अडियोषुक्कुकल,* मातृभूमि बुक्स : कोषिक्कोड, 2010. पृ. 17, मुद्रित।
27. काप्पन, *सेबास्टियन. और सेबास्टियन वट्टमट्टम.* परिस्थिति संस्कृति. काप्पन पब्लिकेशन : कोट्टयम. 2014. पृ. 61. मुद्रित।
28. आनन्द. *जैव मनुष्यन.* डीसी बुक्स : कोट्टयम, 2002. पृ. 19–40, मुद्रित।
29. नारायणन, के.सी. 'प्रतिबोधत्तिंडे सौन्दर्यशास्त्रम' *हरित निरूपणम् मलयालत्तिल* सं. जी. मधुसूदनन. करंट बुक्स : कोट्टयम, 2015. पृ. 74–0. मुद्रित।
30. आत्मारामन. 'हरितावबोधम आद्याङुरङल' *हरित निरूपणम मलयालत्तिल,* सं. मधुसूदनन. करंट बुक्स : कोट्टयम, 2015, पृ. 30–8, मुद्रित।
31. Sheth, Pravin. *Environmentalism: Politics, Ecology and Development*. Rawat Publications : Jaipur, 1997, pg. 222, Print.
32. देशपाण्डे, अनिरुद्ध. *बीसवीं शताब्दी में विश्व इतिहास के प्रमुख मुद्दे.* हिन्दी माध्यम कार्यान्वयन निदेशालय : दिल्ली विश्वविद्यालय, 2013, पृ. 391. मुद्रित।
33. तपन, बिसवाल, *मानवाधिकार, जेंडर और पर्यावरण,* विवा बुक्स : नयी दिल्ली : 2009. पृ. 418–9, मुद्रित।
34. वही, पृ. 415.
35. मूप्पन, सियाट्टिल. *अङल निङलक्कु भूमि विट्टाल* (सक्करिया, अनु) डीसी बुक्सः कोट्टयम, 2010. पृ. 34. मुद्रित
36. मेनोन, आषा, *तनुमानसी,* डीसी बुक्स : कोट्टयम, 1990. पृ. 117–8, मुद्रित।

बिगड़ते समीकरणों की आकुलताओं से भरी कविताएँ

शान्ति नायर

आज अवसाद की तमाम अन्तर–धाराओं के बावजूद मानव सभ्यता के भीतर परिवर्तनों की कुछ आहटें सुनायी पड़ रही हैं। सम्भवतः इन्हीं आहटों के एक हिस्से के रूप में हम कविता में आयी पर्यावरणीय चेतना को भी ले सकते हैं। तीन शताब्दियों की आयु के दौरान जो पूँजीवादी व्यवस्था पुष्टि प्राप्त करती गयी है, उनकी ज़ड़ों का हिलना शायद अब महसूस होने लगा है। संवेदनशील जन इस बात को महसूस करने लगे कि मनुष्य की अपनी भौतिक समस्याएँ हैं और उन्हें सुलझाने में प्रौद्योगिकी, विज्ञान और तकनीकी सामर्थ्यवान अवश्य सिद्ध हो रहे हैं, परन्तु इस बात को कतई नज़रअन्दाज़ नहीं किया जा सकता है कि इसी प्रौद्योगिकी ने मनुष्य को पूँजी और भोग के ऐसे क़ैदख़ाने में धकेल दिया है, जहाँ रहते हुए वह चीखना भी भूल चुका है।

गत वर्षों में समाज जिन संकटों से लगातार घिरा, उनमें से पर्यावरणीय संकट ने सम्भवतः सर्वाधिक विकराल रूप धारण किया है। भौगोलिक एवं प्रशासनिक सीमाओं को मिटा कर दुनिया को एक कर देने की प्रक्रिया ने पूँजी की यात्रा को सुगम तो बना दिया, परन्तु एक होती दुनिया दो भागों में बन्ट गयी–विकसित और अविकसित। आज तक आते–आते बहुराष्ट्रीय कम्पनियाँ, विश्व बैंक, आईएमएफ, विश्व–व्यापार संगठन जैसी संस्थाओं का इसी

प्रकार का वर्चस्व स्पष्ट ही दिखायी देने लगा है। तीसरी दुनिया के देशों पर विकसित देशों का आधिपत्य कुछ ऐसा हो चला है कि अधिकार, आग्रह, अर्थ, संस्कृति सभी कुछ उनके अधीन हैं। प्रकृति की स्थिति भी इससे बिल्कुल भिन्न नहीं है। तीसरी दुनिया की प्रकृति का नियन्त्रण और दोहन आज वर्चस्वशाली देशों के द्वारा ही हो रहा है। वह संकट, जिसने दशकों का समय लेकर विकराल रूप धारण किया, मानव का मन और बुद्धि उसके प्रति सचेत होने लगे हैं। मनुष्य का अपनी प्रकृति के साथ जो समीकरण बनता है, उसमें आने वाले असन्तुलनों के प्रति आज मनुष्य आकुल होने लगा है। एक ओर यह असन्तुलन मनुष्य की चिन्ता का विषय बन रहा है तो दूसरी ओर संवेदनात्मक स्तर पर मनुष्य को व्याकुल कर रहा है। समकालीन कविता इन्हीं आकुलताओं, चिन्ताओं और व्याकुलताओं को अपने में अभिव्यक्ति दे रही है।

साम्राज्यवादी, उपनिवेशवादी शक्तियों की घुसपैठ तो औद्योगिक क्रान्ति के साथ ही आरम्भ हो गयी थी। औद्योगिक उत्पादों के लिए बाज़ार की आवश्यकता थी और तदुपरान्त उसे क़ायम रखने की भी। यहाँ उपनिवेशन का शिकार बने देशों की संस्कृति और प्रकृति को तोड़ना, मरोड़ना या काटना–छाँटना उनके लिए आवश्यक हो गया। नव–उपनिवेशी दौर में यह और अधिक पुष्ट होकर भूमण्डलीकरण के रूप में सामने आयी। जहाँ उपभोक्तावादी रुझानों के माध्यम से घुस–पैठकर आने वाले साम्राज्यवाद के हाथ प्रकृति एवं संस्कृति दोनों का दोहन करते हैं और तीसरी दुनिया के देशों की अस्मिता को भी मरोड़ कर रख देती है।

निर्मला पुतुल अपनी कविता 'उतनी दूर मत ब्याहना बाबा!' में इस विडम्बनात्मक स्थिति को 'ब्याह' के रूपक के माध्यम से अभिव्यक्ति देती हैं। ब्याह दो व्यक्तियों के बीच का गठबन्धन मात्र नहीं है, दो संस्कृतियों का समन्वय है। दूसरे अर्थों में ब्याह वह भी है, जहाँ हम अपने आपको उस धरातल से जोड़ते हैं,

जिस धरातल पर हम चाहते हैं, हमारा भविष्य यानी हमारी परम्परा विकसित हो। इस धरातल का चुनाव, जहाँ हमारी परम्परा को विकसित करना है, अगर सही ढंग से न हुआ तो भविष्य का नाश हों सकता है। कविता आरम्भ होती है इन पंक्तियों से– *"बाबा!/मुझे उतनी दूर मत ब्याहना/जहाँ मुझसे मिलने जाने ख़ातिर/घर की बकरियाँ बेचनी पड़े तुम्हें।"* अपनी अस्मिता को बेचकर भविष्य के किसी सुख की तलाश में भटकने वाले इस युग को ये पंक्तियाँ द्योतित करती हैं। आने वाली पीढ़ी को विरासत के रूप में संस्कृति देने की अपेक्षा सम्पत्ति प्रदान करने वाली सोच आज के समाज में लगातार रूपायित हो रही है। सार्थक जीवन के स्थान पर सुखी जीवन की चाह व्यक्ति को आज इतना भटका देती है कि वह अतीत से कट जाता है, वर्तमान को जी नहीं पाता है और भविष्य से ख़ारिज़ कर देता है। भविष्य के सुख की मरीचिका में व्यक्ति इतनी दूर चला जा रहा है कि इसके लिए उसे अपना अस्तित्त्व ही मिटाये देना पड़ रहा है। सुख या सुखी साधन सम्पन्न जीवन का आकर्षण मनुष्य को अपने आप से दूर करता जा रहा है। भविष्य की सम्पन्नता के लिए अपना सब कुछ दूसरों को सौंपता जा रहा है। बकरियाँ बेचकर बेटी के घर जाने की नौबत से बचने की चेतावनी उन प्रलोभनों से मुक्ति की कामना है, जो जीवन के स्तर को ऊँचा, चमकीला बनाने के लोभ में मनुष्य को अपनी ज़मीन से उखाड़ देती है।

तीसरी दुनिया के देशों में आत्म–विश्वास की मात्रा वैसे भी अपेक्षाकृत रूप से कम होती है। जो आत्मविश्वास उनमें होता है वह उनकी प्राकृतिक सम्पदा पर ही निर्भर होता है। भविष्य के चमकीले सपने दिखा कर यह प्राकृतिक सम्पदा भूमि, खेत, मवेशी आदि भी अगर उनसे हर ली जाये तो उनके बीच का आत्मविश्वास शून्य हो जाता है। कविता में बार–बार दोहराया जाने वाले समान अर्थ वाले वाक्य हैं– 'मत ब्याहना', 'मत कर आना मेरा लगन', 'मत जोड़ना मेरा रिश्ता', 'मत चुनना ऐसा वर', 'मत देना मेरा हाथ।' ये वाक्यांश ऐसी दहलीज़ हैं, जिन्हें पार

कर हम इतिहास के ऐसे मैदानों में पहुँचते हैं, जहाँ हम अपनी परम्परा और अपनी संस्कृति से दूर होते चले गये। बकरियाँ हमारी कृषि संस्कृति के चिह्न हैं, हमारी पशु सम्पत्ति की द्योतक हैं। धीरे–धीरे हम देखते हैं कि उपनिवेशवादी शक्तियों के द्वारा पैदा किये गये रुझानों एवं चमकीले साम्राज्यवादी शक्तियों के हस्तक्षेप ने तीसरी दुनिया के देशों को अपनी प्रकृति से अलग कर दिया है। हम उपनिवेश के मकड़जाल में इस तरह फँसते गये कि कृषि संस्कृति, पशु सम्पदा आदि हमारे लिए पराई होती गयीं। इस प्रक्रिया ने हमारे आत्म–विश्वास को गिराने में बाह्य ताक़तों की भरपूर मदद की।

भारत ने जब राजनैतिक स्वतन्त्रता हासिल की उस दौर में कुल जनसंख्या में लगभग 75 प्रतिशत आबादी का जीवन कृषि पर आधारित था और घरेलू उत्पाद में उसकी हिस्सेदारी 61 प्रतिशत थी। आज कृषि पर जनसंख्या की निर्भरता 65 प्रतिशत और सकल घरेलू उत्पाद में उसकी हिस्सेदारी घटकर 20 प्रतिशत रह गयी है। शायद कुछ लोग इन आँकड़ों को अर्थव्यवस्था की प्रगति और आधुनिकीकरण से जोड़कर देखते होंगे, लेकिन ध्यान से देखा जाये तो पहले देश की 75 प्रतिशत जनसंख्या के पास 61 प्रतिशत आय थी और अब 65 प्रतिशत जनसंख्या राष्ट्र की कुल आय के 20 प्रतिशत पर आश्रित हो रही है। निलय उपाध्याय की कविता जिसका शीर्षक 'खेती नहीं करने वाला किसान' अपने आप में व्यंग्य है, जो ऐसी स्थिति को समस्या और सम्वेदना के धरातल पर पाठकों के समक्ष रखती है। तीसरी दुनिया के नागरिक के लिए प्रकृति उसके जीवन–यापन का साधन तो थी, साथ में उसके जीवन का एक अंग भी थी। कृषि भूमि के साथ ही नहीं अपनी पशु–सम्पदा के साथ भी उसका सम्बन्ध संवेदनात्मक स्तर पर रहा था। यह सम्पूर्ण कविता किसान के फ़ैक्ट्री मज़दूर में तब्दील हो जाने की नियति को प्रस्तुत करती है। अपने बैलों को बेचने को विवश किसान जब अपने आँगन से खूँटा उखाड़ता है तो वास्तव में उसका आत्म–विश्वास ही है, जो उखड़ता है।

बैल बेच कर खरीदी गयी साइकिल है उसके पास, जो जीते–जागते प्राणी–बैल की तरह संवेदनात्मक लगाव का सुख नहीं दे सकती। यहाँ प्रकृति से कटकर यन्त्र से जुड़ते मनुष्य का शनैः शनैः संवेदनात्मक लगाव के सुख से वंचित होते चले जाने का ज़िक्र है। अन्ततः फ़ैक्ट्री में मज़दूर बन जाने की नियति उसके उस आत्मविश्वास को तोड़ देती है, जो अपनी प्रकृति में जीते हुए उसने प्राप्त की थी। सम्पूर्ण जीवन की लय यहाँ समाप्त हो जाती है। उसके बाहर का परिवेश ही नहीं, भीतर की 'केमेस्ट्री' भी बदल जाती है–"सड़क के दोनों ओर पसरे खेत उसे नहीं दिखायी देते/उसे नहीं दिखायी देते फ़सलों पर टंगे/ओस कण/उसे नहीं सुनाई देती चिड़ियों की आवाज़/ उसे दिखायी देती है/सड़क को दोनों ओर से चाँप कर खड़ी/ कंटीली घास,/उसे सुनायी देती है देर से पहुँचने पर/मालिक की कर्कश डाँट।"

खेती की लागत बढ़ने, प्रकृति में अनियन्त्रित हस्तक्षेप से जलवायु में परिवर्तन के कारण होने वाले खतरों से और बाज़ार की दोषपूर्ण नीतियों से त्रस्त किसान ख़ुद को बचाने के लिए आज संघर्ष कर रहे हैं। 'डाउन टू अर्थ' मैगज़ीन और 'सेंटर फॉर साइंस एंड एनवायरमेंट' द्वारा संयुक्त रूप से 2021 में की गयी पड़ताल में पाया गया है कि भारत में हर दिन 28 से ज़्यादा किसान और खेतिहर मज़दूर आत्महत्या करते हैं। भारत को गम्भीर कृषि संकट से जूझते वस्तुतः वर्षों हो गये और इसका दुखद परिणाम है–किसानों व खेतिहर मज़दूरों द्वारा की जा रही आत्महत्याएँ। समकालीन कविता इस संकट को पहचान रही है और पाठक को चुनौती देती है कि एक संवेदनशील नागरिक के रूप में वह इसे कितना पहचान पा रहा है–*"मैं उसे बरसों से जानता था–/एक अधेड़ किसान.../किधर?/क्यों?/कहाँ जा रहा था वह–/अब मीडिया में इसी पर बहस है/उधर हुआ क्या/कि ज्यों ही वह पहुँचा मरखहिया मोड़/कहीं पीछे से एक भोंपू की आवाज़ आयी/और कहते हैं– क्योंकि देखा किसी ने नहीं–/*

उसे कुचलती चली गयी/अब यह हत्या थी/या आत्महत्या इसे आप पर छोड़ता हूँ।" (फ़सल, केदारनाथ सिंह)

किसान के साथ नष्ट हो रही है, वह कृषि संस्कृति, जो हमारी नींव रही। बहुत ही संभाल कर जो प्रकृति आने वाली पीढ़ी को मनुष्य सौंपता चला आया है, वह आज उसके ही समय में नष्ट होती जा रही है और उसी के साथ प्रकृति से जुड़कर जीने की वह संस्कृति भी। कविता कहती है– *"दरकती हुए ज़मीन के/सूखे पपड़ों के भीतर से अन्न/के दाने निकालने का हुनर/नहीं सीख पायेगा वह/यह उन दिनों की बात है/जब भाषा इतनी बंजर नहीं हुई थी/दुनिया की हर भाषा में वह/अपने पेशे के साथ जीवित था/तब शायद डी.डी.टी. का चलन/भाषा में और जीवन में/इतना आम नहीं हुआ था/वे जो विशाल पण्डाल के बीच/भव्य–समारोह में/मना रहे हैं पृथ्वी–दिवस/वे जो बचा रहे हैं बाघ को/और काले हिरन को क्या वे एक दिन बचायेंगे किसान को/क्या उनके लिए भी यूँ ही होंगे सम्मेलन/कई सदी बाद/धरती के भीतर से/निकलेगा एक माथा/बताया जायेगा/देखो यह किसान का माथा है/सूँघों इसे/इसमें अब तक बची है/फ़सल की गन्ध/यह मिट्टी के/भीतर से खिंच लेता था जीवन–रस/डायनासोर की तरह/नष्ट नहीं हुई उनकी प्रजाति/उन्हें एक–एक कर/धीरे–धीरे नष्ट किया गया।"* (किसान, अच्युतानन्द मिश्र)

कविता व्यक्त करती है कि यह संकट अचानक नहीं आया, बल्कि धीरे–धीरे भारत जैसे बहुत से देश इस संकट से घिरते गये और आज भी घिर रहे हैं। इसके पीछे चलने वाली तमाम साज़िशें नये–नये रूप धारण कर लगातार सामने आ रही हैं। कृषि प्रधान देश में देश किसान को और किसान देश को आज समाचारों के माध्यम से या मीडिया के माध्यम से ही जानता है, इससे अधिक नहीं। उमाशंकर चौधरी अपनी कविता 'शहंशाह की नींद' की शुरुआत इस प्रकार से करते हैं–*"जब पूरी दुनिया/पाप और पुण्य के बीच/न्याय और अन्याय के बीच/धूमिल पड़ती जा*

रही विभेदक रेखा को/ढूँढ़ने की एक असफल कोशिश में लगी हुई थी, और/जब भारत का वह एक अदना–सा आदमी/बग़ैर कोई समाचार सुने उस दिन भी/अपने सूखे पड़ चुके खेत पर बैठ/आसमान की ओर निहारने के लिए घर से निकल चुका था,/कहते हैं तब शहंशाह सो रहे थे।" बगैर समाचार सुनने निकलने वाला यह किसान ना तो देश की अन्तर–धारा को जान पा रहा है और ना ही सोने वाले यह शहंशाह उस जैसे आदमी के सूखे पड़ चुके खेतों को और उसकी पस्त होती हुई संवेदना को पहचान पा रहे हैं। "कितना ख़ुशहाल जीवन है विज्ञापन में किसानों का।" (नीलेश रघुवंशी की कविता 'विज्ञापन में किसान') किसान की स्थिति और मीडिया की भूमिका पर ये कविताएँ व्यंग्य का तीखा अहसास छोड़ जाती हैं।

प्रकृति के सन्दर्भ में मीडिया जिस भूमिका को अदा करता है, वह भी स्वार्थ लाभ से भरा होता है। प्रकृति के नाश को लेकर, प्रकृति के प्रकोप को लेकर मीडिया जिन ख़बरों को छापता है, उनमें ख़बरों के बिकने की, लाभ कमाने की इच्छा अधिक होती है, ना की सच्चाई को सामने लाने और उसका समाधान ढूँढने के लिए लोगों को प्रेरित करने की इच्छा। मानवीय संवेदना के ह्रास की जो त्रासद स्थिति यहाँ दिखायी देती है, वह सम्भवतः किसी भी त्रासदी से भी त्रासद है। हिन्दी के युवा कवि अच्युतानन्द मिश्र की दो कविताओं के कुछ अंश देखें– *"डूबता हुआ बच्चा एक ख़बर है/ख़बर के बाहर का गाँव/कब का डूब चुका है/बच्चे की लाश फूल चुकी है/फूली हुई लाश एक ख़बर है...* (ख़बर)। जहाँ तक प्राकृतिक प्रकोपों का सम्बन्ध होता है, उनमें अधिकांश का कारण पूँजीपतियों का प्रकृति में हस्तक्षेप होता है। परन्तु ग़रीब जनता इस प्रकोप को झेलने के लिए अभिशप्त होती है। जनता की यह दयनीय स्थितियाँ भी मीडिया (जो पूँजी के हाथ बिकता है) के लिए खबर के अलावा कुछ नहीं होता। इस संवेदना को समकालीन कवि अभिव्यक्ति देते हैं– *"हम बेघर हो जाते/सड़क पार के स्कूल में/डेरा लगता/नेता आते,/अफसर आते/*

पटवारी/गिरदावर आते/फोटो खिंचती/राहत के प्रकरण बनते/पकी–कच्ची पूड़ी बन्टती/पंचनामे बनते/हम दस्तख़त करते/ऐसे ही सही हमारा भी/समय होता/थोड़ी पूछ–परख होती/पर इस बार/सचमुच बाढ़ नहीं आयी (असंगघोष)

पर्यावरणीय समस्याओं पर ग़ौर फ़रमाने वाले अनेक 'सिटिजन इनीशिऐटिव' ग्रुप आज मौजूद हैं। परन्तु वे एक प्रकार की निराशा को परस्पर बाँटने भर में अक्सर सीमित रह जाते हैं। यहाँ निर्मला पुतुल जैसे हस्ताक्षर निराशा तक सीमित रह जाना नहीं चाहती हैं। 'बिटिया मुर्मू के लिए' कविता में नाश के ख़िलाफ़ खड़े होने का आह्वान वे करती हैं–'देखो! अपनी बस्ती के सीमान्त पर/जहाँ धराशायी हो रहे पेड़/कुल्हाड़ियों के सामने असहाय/रोज़ नंगी होती बस्तियाँ/एक रोज़ माँगेंगे तुमसे/तुम्हारी खामोशी का जवाब'' (निर्मला पुतुल)। पर्यावरण से समाज और समाज से राष्ट्र का विकास होता है। इसलिए कविता कहती है कि 'आओ मिलकर बचाएँ'। एक साथ मिलकर प्रकृति की रक्षा का आह्वान कविता करती है। बस्तियों को नंगी करने वाली आबोहवा से बचाने, पूरी बस्ती को नशे से बचाने, आंचलिकता और भाषिक अस्मिता को बचाने, जीवन को स्फूर्ति प्रदान करने वाली मन की संवेदना को बचाने, भोलेपन के साथ–साथ अक्खड़पन और जुझारूपन, प्रतिरोध की ताक़त को बचाने और साथ ही में जंगल, नदी, पहाड़, मिट्टी, फ़सल से भरी प्रकृति को बचाने का आह्वान कविता करती है। गाँधी जी के अनुसार प्राथमिक आवश्यकताओं की पूर्ति करना ही विकास का प्रथम ध्येय होना चाहिए, परन्तु आज विडम्बनात्मक स्थिति यह है कि लोग ऐसे विकास का सपना देखने लगे हैं, जो दूसरों को उजाड़ने और अपना स्वार्थ सम्पन्न करने पर आधारित है। इसी कारण आज पर्यावरण के विकास के नाम पर घोर शोषण हो रहा है। विकास के नाम पर होने वाले प्रदूषण और विस्थापन किस प्रकार जंगलों, आदिवासियों की बस्तियों को अपनी चपेट में ले जाता है। इस निर्मम सत्य को कविता रेखांकित करती है। 'बाहामुनी' कविता में निर्मला पुतुल बताती हैं कि विकास

समाज पर आधारित ना होने के कारण बहुत संख्या में साधारण जनता का जीवन बद से बदतर होता चला जा रहा है– *"जिन घरों के लिए बनाती हो झाडू/उन्हीं से आते हैं, कचरे तुम्हारी बस्तियों में।"* झाडू यहाँ विकास का प्रतीक है, जो इन ग़रीबों के श्रम से ही सम्पन्न होता है, परन्तु इस विकास का दुष्परिणाम भी इन्हीं को झेलना पड़ता है, आजकल विकास और पर्यावरण को लेकर बैठक में योजनाएं बन रही हैं, पर इनका खोखलापन भी तभी सामने आता है, जब तथाकथित नागरिक ही समाज बोध से रहित होकर नारे लगाते हैं। इसी प्रकार उपभोक्तावादी संस्कृति योजनाबद्ध रूप से भोज्य वस्तुओं को भी आरोपित कर रही है। इसे हम तीसरी दुनिया के देशों की त्रासदी के रूप में ले सकते हैं। मनोविज्ञान में यह खोज़ लगातार हो रही है कि अधिक प्रभावशाली रूप से उपभोग कैसे सम्पन्न हो? इन वस्तुओं का आकर्षण लोगों पर इस हद तक हावी कर दिया जाता है कि वे इनके लिए बावले हो जाते हैं। प्राकृतिक–पौष्टिक आहार के स्थान पर फैशन के नाम पर कृत्रिम आहार का प्रचलन लगभग अनिवार्यता की हद तक होने लगा है। कृत्रिम शहरी वातावरण में जो उपभोक्तावादी संस्कृति का परिवेश है, वह मनुष्य के प्राकृतिक स्वाद और रुचियों के दायरे से बाहर चले जाते हैं। समकालीन कविता का स्वर इसके प्रति नकार को अभिव्यक्ति देता है। इनकी जगह कृत्रिम रुचियाँ ले लेती हैं। कृत्रिम ज़रूरतों के दबाव में आदमी की भूख तक मिट जाती है। तरह–तरह के चटकारों से स्वाभाविक भूख दब जाती है। फिर तरह–तरह के चमत्कारों से कृत्रिम भूख जगाई जाती है– *"खुश हो कर खाओ खिचड़ी/यह भी तो स्वादिष्ट बड़ी/अरे दही से नाराज़गी/छोड़ो भी नखरेबाजी/ठंड शरबत पी करके/आइसक्रीम पर जी करके/हारोगे जीती बाजी।"* (उषा यादव) अपने देश की प्रकृति से कटने वाले नागरिक के लिए यह एक चेतावनी है कि अपनी अस्मिता को खोकर ऐसी किसी सभ्यता (स्वाद) का वरण नहीं किया जाये जो हमारी प्रकृति के अनुकूल ना हो। आयातित संस्कृति मनुष्य

के भीतर रस, गन्ध, स्पर्श आदि सभी मार्गों से प्रवेश करती है। जहाँ रसना अपना निजी स्वाद भूलकर बाज़ार द्वारा प्रदत्त स्वाद का गुलाम हो जाती है, यहाँ मनुष्य को अपनी प्रकृति के स्वाद से अनायास काटकर अलग कर दिया जाता है। बाज़ार अपने को बनाये रखने के लिए सशक्त हथियार इसी के माध्यम से तैयार करके तीसरी दुनिया के देशों को अपना गुलाम बना लेता है, जिसमें भूख का प्रकृति से कोई सम्बन्ध नहीं होता है। ऐसे किसी भी हद तक उसे उकसाया जाता है। यह उकसाना भी प्राकृतिक न होकर किसी कृत्रिम स्वाद के लिए होता है। सन्देह इस बात को लेकर भी होने लगता है कि वह दिन दूर नहीं जब जीव विज्ञान की जेनेटिक इंजीनियरिंग जैसी उपलब्धियों का प्रयोग करके मनुष्य की स्वाभाविक रुचि को भ्रूण अवस्था में ही समाप्त कर दिया जायेगा। तब स्वाद का अर्थ सीधा शक्तिशाली कम्पनियों द्वारा निर्मित कृत्रिम हानिकारक भोज्य पदार्थों का भोग करना हो जायेगा। हम देखते हैं कि भारतीय समाज में आज बाज़ारवाद का विरोध स्त्री द्वारा होता है। यहाँ कविता में भी इस विरोध और चिन्ता को हम देख सकते हैं कि 'ऐसा करने से हारोगे जीती बाजी' अर्थात् जिस आत्मनिर्भरता बनाये रखने के लिए हमने लड़ाइयाँ लड़ी थीं, उसे मात्र चटखारेपन से हमें खो नहीं देना चाहिए। जसिन्ता केरकेट्टा की कविता 'नदी, पहाड़ और बाज़ार' अभिव्यक्ति देती है कि जब प्रकृति खरीद–फ़रोख्त की वस्तु के रूप में तब्दील होने की स्थिति आती है तो वहाँ जो बिकने वाले माल के रूप में तब्दील होता है, वह अपना वजूद ही होता है। *"नन्ही पीढ़ी दौड़ी– हम आ गये बाज़ार!/क्या–क्या लेना है? पूछने लगा दुकानदार।/भैया! थोड़ी बारिश, थोड़ी गीली मिट्टी/एक बोतल नदी, वो डिब्बाबन्द पहाड़/उधर दीवार पर टंगी एक प्रकृति भी दे दो/और ये बारिश इतनी महँगी क्यों?/ दुकानदार बोला : यह नमी यहाँ की नहीं!/दूसरे ग्रह से आयी है,/मन्दी है, छटाँक भर मँगाई है।/पैसे निकालने साड़ी की कोर टटोली/चौंकी! देखा आंचल की गाँठ में/रुपयों की जगह/*

पूरा वजूद मुड़ा पड़ा था।" प्रसिद्ध विचारक आन्द्रे बैतेल उपयोग और उपभोग पर विचार करते हैं। उपयोग वह है जो जीवन को आगे बढ़ाने के लिए अनिवार्य है। उपभोग वह जो अतिरिक्त है, यह कुछ भी हो सकता है; वस्तु से लेकर विकृत कामुकता तक। आन्द्रे बैतेल का कहना था कि इस उपभोग की कोई सीमा तय नहीं की जा सकती। लेकिन विडम्बना यह है कि उपभोग अर्थशास्त्र के संरक्षणवादी नियमों से परे ही है। *"बाज़ार से लेने जाता हूँ ज़रूरत की कोई चीज़ तो/साथ थमा दी जाती है/एक ओर चीज़ मुफ़्त उस चीज़ की/कोई ज़रूरत नहीं मुझे/पर लेने से इन्कार नहीं कर पाता उसे/और बस इसी एक पल में पकड़ लिया जाता हूँ/उस अतिरिक्त के लिए ज़रूरी चीज़ों के बीच थोड़ी जगह बनाता हूँ/तो ज़रूरी चीज़ों की जगह थोड़ी सिकुड़ जाती है/अतिरिक्त हमारे मन की कमज़ोरी को पहचानता है/लालच धीरे–धीरे पाँव पसारता है/एक अतिरिक्त दूसरे अतिरिक्त को बुलाता है और/दूसरा अतिरक्त तीसरे अतिरिक्त के लिए जगह बनाता है/और एक दिन सारी जगह अतिरिक्त से भर जाती है।"* बैतेल उपहार देने की परम्परा की बात उदाहरण के रूप में करते हैं। क़ीमती उपहार देकर व्यक्ति भीतर एक ताक़त का निर्माण कर रहा होता है, बाहर से देखने पर यह एक भौतिक प्रक्रिया है, परन्तु इससे देने वाला एक ऐसे वर्चस्वशाली 'स्व' का निर्माण कर लेता है, जो पूँजी से जुड़ा है। संवेदनात्मक लगाव का अंश इनमें न के बराबर ही होता है। बोदिलाद 'द कंज्यूमर सोसाइटी' में इस मुद्दे को उठाते हैं। बोदिलाद इस बात का भी संकेत करते हैं कि मनुष्य के चारों ओर जहाँ कल तक समाज था वहीं आज वह वस्तुओं से घिरा हुआ है। समाज से घिरे मनुष्य में उसकी चेतना का निर्माण और विकास होता था। उसका अन्तिम लक्ष्य मानवीय होना ही होता था अर्थात् मानवीय संवेदना प्रमुख थी। संवेदनाओं में लगातार आने वाले ह्रास के प्रति चिन्ता कविता में अभिव्यक्त है और उसका विकल्प भी कविता ढूँढ़ती है। अपनी ज़मीन से न कटने की बात करती हुई निर्मला पुतुल

की कविता इस ओर इशारा करती है कि अपनी भूमि से हमारा नाता रस, गन्ध, स्पर्श सभी स्तरों पर है–*"महुआ का लट और/खजूर का गुड़ बनाकर भेज सकूँ सन्देश/तुम्हारी ख़ातिर/उधर से आते–जाते किसी के हाथ/भेज सकूँ कद्दू–कोहडा, खेखसा, बरबट्टी,/समय–समय पर गोगो के लिए भी।"* यहाँ माँ के लिए उपहार भेजती बेटी है। परन्तु उपहार में पूँजी नहीं, संवेदना है, प्रकृति है। बेटी का नाता जहाँ माँ से जुड़ा हुआ है, वहीं संवेदनात्मक स्तर पर प्रकृति से भी जुड़ा हुआ है। कविता संकेत देती है कि मनुष्य और मनुष्य के बीच तथा मनुष्य और प्रकृति के बीच ये नाते बरकरार रहेंगे, तभी हमारे पैर हमारी ज़मीन पर टिक सकेंगे। सुपर मार्केट, हाईपर मार्केट या शॉपिंग मॉल की संस्कृति चकाचौंध के साथ जहाँ प्रवेश कर रही है, वहीं पैकेटों में आने वाली चीज़ें प्रदान कर हमारे स्वाद को एक जैसा (जैसा स्वाद वे चाहते हैं) बना डालने की साज़िश चल रही है। इस सन्दर्भ में स्थानीय रस, गन्ध, स्वाद के ख़िलाफ़ होने वाले तमाम प्रलोभनों के प्रतिरोध को कविता दर्ज करती है। महुए की लट, खजूर का गुड, कद्दू, कोहड़ा, खेखसा, बरबट्टी इसी रस, गन्ध, स्पर्श को विकल्प के रूप में प्रकट किया जाता है। भूमण्डलीकरण ने समस्त समीकरणों को प्रभावित किया, चाहे वह मनुष्य और मनुष्य के बीच का हो अथवा मनुष्य और प्रकृति के बीच। समकालीन कवि इन स्थितियों को अभिव्यक्ति देता है–"दहशत पैदा करती है नोटों की फड़फड़ाहट/कोई पीता है चाँदी के कटोरे में/आदमी का लहू/हमारी मेहनत का मधु कोई पीता है/धरती के भीतर का पानी/खींचा हमने खेत सधाए/पानी बन्धुआ बोतल में/साँस नमी की घुटती जाए/जब से भूख तुम्हारी जागी/पानी बिका/बिकी पानी की सन्तानें हतभागी/पाण्डे कौन कुमति तोहे लागी! (सन्तानें हत/भागी/अंशु मालवीय) पर सभी का 'लाइफ–सपोर्ट सिस्टम' पर समान अधिकार होता है। वह किसी व्यक्ति विशेष अथवा समुदाय विशेष अथवा वर्ग विशेष की सम्पत्ति नहीं है। कार्ल मार्क्स मानते हैं कि खनिजों और भूसम्पदा

और कच्चे माल पर आधिपत्य स्थापित करके पूँजीपति वर्ग मनुष्य पर आधिपत्य स्थापित करता है। इस स्थिति में जल–वायु, भोजन सभी पूँजी में बदल जाते हैं और आधिपत्य की वस्तु में तब्दील हो जाते हैं। भारत में यह आधिपत्य या वर्चस्व वर्ण और वर्ग दोनों ही आधारों पर होता हुआ हमें दिखायी देता है। यहाँ जल को जल या जीवन न मानते हुए हथियार बनाने की त्रासदी के प्रति समकालीन कवि प्रतिक्रिया व्यक्त करता है–*"कुआँ ठाकुर का/ पानी ठाकुर का/ खेत–खलिहान ठाकुर के/ गली–मुहल्ले ठाकुर के/ फिर अपना क्या?/ गाँव?, शहर?, देश?"*

दलन का एक तरीक़ा यह भी है कि प्राकृतिक **तत्वों** पर अधिकार स्थापित करके मनुष्यों का एक समूह दूसरे समूह पर अधिकार स्थापित कर लेता है। बुनियादी ज़रूरतों के लिए जो मन मोहताज़ हो तो उसे दबा कर रखना आसान होता है। हमारे यहाँ जल अधिकार से आज भी लोग अनजान हैं। 'जल अधिकार' से आशय उस विधिक अधिकार से है, जिसके अन्तर्गत एक व्यक्ति को किसी जल स्रोत से पानी प्राप्त करने का अधिकार हो। वस्तुतः बार–बार यह रेखांकित किया गया है कि स्वच्छ जल की प्राप्ति व्यक्ति के जीवन से जुड़ी है और इसीलिए जीवन के अधिकार की तरह यह भी व्यक्ति का मौलिक अधिकार है कि वह स्वच्छ जल प्राप्त कर सके। सितम्बर, 2010 में मानवाधिकार परिषद ने आम सहमति से प्रस्ताव पारित कर इस बात की पुष्टि कर दी कि जल एवं स्वच्छता व्यक्तियों के मौलिक अधिकार हैं और इनका सुनिश्चित कराया जाना सबकी ज़िम्मेदारी है। संयुक्त राष्ट्र महासभा के मानवाधिकार परिषद के इस प्रस्ताव में कहा गया है–''पेयजल एवं स्वच्छता का मानवाधिकार जीवन के समुचित स्तर के अधिकार का ही एक अंग है और यह जीवन एवं मानव गरिमा के अधिकार के साथ अभिन्न रूप से जुड़ा है।'' रेडियो रूस के अनुसार जल एवं स्वच्छता के अधिकार पर संयुक्त राष्ट्र महासभा की एक बैठक में सन् 2011 में एक बार फिर बान की मून ने कहा कि ''बहुत से देशों की सरकारों ने पहले ही जल एवं

स्वच्छता के अधिकार को अपने संविधान तथा कानूनों में शामिल किया है। जिन्होंने ऐसा नहीं किया है, उन्हें बिना देरी किये इस दिशा में क़दम उठाने की ज़रूरत है।'' (https://hi.wikipedia.org) बावजूद इसके हम देखते हैं कि भारत में भी पेय जल की समस्या के कई आयाम मिलते हैं। जल और जाति का समीकरण आज भी भारत में कई स्थानों पर विकृत ही है। भारत में ऐसे गाँव जिनमें दलितों को गाँव से बाहर रहने को जगह मिलती है, वे गाँव के पानी का इस्तेमाल तक नहीं कर सकते हैं। इनके लिए अलग से एक हैंडपम्प और एक कुआँ ज़रूर है। अगर कुआँ सूख जाता है तो हैंडपम्प भी सूख जाता है। ऐसे में उन्हें नहर के पानी पर निर्भर रहना पड़ता है। दलित जाति के लोग कभी भी सवर्णों के कुएँ से पानी नहीं लेते हैं, वे भी कभी दलितों के कुएँ तक नहीं आते हैं। जब दलित जाति के लिये बने हैंडपम्प खराब हो जाते हैं तो उन्हें काफ़ी परेशानी होती है। वे दूर किसी सरकारी स्कूल के हैंडपम्प से पानी भरते हैं। 'जल जन जोड़ो अभियान' के राष्ट्रीय संयोजक बताते हैं कि पानी को लेकर दलितों के साथ अत्याचार आम है। पानी की समस्या को दूर करने के रास्ते में हमारे लिये जाति प्रथा के ख़िलाफ़ लड़ाई भी शामिल है। विश्व में शायद ऐसा कोई पदार्थ नहीं है, जिसकी माँग जल से अधिक होती है। प्रत्येक जीव की जीवन की क्रियाएँ जल पर आधारित है। जन्म से लेकर मृत्यु पर्यन्त जल जीव के लिए अनिवार्य घटक है। वह ना तो मनुष्य मात्र का है और ना ही मनुष्य में अल्पसंख्यक धनाढ्य वर्ग का है। समकालीन कवि ज्ञानेन्द्रपति कहते हैं–"मिट्टी पानी और बयार / यह है जीवन के आधार / सबको जीने का अधिकार।" हम देखते हैं कि जल का वितरण वर्ग के आधार पर होता दीख पड़ता है। आज की सभ्यता में सर्वहारा को सम्भवतः स्वच्छ जल का अधिकार नहीं है। औद्योगिक समाज में पूँजी सर्वोपरि हो गयी है। वैश्वीकरण के दौर में हम देखते हैं कि हर क्षेत्र में शिक्षा, स्वास्थ्य, स्वच्छता, रोज़गार, सामाजिक सुरक्षा, जलापूर्ति इन सभी में राज्य की

उपस्थिति घटती जा रही है। पेयजल का वितरण और निर्धारण भी आज निजीकरण के चुंगल से मुक्त नहीं है। पानी जिस पर जनता का अधिकार है, वह भी उसे दूसरे राष्ट्रों के कम्पनियों को पैसे देकर खरीदना पड़ता है।

पेप्सी, कोकोकोला कम्पनियों ने हमारे साथ जो छल किया है, हम जानते हैं। प्लाचिमडा से केरल वासी का चौंकाने और डराने वाला परिचय है। हमारे कुएँ सूखने लगे, हमारा पेयजल उनकी बोतलों में आने लगा, हम उसे पैसे देकर खरीदने को बाध्य होने लगे। पीने के पानी और पूँजी के समीकरण को एकान्त श्रीवास्तव की कविता 'ठण्डे पानी की मशीन' इस प्रकार अभिव्यक्ति देती है। एक दिन चौराहे पर प्रत्यक्ष होने वाले ठण्डे पानी की मशीन समाज की सभ्यता और संस्कृति को बदल देती है। कविता की पंक्तियाँ हैं–*"दिल्ली के एक चौराहे पर/मैं उसे देखकर डर गया/कि जो आकाश से बरसता है बेमोल/जो नदियों में बहता है खुले आम/तो अब यह पानी भी बिकाऊ हो गया बाज़ार में/अगर आपके पास पचास पैसे हैं–/तो आप एक गिलास ठण्डा पानी पी सकते हैं/कितने जन ठिठकते हैं इसके सामने/ज़ेबें टटोलते हैं और आगे बढ़ जाते हैं/माँ–बाप अपने बच्चों को घसीटते ले जाते हैं/कि चलो, घर चलकर पीना/ख़ुद अपने सूखे पपड़ाये होंठों पर/जीभ फेरते हुए/अब तक हम अपनी भूख से लड़ते थे/अब हमें अपनी प्यास से भी लड़ना होगा।"* कविता में जिस 50 पैसे का जिक्र कवि कर रहा है, वह 50 पैसा ऐसी पूँजी है, जिसके बल पर हमसे हमारा लाइफ़ सपोर्ट सिस्टम ही खरीद लिया जाता है। भूख के साथ प्यास से भी लड़ना अब सर्वहारा की नियति बन जाता है। एकान्त श्रीवास्तव इस कविता के माध्यम से जो बात करते हैं, वह देखने में बिल्कुल मामूली लग सकती है या पढ़ने में बिल्कुल मामूली लग सकती है, परन्तु हम देखते हैं इस ठण्डे पानी की एक मशीन के आगमन के साथ ही मनुष्य के जीवन में पानी का अर्थ ही बदल जाता है। अब वहाँ पानी जीवन का एक हिस्सा नहीं है, बल्कि 50 पैसे का एक माल है।

इसको दूसरे ढंग से अभिव्यक्ति देते हैं, केरल के कवि ए. अरविन्दाक्षन। अपनी कविता 'पेरियार का पानी' में इस बात पर व्याकुल होकर वे प्रश्न करते हैं कि "क्या पेरियार का पानी बेचा जा सकता है?" वे जोड़ते हैं, "क्या माँ का दूध बेचा जा सकता है?" माँ के दूध का अपना जो महत्त्व है, वही महत्त्व प्रकृति में पानी का है। जिस प्रकार दूध शिशु का अधिकार है, उसी प्रकार मनुष्य का अधिकार है पानी। माँ का दूध यदि एक संवेदना है तो यहाँ प्रकृति में पानी भी उसी प्रकार की एक संवेदना है। पानी का माल में परिवर्तित होना यहाँ संवेदना का बिक जाना है। यहाँ पानी के आधार पर यह वर्ग भेद स्पष्ट दिखायी देता है। इसी वर्ग भेद पर पानी के सन्दर्भ में समकालीन हिन्दी कविता व्यंग्य करती है– *"हम मूर्तियों को दूध पिला देते हैं/बच्चों को बिन पानी मरने देते हैं।"* यह बच्चा किसी भी सर्वहारा का हो सकता है या किसी भी दलित का हो सकता है अथवा किसी भी अल्पसंख्यक का हो सकता है, पर इस सचाई को किस प्रकार नकारा जा सकता है कि प्यास हर किसी की प्यास की होती है चाहे अमीर की हो, ग़रीब की हो, सवर्ण की या अवर्ण की हो, हिन्दू की हो या मुसलमान की। *"प्यास सिर्फ़ प्यास ही होती है/पानी पर हावी होते वर्ग धर्म के खिलाफ़ कभी कहते हैं/मुसलमान हिन्दू हो या ईसाई/हो चाहे अछूत पर प्यास पवित्र है।"* इस बात को कभी नकारा नहीं जा सकता है कि जब गला सूखने लगता है तब जाति–धर्म आदि की सभी दीवारें गिर जाती हैं तो इस तकनीकी के दोष फल भी हमें लगातार देखने को मिले हैं। मध्य वर्ग इस स्थल का कस्बों–शहरों में लगातार भोक्ता है। संजय कुन्दन की कविता में इस बात को देखिए– "पानी का आना और जाना/कोई दावे के साथ नहीं कह सकता कि/कितने बजे आता है और/कितने बजे चला जाता है पानी।" पानी की यह दुर्व्यवस्था जीवन की दुर्व्यवस्था है। यह अनिश्चितता जीवन की भी अनिश्चितता है। पानी की यह लम्बी प्रतीक्षा जीवन के लिए की जाने वाली प्रतीक्षा है, जीवन को पा लेने के लिए लम्बे

इन्तज़ार को सर्वहारा निम्न वर्ग की बस्तियों में लगातार देखा जा सकता है। एक ओर हम देखते हैं कि कविता में कुछ समस्याओं की अभिव्यक्ति या नारे मात्र नहीं हैं। इस प्रकृति और परिवेश के प्रति संवेदना की सान्द्रता भी दिखायी देती है। प्रकृति के दृश्य रस–गन्ध–स्वाद से कवि बिल्कुल भी 'एलिनेटेड' नहीं है, बल्कि पूरी तरह जुड़े हुए हैं। कविता में जिस ढंग से इन्हें उतारा गया हैं, वे अनुभव की गहनता का परिचय देते हैं– *"बाहर कुछ झूरा कुछ पड़ा नीला/भीतर कुछ पीला/तबीयत में आ गयी चिरपिरी एक/मौसम ने मारा डण्ठल ने ढीला किया/ऊपर से उद्दण्डी लड़कों ने देख लिया/पत्तों में छिपना बेकार रहा/मन्त्र फूँक/यों नकली पकना बेकार रहा/कच्चे का कच्चा/तोते ने फुसकारा सोंधा मीठा आम।"* (वीरेन डंगवाल) पकने को आये आम का ज़िक्र करते हुए कवि में प्रकृति के साथ जुड़ाव जहाँ स्पष्ट होता है, वहीं हम देखते हैं कि लोक के साथ का सम्बन्ध भी। इसी के साथ हम यह भी देख पाते हैं कि प्रकृति के उपादानों को कवि अपने भीतर के अनुभवों के साथ जोड़कर सार्थक रूपक को भी सम्प्रेषण का माध्यम बनाता है। दृश्य के ही समान प्रकृति की गन्ध को भी। दूसरी ओर अन्य बिन्दु जिस पर हिन्दी कविता हमारा ध्यान केन्द्रित करती है, वह है प्रकृति से मनुष्य के विलगाव अथवा एलियनेशन। एलियनेटेड होता मनुष्य कवि की चिन्ता का विषय है। 'नदी सुनती है' कविता में यह चिन्ता अभिव्यक्त हुई है। आज प्रकृति–प्रेम भी महज एक फैशन का रूप धारण करता जा रहा है। प्रकृति सौन्दर्य के आस्वादन तक में मनुष्य का एप्रोच उपभोग संस्कृति की सोचयुक्त होता चला जा रहा है। 'नदी सुनती है' में इस विडम्बना को कवि कहता है। नदी के किनारे तफ़रीह के लिए जाना अलग बात है और नदी से संवेदनात्मक स्तर पर जुड़ना अलग बात है। प्रकृति का दृश्य यहाँ आस्वादन (वह भी तात्कालिक) का साधन मात्र है, संवेदना का अंग नहीं बन पाता है। कविता कहती है–*"नदी सुनती है/हमारे नहीं आने को/नदी सुनती है/हमारे नहीं आने पर आने को।"* प्रकृति का एक दृश्य

या फ़िज़ा भी यहाँ पर उपभोग वस्तु में तब्दील हो रहा है अर्थात् भोगो और फेंको का रवैया यहाँ प्रकृति के प्रति भी अपनाया जा रहा है। कविता की अन्तिम पंक्ति है–"नदी हमारे होने का ज़िन्दा अहसास है।" यहाँ ज़िन्दा रहना जहाँ जैविक स्तर पर लाइफ सपोर्ट सिस्टम की ओर इशारा करता है, वहीं नदी यानी प्रकृति से जुड़कर सांस्कृतिक स्तर की ओर भी संकेत करता है। प्रकृति से यह अलगाव मानव के जीवन की उस लय को नष्ट कर देती है, जो कि उसे जीने योग्य बनाती है।

वस्तुतः प्रकृति और मनुष्य के योग से ही सामाजिक की निर्मिति होती है। इनमें से किसी एक का भी नाश वास्तव में प्रकृति का नाश है। आज इस नाश के प्रति हम बोधवान ही नहीं है। वर्तमान में जिस दौर से हम गुज़र रहे हैं, वहाँ सबकुछ की गति इतनी तीव्र और लाभाधिष्ठित है कि नाश दिखायी ही नहीं देता। युवा कवि अच्युतानन्द लिखते हैं– *"एक डूबते हुए आदमी को/एक आदमी देख रहा है/एक आदमी यह दृश्य देख कर/रो पड़ता है/एक आदमी आँखें फेर लेता है/एक आदमी हड़बड़ी में देखना/भूल जाता है/याद रखो/वे तुम्हें भूलना सिखाते हैं* (भूलना)

वर्तमान दौर की सबसे बड़ी विडम्बना यह है कि कहीं भी प्रत्यक्ष आक्रमण नहीं होता, छीना बहुत कुछ जाता है, पर इस छीनने की प्रक्रिया को हम देख नहीं पाते हैं। यहाँ व्यक्ति का सम्बन्ध हो या सामाजिकता की भावना हो या संस्कृति हो, सभी कुछ को हम अपने हिसाब से नहीं वरन् आयातित सभ्यता के अनुसार ग्रहण करने लगते हैं। आत्म–विस्मृति की इस अवस्था में मनुष्य और मनुष्य के बीच के सम्बन्ध, मनुष्य तथा प्रकृति के बीच के सम्बन्ध को भी दूसरों की दी गयी परिभाषा के अनुसार ढाले जाने लगा है। हम जानते हैं कि हमने अपनी संस्कृति में कभी भी प्रकृति को शत्रु नहीं माना है। उसे अपने से अलग नहीं माना, परन्तु आज व्यवसायीकरण, बाज़ारीकरण, नगरीकरण आदि के फलस्वरूप मनुष्य का नैतिकता–बोध नष्ट होता जा रहा है। इसी का आह्वान 'पुरानी हँसी' कविता में अनीता वर्मा करती हैं–

"नई परिभाषाओं की भीड़ में / सँभाले जाने चाहिए पुराने सम्बन्ध / नदी और जंगल / रेत और आकाश / प्यार और प्रकाश।"

वर्तमान समय की क्रूरताओं और विद्रूपताओं को व्यंग्यात्मक छटा के साथ मिथक के पात्रों के माध्यम से उकेरने की प्रवृत्ति कविताओं में दिखायी देती है। स्त्री और पर्यावरणीय संकट को अभिव्यक्ति देते हुए वीरेन डंगवल जंगल की देवी की संकल्पना को लेते हैं और उसे वर्तमान सन्दर्भ से जोड़ते हैं। वर्तमान समय में प्रकृति से कट जाने वाली आयातित संस्कृति को लेकर आदिवासी कवि अपनी चिन्ता व्यक्त करते हैं। सभ्यता के नाम पर और आधुनिक शिक्षा पद्धति के नाम पर आज की पीढ़ी जिस प्रकार की जीवन–शैली और संकल्पनाओं को आत्मसात कर रही है, उसमें तीसरी दुनिया के भविष्य को ग्रस लेने की तमाम साज़िशें भरी पड़ी हैं। इन ख़तरों के प्रति भी हिन्दी की आदिवासी कविता चिन्तित है। वन्दना टेटे लिखती है–"बन्द कमरे में मालूम है उन्हें / मौसम की ख़बरें, / देश–विदेश / मानवों–दानवों एवं जानवरों की जानकारी पर नहीं है उन्हें पता / कि पहली तेज़ बारिश का पानी जब / सूखी नदी में उतरता है / तो अपने आने की सूचना कैसे देता है / और पातर काका / क्यों जुते बैलों को तोतो–रे नोनो–रे कहते हैं / पथराई धरती / क्यों सोंधी महक से लबरेज हो जाती है / सच में / मैं चिन्तित और उदास हूँ / कि नहीं जान पायेंगे मेरे बच्चे / डोरी, कुसुम से तेल निकालने की / मछली और चिड़िया पकड़ने की / देशज तकनीक। / महुआ लट्ठा, इमली के बीज के साथ / औटाया गया खाने का स्वाद। / ...सरहुल पर्व से पहले / जंगल के फल–फूल को तोड़ने–खाने की मनाही / करमा के बाद खेतों में खड़ी / भेलवा की टहनियों का राज / आह! नहीं जान पायेंगे मेरे बच्चे / ... / आह! कितनी–कितनी सारी जानकारियाँ / छूट जायेगी हमारे बच्चों से / क्योंकि नहीं लिखी गयी हैं किताबें / इन पर, नहीं बने हैं सॉफ़्टवेयर...।

हमारा संविधान जीवन सुरक्षा की प्रत्याभूति और आश्वासन देता है। भारतीय संविधान का अनुच्छेद 21 में प्राण और दैहिक स्वतन्त्रता के संरक्षण की प्रत्याभूति है। जीवन को जी लेने का अधिकार हर नागरिक को है और इसके लिए अनुकूल परिस्थितियाँ देना राज्य का कर्तव्य है। वृक्षों का काटना–कटाना पर्यवारण का विकृत कर देना होता है। वृक्षों की कटाई के ख़िलाफ़ संघर्ष करने–रोकने वाले आदिवासी को पर्यावरण के मित्र की भूमिका में ही देखा जाना चाहिए, परन्तु ऐसा होता नहीं है। इसकी जगह उन्हें विकास पथ की बाधा के रूप में प्रस्तुत किया जाता है। अधिकार और संघर्ष को जायज बताते हुए समकालीन आदिवासी कविता सोये हुओं को जगाती है और उनमें लड़ने का साहस पैदा करती है–*बिरसा चौक पर बन्धे हाथ से होकर मुक्त/प्रवेश कर रहा हूँ अब संसद के द्वार से/मिलूँगा तुमसे जल्द ही अन्य मंचों पर भी/पहाड़ों, जंगलों को/रुपए की आँखों से देखने की/नज़रिये को तुम्हारी/देता रहूँगा चुनौती/लिख कर, बोल कर/शब्दों की ऊर्जा भर रहा हूँ इसलिए/दिल में, दिमाग़ में/शरीर के रोम–रोम में।* ('जंगल पहाड़ के पाठ'–महादेव टोप्पो) आदिवासी कवियों की कविताएँ आदिवासी इतिहास, विघटन और विस्थापन की संवेदनात्मक दुख, आक्रोश और दिशा–निर्देश से लैस हैं। आदिवासी के लिए प्रकृति दूसरों से कहीं अधिक उनकी संवेदना का अविभाज्य अंग है। विश्वासी एक्का लिखती हैं– "सूखे पत्तों को बुहारते हुए/दुख जाती थी कमर/पके फलों के टपकने से/पट जाता था खलिहान /अब न घनी छाँव है/न ठण्डी हवा/आज उसके न होने से/कितना उदास है/पूरा गाँव"...। (बूढ़ा बरगद) जंगल जो कि तीसरी दुनिया के देशों के सन्दर्भ में उनके जीवन का अंग है और जीवन–यापन का आधार भी है। उसे केवल एक माल के रूप में देखने की मानसिकता आज कायम हो चुकी है। जंगल ही नहीं, जंगल के निवासी भी उपभोग के साधन के रूप में देखे जाते हैं। कॉरपोरेट पूँजीवादी व्यवस्था के पंजे खनिज सम्पदा से भरे हुए जंगलों को धर–दबोच रहे हैं और इस खुली लूट में

शासन–प्रशासन से लेकर सत्ता का पूरा तन्त्र शामिल होता जाता है। इस व्यवस्था के रहते जंगल की तो लूट होती ही हैं। साथ ही भोले–भाले जंगल निवासियों का भी आर्थिक और शारीरिक शोषण भी होता है। इस नृशंसता का सर्वाधिक शिकार स्त्री होती है। 'वन्या' कविता वनों की प्राकृतिक सम्पदा और वहाँ के सामाजिक–सांस्कृतिक जीवन में होने वाले हस्तक्षेप को तथा स्त्री के साथ होने वाले निर्मम शोषण की शर्मनाक स्थिति को शिल्प के स्तर पर अधिक स्थान न घेरते हुए भी तीखेपन के साथ व्यक्त करती है। आज स्थिति यह है कि जंगल–निवासी लड़कियाँ कभी भी शोषण का शिकार हो सकतीं हैं। जंगल की वह पूजनीय देवी 'वन्या' भी आज भयभीत है– "अकेली मैं कैसे जाऊँगी वहाँ/मुझे देखते ही विलापने लगते हैं चीड़ के पेड़/सुनायी देने लगती है/किसी घायल लड़की की दबी–दबी कराह"। (वन्या) प्रकृति पर आधिपत्य और स्त्री पर आधिपत्य के समीकरणों को समकालीन स्त्री कविता अपनी संवेदना के भीतर समान्तरता में अनुभव करती है, अभिव्यक्ति देती है। पितृसत्तात्मक व्यवस्था जिस प्रकार स्त्री के सहज जीवन में हस्तक्षेप करती है, उसी प्रकार प्रकृति में भी करती है। प्रकृति एवं स्त्री दोनों की उर्वरता को वह नियन्त्रित करती है। स्त्री एवं प्रकृति की सहजता एवं स्वाभाविकता में व्यवस्था द्वारा हस्तक्षेप होता है। हिन्दी की सुप्रसिद्ध कवयित्री कात्यायनी की कविता 'एक भूतपूर्व नगरवधू की दुर्गपति से प्रार्थना' में इस सन्दर्भ को हम देख सकते हैं। कविता माँग करती है कि व्यवस्था के भीतर स्त्री को भोग वस्तु के रूप में मानने की जो मानसिकता पनप रही है, उसका सर्वथा त्याग होना चाहिए। कविता में स्त्री प्रकृतिदत्त वास्तविक रूप में अपने को प्रतिष्ठित करने की कामना करती है। जिस स्त्री शरीर को साधन मानकर, सौन्दर्य पिपासा या काम पिपासा को शान्त करने के लिए प्रयुक्त किया जाता रहा है, कविता उसके नितान्त प्राकृतिक महत्त्व की ओर पाठक को ले जाती है। स्त्री के स्तनों का प्राकृतिक धर्म शिशु को दूध पिलाने का है, परन्तु चित्रकला, मूर्तिकला, साहित्य तथा घर बाहर सभी क्षेत्रों में उसे

काम और सौन्दर्य का प्रतिमान माना गया, विविध तरीक़ों से भोगा गया। मनुष्य को छोड़कर सभी जीवों में ये शिशु को दूध पिलाने के धर्म को निभाते हैं, न कि नर–जीव की काम पिपासा शान्त करने के लिए। कविता कहती है–"देखो मेरे स्तनों से बहता हुआ दूध/उस अप्रतिम सौन्दर्य के अवशेषों को भी/मटियामेट कर रहा है/जो कभी पागल बना देता था तुम्हारे लोगों को।/मुझे इन स्तनों को/प्यासे विकल शिशु अधरों तक ले जाने दो।" (कात्यायनी) इन पंक्तियों में स्त्री की वह कामना निहित है, जिसमें वह अपने मूल प्राकृतिक रूप को प्राप्त करना चाहती है और उसी के अनुसार जीने की कामना करती है। प्रकृति एवं स्त्री दोनों ही शोषण का शिकार होते जा रहे हैं। प्रकृति के परिपालन में उसे पुष्ट करने एवं सहेज कर रखने में पुरुष की अपेक्षा स्त्री की भूमिका कहीं अधिक होती है। परन्तु जो कुछ श्रेष्ठ है, उसका उपयोग एवं उपभोग पुरुष निर्बाध रूप से करता है। प्रकृति के साथ जुड़कर उसके साथ तादात्म्य स्थापित कर, कार्यरत स्त्री किस प्रकार अपनी भूख मिटा पाने तक में असमर्थ होती है, इसे उर्मिला शुक्ल की कविता 'अनाज पछोरती औरत' अभिव्यक्ति देती है। 'सार सार को गहि करें' यह सूप की प्रवृत्ति बताई गयी है, परन्तु अनाज पछोरती स्त्री सूप में अपने लिए कुछ भी नहीं पाती है–*"अनाज के चन्द दाने ही बचे थे/सूप में वह बिन रही थी उन्हें/कंकर पत्थर को/बिखेर बिखेर कर/ढूँढ रही थी दाने।"* (उर्मिला शुक्ल) दूसरों के लिए बेहतर का इन्तजाम करते–करते स्त्री स्वयं खाली हो जाती है, पस्त हो जाती है–*"और वह ज़ोर ज़ोर से फटक रही थी/खाली सूप/कंकर पत्थर और दाने/कुछ भी नहीं है वहाँ/फिर भी पछोर रही है वह/खाली सूप।"* (उर्मिला शुक्ल) समान अधिकार के तहत प्रकृति के सन्दर्भ में भी स्त्री का उतना ही अधिकार होता है, जितना कि पुरुष। स्त्री की मेहनत और सहेजने की प्रवृत्ति से बनी प्रकृति से स्त्री को वंचित रखने वाली दीवारें वास्तव में समाज में होती हैं, परन्तु वे अदृश्य होती हैं अर्थात् व्यवस्था में यह मान्यता स्वीकृत है कि प्रकृति में जो कुछ भी श्रेष्ठ है, उसका उपयोग पुरुष करेगा।

पुरुष के उपयोग एवं उपभोग के उपरान्त यदि कुछ शेष रह जाता है, तो वह स्त्री के हिस्से में आता है। अपने द्वारा पालित, संरक्षित प्रकृति के सन्दर्भ में भी उसकी स्थिति यही है। कात्यायनी स्त्री के लिए बने इन अलिखित नियमों को तोड़ना चाहती है और समान अधिकार की माँग करती है–"मुझे उन फसलों तक जाने दो/अपने यौवन को अमरत्व प्रदान करने के लिए/जिनका रस निचोड़ कर तुम पीते हो।" (कात्यायनी) अक्सर इस बात को भी देखा जाता है कि किस तरीके से शारीरिक श्रम का शोषण होता है। हल चलाने से लेकर बैल की जगह खुद बाँध कर खेत जोतने से फ़सल काटने तक का कार्य स्त्री करती है, परन्तु कृषि सम्बन्धी परम्परागत रस्मों से उसे दूर कर दिया जाता है, क्योंकि इनके माध्यम से पुरुष वर्चस्व की स्थापना होती है। निर्मला पुतुल अपनी कविता 'धनुष मत छुओ' में इसे अभिव्यक्त करती हैं। वह भूमि जो स्त्री के लिए उसके जीवन का एक हिस्सा है, पुरुष की सम्पत्ति है। स्त्री के लिए यही नियम है कि 'मत माँगो पिता की सम्पत्ति पर अधिकार' (निर्मला पुतुल)। ऐसी स्थिति में पत्थरों की अवैध कटाई हो या प्रकृति का दोहन, स्त्री उसके सन्दर्भ में कुछ भी कहने की अधिकारिणी नहीं होती। इन सभी के ख़िलाफ़ बोलने वाली औरत देश के कई हिस्सों में आज भी डायन करार दी जाती है। भारतीय समाज में ऐसा जन समूह जिसे मुख्य धारा से अलग रखा गया और अनन्तर 'दलित' के नाम से जाना गया, वह जनता हमेशा अपनी प्रकृति के साथ अपेक्षाकृत रूप से अत्यधिक जुड़ा रहा है। 'दलित' कहलाने वाली इस जनता का जीवन प्रकृति में ही रहा है। प्रकृति इनके लिए 'माल' या क्रय–विक्रय की वस्तु कभी नहीं बनी है, किन्तु जीवन का एक हिस्सा अवश्य रही है। प्राकृतिक प्रकोपों को भी इसी जनता ने भोगा, पहचाना और संवेदना में महसूस किया है। प्रकृति जहाँ समस्या के रूप में उभरती है, वहीं संवेदनात्मक धरातल पर भी दलित प्रकृति से जुड़ता है। दलित कवियों की कविताओं में भी सम्भवतः इसी कारण प्रकृति जहाँ कथ्य बनकर विविध आयामों में उभरती है, वहीं दलित कविता के शिल्प

में भी प्रकृति के बिम्ब, प्रतीक, उपमाएँ, रूपक लगातार दिखायी देते हैं। दलित कविता में प्रकृति और दलित जीवन के समीकरण हैं और प्रकृति के विविध 'शेड्स' हैं, जो विशेष रूप से दलित कवि की संवेदना में चढ़ते–उतरते हैं। समाज में दलितों की स्थिति 'जो बोवे सो पावे' के विश्वास को ध्वस्त कर देती है। मेहनत और लगन के साथ प्रकृति में अपना तन–मन समर्पित कर फ़सल उगाने वाले दलित एक पहर की रोटी तक के लिए मोहताज होते हैं, जबकि प्रकृति में अन्न इन्हीं की बदौलत उपजता है। कविता कहती है– *"काटे जंगल / खोदे पहाड़ / बोए खेत / फिर भी रहे भूखे।"* फिर भी... (बस्स! बहुत हो चुका, ओमप्रकाश वाल्मीकि) दलित कवि उस विकृति को भी स्पष्ट करते हैं, जहाँ प्रकृति के पदार्थों का मनमाना उपयोग धर्माचारों के नाम पर मनमाने ढंग से किया जाता है। अन्न, जल, वायु जिस पर मनुष्य ही नहीं, जीव–जन्तुओं तक का अपना हिस्सा बनता है, वे उनसे छीन कर नष्ट कर दिये जाते हैं। ग़रीब दलित के बच्चे दो घूँट दूध के अभाव में भूखों मर जाते हैं। यह साधारण घटना है समाज में, परन्तु क्रूर विडम्बना यह है कि जितने भर दूध से इन बच्चों की जान बच सकती है उसका सैकड़ों गुना दूध इस देश में धर्माचार के नाम पर सिर्फ़ बहा दिया जाता है। यह दूध न तो किसी मनुष्य बच्चे के पेट में जाता है, न किसी जीव के। यह नाली में व्यर्थ बह जाता है। प्राकृतिक भोज्य पदार्थ का यह क्रूर एवं मनमाना उपयोग कवि को असहनीय लगता है– *''तुम्हारी गौरव–गाथा' कविता में कवि लिखते हैं– 'न जाने कितना दूध / बहा दिया तुमने नाली में / भूखे बच्चों से छीनकर।"* भारत में यह आधिपत्य या वर्चस्व वर्ण के आधार पर भी दिखायी देता है। प्राकृतिक संसाधनों पर आधिपत्य केवल इन संसाधनों पर होने वाला आधिपत्य नहीं होता वरन् एक जन समूह को सदियों से सदियों तक गुलाम बनाये रखने की साज़िश इसमें होती है। प्रकृति को हथियार बनाकर दलन करने की इस विडम्बना के प्रति समकालीन कवि प्रतिक्रिया व्यक्त करता है– *"भूख रोटी की / रोटी बाजरे की / बाजरा खेत का / खेत ठाकुर का।"* अन्न के लिए जब आश्रित होना

पड़ता है तो गुलामी अपने आप ही छा जाती है। इसीलिए सम्भवतः असंगघोष जैसे कवि कहते हैं–*"जन्म से ही मज़बूत अदृश्य धागों में बँधा/मैं आज तक बँधुआ हूँ।"* यह विडम्बना किसी भी हद तक पहुँच सकती है, इसका संकेत करते हुए बालगंगाधर बागी लिखते हैं–*"मेरी ज़मीनों पर ज़मींदार हैं वह/मुझसे सूदखोरी से मालदार हैं वह/किसी तरह कर्ज के जाल में फंसाकर/मेरी बेटी बहू पर शैतान हैं वह।"* (गाँव की ज़मीन) कवि उस प्रकृति के प्रति गहरी इच्छा और आकांक्षा व्यक्त करते हैं जिस पर एक दलित का भी उतना ही हक़ बनता है जितना सवर्ण का। परन्तु वह हक़ उसे कभी प्राप्त नहीं होती–*"बहुत कुछ है जो मेरी ज़रूरत है/मसलन खेत/रास्ते/कागज़ कलम/आस पड़ोस"* (प्रतिबन्ध–अब और नहीं, ओमप्रकाश वाल्मीकि)। दलित कवि इस प्रकार की बातों को लेकर चिन्तित हैं। यह भी सही है कि दलित कर ले तो उस पर प्रतिबन्ध भी लग सकता है–"तमाम चीज़ें/कर देंगे प्रतिबन्धित/पेड़ की छाँव/बाँध देंगे नदी का जल/लिख देगे/चेतावनी/दूर रहो/यह प्रतिबन्धित क्षेत्र है।" जिस प्रकृति, खेत, पेड़–पौधे आदि पर सभी मनुष्यों का हक़ है, वह दलित तक कभी नहीं पहुँच पाता। इस विडम्बना को ओमप्रकाश वाल्मीकि 'कथावाचक' कविता में अभिव्यक्ति देते हैं– *''खेतों की पगडण्डियाँ/खो जाती हैं/रजबाहे की पुलिया तक/पहुँचने से पहले ही।''* (अब और नहीं) तथाकथित दलित जन यदि मेहनत न करते तो प्रकृति के तमाम उत्पन्नों से सम्पूर्ण समाज वंचित रह जाता। अपनी ही मेहनत के दानों को छीन लेने और भूखे मार दिये जाने की नृशंसता को सदियों से भोगने वाले जन–समुदाय की पक्षधरता करती हैं इन कवियों की कविताएँ। प्रकृति के सन्दर्भ में भी कवि शोषण के ख़िलाफ़ उठ खड़ा होता है और आवाज़ को बुलन्द करते हुए उम्मीद को शक्त करता है– *''धरती के हरेपन को हरापन कहने की/उम्मीदें अभी मौजूद हैं।/उस आदमी की आँखों में/जो पत्थर और शीशे के बीच/रखता है हौसला/दीवार बन कर खड़े रहने का''* (आन्दोलन–अब और नहीं) वह प्रकृति जो दलित के लिए जीवन का अंग ही नहीं

जीवन–यापन का साधन भी है, उसके दूसरों के द्वारा हथिया लिए जाने और उसमें अपने द्वारा उपजायी गयी प्राकृतिक सम्पदा से अलग कर दिये जाने की सामाजिक पीड़ा के विरुद्ध गहरा आक्रोश और प्रतिरोध हिन्दी की दलित कविता अभिव्यक्त करती है।

यहाँ एक और बात है जो ध्यान देने की है। वह यह है कि दलित कवि संवेदनात्मक रूप से प्रकृति से जुड़ते हुए प्रतीत होते हैं। तमाम दुख एवं वेदना या आक्रोश को अभिव्यक्ति देते हुए कवि की लेखनी प्रकृति से ही अधिकाधिक बिम्ब, प्रतीक चुनती है। प्रकृति के उदाहरण प्रस्तुत करते कवि अपनी बात को और अधिक स्पष्ट करते हैं। शिल्प के स्तर पर यह चयन कहीं भी कृत्रिम नहीं लगता। यहाँ स्पष्ट होता है कि कविता प्रकृति पर आधारित शिल्प में रूप धारण करती है तो इसका कारण सम्भवतः कवि की संवेदना में प्रकृति का गहराई से मौजूद होना ही है। प्रकृति जहाँ इन दलित कवियों की सहचर है, वहीं संवेदना का अंग भी है। इस प्रकार यदि दलित कविता और प्रकृति के समीकरण को देखा जाए तो हम कह सकते हैं कि इन कविताओं में प्रकृति जहाँ संवेदना है, वहीं गहरी वेदना भी है।

वर्तमान सन्दर्भ में हम देख रहे हैं कि तमाम संघर्षों के बीच पर्यावरण का संघर्ष तीव्र रूप से उभर कर आ रहा है। पिछले तीन दशकों में प्राकृतिक सम्पदा लगातार अनियन्त्रित रूप से शोषित होती जा रही है, पूँजीवाद पुष्टि प्राप्त करता जा रहा है। आज जहाँ दुनिया भर में उभर कर आने वाली तमाम जनक्रान्तियों के केन्द्र में जहाँ प्रकृति के शोषण और उससे जनित घोर नाश और आपदाओं की चिन्ता मौजूद है, वहीं समकालीन कविता भी इन आहटों को अपनी संवेदना में महसूस कर रही है और सम्प्रेषित कर रही है, अँधेरे के ख़िलाफ़ उठ खड़े होने का आह्वान कर रही है।

पर्यावरण और विकास का आतंक
(समकालीन कविता के सन्दर्भ में)

सुप्रिया के. पी.

"विकास का लक्ष्य लोगों को स्थायी सुख, शान्ति और सन्तोष प्रदान करने वाला होना चाहिए न कि अस्थायी समृद्धि प्रदान करने वाला। विकास के वास्तविक स्वरूप का निर्णय सभी जीवाधारियों के हित तथा सातत्य की दृष्टि से होना परम आवश्यक है।"[1]

(सुन्दरलाल बहुगुणा)

'विकास' शब्द को पारिभाषित करते हुए माधव गाडगिल ने लिखा है, "विकास एक ऐसी व्यवस्था है, जो एक ज़्यादा वांछनीय और परिपक्व अवस्था की ओर अग्रसर हो।"[2] अर्थात् विकास से तात्पर्य है, एक स्थायी बुनियाद के आधार पर मौजूदी हालात में सतत और क्रमबद्ध रूप में लाये जाने वाला परिवर्तन, जिसका स्वरूप हमेशा सकारात्मक हो। इस सकारात्मकता में मानव परितोष का अनुभव करता है। यदि मानव को व्यापक अर्थ में परितोष की प्राप्ति नहीं होती है तो उसे विकास नहीं कहा जायेगा। आज के मानव केन्द्रित यूरोपीय विकास के मॉडल में सम्पत्ति का केन्द्रीकरण है, मशीनीकरण है, पर्यावरण का विध्वंस है, मानव की सर्जना शक्ति का क्षरण है, व्यापक असमानता का विस्तार और उपभोग की अतिशयता है। यह विकास पूँजी की सतत संवृद्धि के लक्ष्य पर आधारित है। पूँजी की वृद्धि प्रकृति और मनुष्य के

शोषण का कारक बनता है और वह शोषण प्रत्यक्ष या परोक्ष रूप में हो सकता है, उसका रूप निरन्तर परिवर्तनशील है। विकास की वर्तमान अवधारणा भौतिक समृद्धि, उत्पादन और उपभोग की अधिकता को महत्ता देने वाली है। उसी के आधार पर विकसित, विकासशील और अविकसित के रूप में देशों का विभाजन होता है। विकासशील देशों की हितसाधना को लक्ष्य कर पैदा किये जाने वाला विकास का भ्रम पूँजीवादी शोषण प्रक्रिया का नूतन ढाँचा तैयार करता है। पूँजी बढ़ाने के खेल में तीसरी दुनिया के देशों के आर्थिक, सामाजिक, राजनीतिक व सांस्कृतिक स्वत्व में ही पूँजीवादी साम्राज्यवादी शक्तियों का दखल नहीं होता है, बल्कि समस्त पर्यावरण पर वे अपने अधिकार का विस्तार करती हैं। इसके लिए विज्ञान की विभूतियों का सहारा लिया जाता है। विज्ञान की अधुनातन खोजों और प्रौद्योगिकी के ज़रिये पूँजीवाद प्रकृति को भोग्या बनाता है, उसे कूड़ादान में परिवर्तित कर देता है। औद्योगिक क्रान्ति के पश्चात् कल–कारखानों की संख्या में हुई तेज़ बढ़ोतरी, मशीनों व रासायनिकों का अधिकाधिक प्रयोग आदि इस कथ्य के तथ्य को प्रामाणित करते हैं। पूँजीवाद द्वारा संचालित विकास जल, जंगल, ज़मीन और जीव विविधता की आहुति करता है, जैव तकनीकी के ज़रिये जीवन के आधारभूत तत्त्व में परिवर्तन करके पर्यावरण की नैसर्गिकता को मिटाता है।

गुणात्मकता के स्थान पर परिमाणात्मकता वर्तमान विकास का मुख्य पहलू है जो स्वयं विनाश का सर्जक है। भारत में खेती के क्षेत्र में चलायी गयी हरित क्रान्ति इसका प्रबल प्रमाण है। अल्पकाल में पैदावार में होने वाली वृद्धि इसका मुख्य आकर्षण रहा। लेकिन संकर बीजों, रासायनिक खादों, कीटनाशकों और खेती के आधुनिक तरीकों से प्राप्त यही वृद्धि बाद में ज़मीन के बंजर होने में और मिट्टी, वायु और जल के प्रदूषण में परिणत हुई। विकास के नाम पर चलायी जाने वाली परियोजनाएँ पर्यावरण सन्तुलन को मिटाने के लिए जिम्मेदार रही हैं। नदी संयोजन की आजकल चर्चा हो रही है। नदी की स्वाभाविक गति में लाये

जाने वाला परिवर्तन कभी उसके सूख जाने का कारण बन सकता है। आपस में मिलायी जाने वाली नदियों में एक अगर प्रदूषित है तो दूसरी नदी पर भी उसका असर पड़ेगा। वैसे ही बाँधों का निर्माण काफ़ी मात्रा में होता है। बाँध के कारण आसपास की ज़मीन पानी में धँस जाती है, भूमि और जल में लवणता आ जाती है। भूकम्प की सम्भावना बढ़ाने और 'ग्रीन हाउस गैस उत्पन्न करने की दृष्टि से भी बाँध पर्यावरण विरोधी ठहरता है।'[3] अर्थात् विकास योजनाओं के रूपायन में समष्टिगत, समेकित व दूरगामी दृष्टिकोण का अभाव उसे विनाश के रूप में बदल रहा है।

वर्तमान विकास परियोजनाएँ पर्यावरण विनाश के साथ–साथ आसपास की प्रकृति पर निर्भर होकर जीवन यापन करने वाले जनसमुदाय को भारी संकट पहुँचाती हैं। एक ओर वे अपनी ज़मीन से विस्थापित होने के लिए विवश हो जाते हैं तो दूसरी ओर पुनर्वास के उचित प्रबन्धन से वे वंचित रह जाते हैं। इससे उनके जीने का अधिकार नष्ट होता है। प्रत्येक मनुष्य का जीवन, उसके आचार–विचार, यहाँ तक कि भाषा भी जीवन–परिस्थितियों की उपज कही जाती है। इसलिए विस्थापन उन्हें अपने जीवन की जड़ें खो देने को मजबूर करता है। पी. साईनाथ ने सही बताया कि "विस्थापित लोगों के पारिवारिक, सामाजिक सम्बन्धों में बदलाव आता है, उनकी सामाजिक हैसियत में गिरावट आ जाती है; सांस्कृतिक शून्यता भी विस्थापन का परिणाम है।"[4] गम इस बात की है कि समाज के पददलित लोग, ग़रीब, आदिवासी आदि हमेशा विस्थापन के शिकार हैं। यह आतंक मानव की अस्वतन्त्रता का प्रमाण है। अमर्त्या सेन ने विकास को स्वतन्त्रता का पर्याय घोषित किया है। स्वतन्त्रता से उनका तात्पर्य ग़रीबी, कुपोषण, स्वास्थ्यहीनता, अशिक्षा, तानाशाही, आर्थिक अपर्याप्तताएँ, सामाजिक रूप से होने वाली उपेक्षा, सार्वजनिक सेवाओं की उपेक्षा, असहिष्णुता आदि से प्राप्त मुक्ति है।[5] लेकिन पर्यावरणीय शरणार्थियों के सन्दर्भ में विकास स्वयं अस्वतन्त्रता का सर्जक है। आज की विकास संकल्पना सीमित लोगों के क्षणिक लाभ की

परिधि में चक्कर काटने वाली है। ''संसार के सबसे विकसित कहे जाने वाले अमेरिका में भी कई लोग बेघर और ग़रीब हैं। उनकी न्यूनतम आवश्यकताओं की पूर्ति करने में देश का तथाकथित विकास पर्याप्त नहीं है।''[6] डडलो सीयरेस के शब्द इस अवसर पर स्मरणीय हैं–

"एक देश के विकास के बारे में पूछे जाने वाला प्रश्न हैः ग़रीबी के साथ क्या होता रहा है? बेरोज़गारी के साथ क्या होता रहा है? असमानता के साथ क्या होता रहा है? यदि इन तीनों की उच्च मात्राओं में कमी आयी है तो निःसन्देह उस देश में उक्त अवधि में विकास हुआ है। यदि इनमें से एक या दो केन्द्रीय समस्याओं की हालत और दयनीय हुई है, विशेषतः यदि सभी तीन की तो इस परिणाम को विकास नहीं कह सकते, चाहे प्रतिव्यक्ति आय दुगुनी ही क्यों न हो गयी हो।"[7]

वर्तमान विकास के लिए 'कुविकास' की संज्ञा उपयुक्त लगता है, क्योंकि वास्तविक विकास का स्वरूप सर्वहितकारी है। 'सुन्दरलाल बहुगुणा विकास के लिए दो कसौटियाँ रखते हैं–एक निरन्तरता, दूसरी नैतिकता'। उनकी राय में तेल, खनिज तेल आदि पुनः चक्रणहीन संसाधनों पर आधारित विकास एक सीमा के बाद रुकने वाला है, अस्थायी है। वैसे ही उपभोग की अधिकता विनाश को उत्पन्न करके अनैतिकता के प्रमाण प्रस्तुत कर रहे हैं।[8] जीवन की रक्षा के लिए विकास की ग़लत अवधारणा को पुनः परिभाषित करना नितान्त ज़रूरी है, उसकी ग़लत व्याख्या प्रस्तुत करने वाली पूँजीवादी ताक़तों की सही पहचान अनिवार्य है। इस अवबोध के आधार पर पर्यावरण की रक्षा की जा सकती है।

कुविकास का स्वरूप और उससे उत्पन्न मनुष्य और मनुष्येतर प्रकृति की दुस्थिति को समकालीन कविता गहराई से पहचानती है। पर्यावरण स्वयं एक सन्तुलित व्यवस्था का नाम है। ऋतुओं की चाक्रिकता, दिन–रात की आवृत्ति, मौसम का क्रमिक परिवर्तन, जीवन के विभिन्न प्रतिभासों का आविर्भाव और तिरोभाव प्रकृति की लयात्मकता के प्रमाण हैं। हवा के झोंकों में, समुन्दर के लहरों में,

पंछियों के कूजन में भी प्रकृति की ताल–लय का संस्पर्श हम देख सकते हैं। लेकिन यही ताल–लय आजकल भंजित हो रहा है। जलवायु में, ऋतुचक्र में काफ़ी बदलाव आया है। गर्मी, सर्दी, बारिश का निरन्तर बढ़ना, भूमि के शरीर का तवे की तरह तपना, सागर में भीषण ज्वार का होना, जीव–जन्तु का झुलस जाना, पेड़–पौधों का सूख जाना, मनुष्य का महामारियों से ग्रस्त होना आदि तो पर्यावरण के रुग्ण होने की सूचना देती है। ये उस विकृत विकास की उपज हैं जो महाविनाश की पृष्ठभूमि तैयार करते हैं। शम्भु बादल की पंक्तियाँ इस दुस्थिति को यों अंकित करती हैं–

तुम्हारे विकास / हमारे शरीर को विकृत कर रहे हैं
बहुत झेलते–झेलते / हम बीमार हो रहे हैं
थक रहे हैं / हद न हो / कि हमारा धैर्य टूटे
महाविनाश का अंकुर फूटे[9]

आज का यही अनुभव है कि जो जीव प्रजातियाँ पर्यावरण की बहुमूल्य सम्पदा है, जीने लायक पर्यावरण के अभाव में एक–एक होकर वे पृथ्वी से ग़ायब हो रही हैं। रेत बन जाती गंगा में निवसित जीवों की बदहालत पर कवि कहता है कि गंगा के तट पर आजकल जल–जीवों के गुज़रने के चिह्न नहीं दिखायी दे रहे हैं। वहाँ सन्नाटा छाया हुआ है। यह अभिराम प्रकृति के वैभव की शून्यता से उद्भूत मृत्यु का सन्नाटा है।[10] कभी तो मनुष्य की लाभ और लोभ केन्द्रित दृष्टि से मनुष्येतर प्राणी बाज़ार के माल के रूप में परिवर्तित होते हैं। अभयारण्य में भी उनकी रक्षा नहीं होती। चमड़ा,नाखून आदि के लिए उनकी हत्या ज़ारी है।[11] बाज़ार का विस्तार वर्तमान विकास का मुख्य मुद्दा है जिसके लिए समस्त प्राकृतिक संसाधनों का अपरिमित शोषण चलता है। सदानन्द शाही की कविता ग़ायब होते प्राकृतिक वैभव का नज़ारा प्रस्तुत करता है–

कुएँ सूखते चले गये/तालाब हुए गायब
नदियाँ तेजी से बदलती गयी हैं/ज़हरीले नालों में
आख़िर पहाड़ों से झर–झर झरता पानी/कहाँ चला गया
क्या सात समन्दर पार से आयी बोतलों भर गया
या फिर/हमारे देश का पानी मर गया है।[12]

काव्य संवेदना की सूक्ष्मता इस पहचान में है कि मानव की बुनियादी जैविक जरूरत अर्थात् पानी बाज़ार की वस्तु बनता जा रहा है। प्राकृतिक संसाधन जब बाज़ार के हिस्से हो जाते हैं, साधनहीन मनुष्य और अन्य जीव–जन्तु उसके उपयोग से वंचित रह जाते हैं। कविता यह भी बताती है कि वह सात समुन्दर पार दूर देश में चला जाता है। हमारे यहाँ के पानी का इस्तेमाल यहाँ के लोग नहीं कर पा रहे हैं। कवि अपना अफ़सोस यों प्रकट करता है कि हमारे देश के पानी का मरण हुआ है। यहाँ 'मृत्यु' शब्द आने वाले समय की विभीषिका को मात्र साकार नहीं करता है वरन् पूँजीवादी विकास तन्त्र के भीतर सम्पन्न होने वाले पर्यावरण विनाश के स्वरूप को भी प्रत्यक्ष करता है। पहाड़ों से झर–झर झरता पानी प्रकृति की वैभव सम्पन्नता को दर्शाता है, साथ ही कविता में प्रयुक्त 'कहाँ चला गया' पंक्ति उस पानी के नष्ट होने का भाव पाठकों के मन में उतारती है।

समाज के हर स्तर पर विकास की इतनी नशा चढ़ गयी है कि उसकी पूर्ति हेतु बुल्डाजरों के ज़रिये एक ओर जंगल को नंगा कर दिया जाता है तो दूसरी ओर धातुएँ खोदते–खोदते पृथ्वी के सीने को खण्डित किया जाता है।[13] गाँवों का शहरीकरण आजकल काफ़ी हो रहा है। गाँव की प्राकृतिक सुषमा के प्रति हमारे मन में अनुराग इसलिए है कि वहाँ की जनता के मन में प्रकृति के प्रति हृदयगत सम्बन्ध है। गाँव में मृत्यु वास्तव में प्रकृति की मृत्यु है। इन्दु सिन्हा की कविता गाँव का मकानों के जंगल में तब्दील होने का चित्र प्रस्तुत करती है, जो शहरीकरण की विभीषिका को व्यंजित करती है–

मेरा गाँव/आज मकानों के जंगल में तब्दील हो गया है...
कहाँ है वह जीवन देने वाली हरियाली
कहाँ है फूलों से लदी डालियों वाले
कचनार, अमलतास और गुलमुहर के पेड़
कहाँ खो गया आम का बौराया पेड़...
गाँव को धीरे–धीरे मरते देख रही हूँ।[14]

कविता पहचानती है कि जंगल की हरियाली जीवन देनेवाली है। फूलों से लदी डालियाँ, कचनार, अमलतास, गुलमोहर आदि कुदरत की सम्पन्नता को व्यक्त करती है। कवि कहना चाहती है कि प्रकृति के साथ नैकट्य ही जीवन की खुशहाली का बुनियाद है।

वर्तमान की सचाई है कि कुविकास पृथ्वी को कूड़ादान में परिवर्तित कर रहा है। यहाँ की वायु ज़हर उगलती है, पानी की पारदर्शिता में कालिमा घुस गयी है, मिट्टी की साँस रुकने लगी है और मनुष्य तन–मन से बीमारियों से ग्रस्त है। बाघों के जुठारने से, हाथियों की जलक्रीड़ाओं से या कछुओं की दृढ़ पीठों से उलीचे जाने पर नदी दूषित नहीं होती है। लेकिन आज की उपभोक्तावादी सभ्यता पर्यावरण को रासायनिक अपशिष्टों द्वारा अपवित्र बनाती है, नदी की पवित्र धारा को बैंगनी बना देती है, साबुन की झाग से जल जीवों की साँस रुक जाती है।[15] जो नदियाँ पवित्रता का पर्याय रही थीं अब वे शहर की समस्त गन्दगी का वहन करने वाली नालियाँ बन चुकी हैं। यमुना पर रमेश कुन्तल मेघ की पंक्तियाँ देखिए–

अब हम नहीं सीख पाते तुमसे/प्रीत के मधुर पाठ
अब तुम नहीं ढुलकातीं/उज्ज्वल रस की गागर
अब तो बस, ज़हरीला पानी/कुओं, घाटों, कूपों, मधुबनों को
सोख रहा है/तथास्तु! यमुना सूख रही है...
अब घाटों पर/गू बदबू फैली उफ
मरी मछलियाँ हैं

मथुरा के जले मधुपों के काले कोयले हैं।

अब, यमुना सूख रही है।/ सच कालिन्दी मर रही है।[16]

नदी की पवित्रता और पारदर्शिता वास्तव में मनुष्य की हृदयगत पवित्रता का प्रतिफलन है। मनुष्य की चिन्ताएँ ज़हरीली जब होती जाती हैं, उसी क्रम में प्रकृति ज़हरीली हो जाती है। इससे पृथ्वी में जीना क़ाफी मुश्किल हो रहा है। प्राणवायु में रासायनिक पदार्थों की गन्ध भरी पड़ी है, बारूद के धुएँ से साँस घुट रही है, फेफड़ों में धूल जमती जा रही है। कवि मौसम में झुलसते ओस की बूँद को देखता है और अनुभव करता है कि उसका शुभ्रवदन काला होता जा रहा है। जैसे–

मैंने पहली बार/ओस की बूँद को
इस मौसम में झुलसते देखा
उसका शुभ्र बदन/काला होते देखा।[17]

यह केवल ओस की बूँद की स्थिति नहीं, हथेली भर की हवा की भी यही स्थिति है। वर्तमान विकास हवा और पानी को ही नहीं, मिट्टी की सर्ग शक्ति को भी नष्ट कर रही है। कभी तेजाबी वर्षा से उसका शरीर झुलस जाता है[18] तो कभी पॉलिथिन जैसे पदार्थों से उसका दम घुट जाता है। विज्ञान यह बताता है कि पॉलिथिन अथवा प्लास्टिक मिट्टी, वायु और पानी के लिए भी बहुत बड़ा ख़तरा है। पॉलिथिन को प्राणभक्षक के रूप में कवि ज्ञानेंद्रपति स्वीकार करते हैं। उनके शब्द देखिए–

पॉलिथिन/पॉलिथिन/तंग हूँ मैं इस पॉलिथिन से
तंग पड़ती जा रही है जगह जीवों को धरती पर
बीजों को धरती पर/इसके कारण
जिधर देखो उधर पॉलिथिन![19]

पूँजीवादी विकास तन्त्र का विध्वंसात्मक स्वरूप पर्यावरणीय दुर्घटनाओं के रूप में अक्सर प्रत्यक्ष होता है। आर्थिक उदारीकरण के पश्चात् 'विकसित' देशों से तीसरी दुनिया के देशों की ओर स्थानान्तरित प्रदूषणकारी उद्योगों ने भयावह त्रासदियों को जन्म दिया है।

भोपाल गैस त्रासदी की यादें दिल को कचोटती रहती हैं। उस डरावने वाले रात पर राजेश जोशी लिखते हैं– *हवा को डस लिया है/किसी करात ने/या कौड़िया सांप ने लहर मारती है ज़हर/थरथराता है रह–रहकर/हवा का बदन/भागो भागो भागो/जहाँ भी खुला हो/थोड़ा–सा आकाश जहाँ भी बची हो/थोड़ी सी हवा पवित्र/भागो भागो भागो/चीखता है/सारा शहर।*[20]

करात एक ऐसा विषैला सांप विशेष है, जिसके डँसने से जीवन का रंग नीला पड़ जाता है। कविता बताती है कि पूँजीवाद या औद्योगिकीकृत सभ्यता ही यह करात है, जो ज़हर उगालता है। तब तो स्वच्छ आकाश के लिए, जीवन के बचाव के लिए मानव को भागना ही पड़ता है तथा मूक और असहाय रहना प्रकृति की विवशता है। दुर्घटना चाहे प्राकृतिक हो या औद्योगिक क्षेत्र से जुड़ी हुई हो, प्रकृति और मनुष्य दोनों को एक साथ हानि पहुँचाती है और आजकल यह भी साबित हो रहा है कि प्राकृतिक आपदाओं में मानव की हिस्सेदारी है। सुनामी के सन्दर्भ में पूनम अग्रवाल की कविता एक अहम् सवाल पूछती हैं–'क्या दोषी सचमुच समुद्र है?'[21] सवाल की ऊँगली मनुष्य की तरफ़ है, कुविकास की तरफ़ है। बाँध का उदाहरण देकर पी.वी. विजयन बताते हैं कि बाँधों में दम घुटने वाली नदी का प्रकोप ही अक्सर बाढ़ का रूप धारण करता है–

बाँधों में बन्द नदी का/दम घुट जाता है
उसकी बेचैनी/बेसँभाल हो जाती है।
वह बावली हो जाती है/और अपनी मर्यादा भूल जाती है
नदी का पानी चढ़ता जाता है/दोनों कूलों को डुबोती
बाढ़ आती है
गाँव के गाँव/बाढ़ में डूब जाते हैं।[22]

कवि की राय में नदी का स्वभाव उसके बहने में है। उसको बाँध करके रखना प्रकृति के नियम के ख़िलाफ़ है। नदी का रुकना जीवन का रुकना है। इससे नदी की जीवन्तता नष्ट होती है।

नदी अनन्त पीढ़ियों के पहले जन्म लेकर पुरखों के पैरों के निशान को अपने में सुरक्षित रखने वाली है।[23] वह सचमुच में संस्कृति का आगार है। विश्व की अधिकांश सभ्यताओं का उद्‌भव और विकास नदी के तटों पर हुआ है क्योंकि जीवन–यापन की सामग्री नदी प्रदान करती है। नदी की धारा 'जीवन–धारा' है, जिसके सूख जाने के साथ क्या–क्या हम खो नहीं देते हैं!

विकास परियोजनाओं से अपनी ज़मीन से बेदखल होने वालों की पीड़ा को समकालीन कविता गहराई से अभिव्यंजित करती है। विस्थापन दरअसल निवास स्थान का बदलना नहीं, बल्कि आदमी को अपनी आजीविका के साधनों से, अपनी सांस्कृतिक विरासत से समूल उखाड़ने की असामाजिक प्रक्रिया है। इस प्रक्रिया में सरकार दलाली करती है। कवि का कहना है कि सरकार का आदेश यह है कि आगे से इस मिट्टी पर यहाँ के निवासियों का कोई हक नहीं है। समकालीन कविता याद दिलाती है कि इस प्रकृति में जन्म लेने के बाद जीने का स्वाभाविक अधिकार सबको समान रूप से प्राप्त है। इस नैसर्गिक अधिकार से किसी को वंचित नहीं किया जा सकता है। लेकिन आज का यथार्थ यह है कि पूँजी की शक्तियाँ अपने छल–बल से प्रकृति के सारे संसाधनों और दूसरों की आजीविका के साधनों पर अपना अधिकार स्थापित करती हैं। कविता उपरोक्त सचाई को इस प्रकार हमारे सामने रखती है–

इस मिट्टी में खेलकर बड़े हुए
इस मिट्टी में माँ ने खदान के लिए गुटके बनाये
इस मिट्टी से घर की भीत उठायी
इस मिट्टी से पुरखों की आकृतियाँ दीवार पर उकेरीं
इस मिट्टी से घर का चूल्हा बनाया
इस मिट्टी से परिन्दों के लिए सकोरे बनाये
इस मिट्टी में रबी और खरीफ़ की फ़सलें पैदा की
इस मिट्टी से तुलसी को मुरझाने से बचाया
इस मिट्टी की नमी से पानी उगाया

इस मिट्टी को पुरखों ने माथे लगाया
इसे छूकर आज मुझे बेतरह रोना आया
इस मिट्टी पर मेरा कोई हक़ नहीं
सरकार का अध्यादेश तो यही कहता है।[24]

विस्थापित व्यक्ति की एकमात्र पूँजी उसके स्मृति चित्र होते हैं, जिन्हें पुनःसाकार करना नामुमकिन है। जिसकी प्रकृति–संस्कृति सब कुछ छूट गयी हो, उसके सपनों के पंख बिल्कुल झुलस गये होते हैं।[25] वास्तव में सपने देखने की असमर्थता सबसे बड़ी बेबसी है। यह वैराग्य की स्थिति नहीं है, पृथक्करण की विकृत अवस्था है। इस स्थिति में मनुष्य अपने सपनों की भाषा खो देता है। असल में उसकी भाषा अपने परिवेश की उपज कही जा सकती है, जो उसके श्रम की भाषा है, सर्जना की भाषा है, कवि के शब्दों में वह 'अस्थि–भाषा'[26] है।

विकास से उत्पन्न पर्यावरण विध्वंस का प्रभाव, मानव–जीवन के हर पहलू पर पड़ता है। कविता बताती है कि अन्य सारी वस्तुओं की तरह भाषा का भी निधन अवश्य होता है और प्राकृतिक वैभव का नाश वास्तव में शब्दों की आहुति है या मृत्यु है–

"दूसरी तमाम वस्तुओं की तरह/भाषाएँ भी मरती हैं
धीरे–धीरे/पर/जरूरी नहीं कि बूढ़ी होकर ही/जब
उनके शब्द/अर्थ देने की शक्ति खोकर/अटपटे लगने
लगते हैं"[27]

कवि की अनुभूत सचाई यह है कि मनुष्य अपनी अभिव्यक्ति की पूर्णता प्रकृति में ढूँढता है। जब उसकी भावाभिव्यक्ति की भाषा क्षीण हो जाती है, तो वह प्रकृति से ही उपादान चुनकर उसे सुन्दर–सशक्त बनाता है। यही नहीं, मनुष्य और प्रकृति के आपसी सम्बन्ध का सार्थक एवं प्रतीकात्मक अभिव्यक्ति भाषा में सुरक्षित है। उदाहरणार्थ जब पेड़ शब्द का प्रयोग किया जाता है, उससे कठोर तने का ही नहीं, पत्तियों के हिलने का, फूल की कोमलता व सुगन्ध का, जड़ों की गहराई का अर्थ प्रेषित किया जाता है।

लेकिन कृत्रिमता के प्रसार के वर्तमान में पेड़ प्लास्टिक के बन रहे हैं, फूल नाइलॉन के हैं, चिड़िया रबड़ की हैं और प्रकृति के साहचर्य में गुनगुनाती लोकगीत सुनाने का दायित्व टेप रिकार्डर को सौंपा गया है। ऐसे में भाषा की सम्पन्नता और कवित्व शक्ति कैसे बची रह सकती है! वह अपनी सर्जन क्षमता, सत्यता को खोकर हृदय–हृदय को मिलाने वाली न होकर उसमें खाई पैदा करने वाली होती जा रही है।[28] भाषा का मतलब ही अब बाज़ारी भाषा हो गया है। वह दाँव–पेंच और उपनिवेश की भाषा है, जिसमें प्रकृति के प्रति आत्मीयता नहीं, उससे बिछुड़ने का भाव व्यक्त होता है। जीवन में आये, सच्चे अर्थों में हमारे विचारों में आये परिवर्तन को व्यक्त करते हुए कवि कहता है कि पहले बच्चों को अक्षर सिखाते समय यह बताया जाता था कि ब–से बकरी, वही आजकल बाज़ार हो गया है। बताने वाले के मन में बरगद नहीं है, उसके दिमाग़ में बाज़ार फैला हुआ है। बरगद अपने अस्तित्त्व से प्रकृति की प्रतिकृति है तो बाज़ार अपने आप में प्रकृति के ध्वंसात्मक शोषण की प्रतिकृति है। बरगद में बारीकी से देखने पर प्रकृति की अनन्त जैविकता का दर्शन होता है तो बाज़ार में अनन्त अजैविकता है। पेड़ या प्रकृति अपने आप में जीवन के आधार को मज़बूत करता है तो बाज़ार जीवन के आधार को ध्वस्त करता है।[29] अर्थात् विकास की नशे में मनुष्य प्रकृति के साथ के हृदयगत/संवेदनात्मक सम्बन्ध को खो देता है। भौतिक विकास पर जितनी रुचि बढ़ जाती है, उतनी मात्रा में संवेदना सूखने लगती है। तब उस हरियाली पर कुल्हाड़ी मारने से मनुष्य नहीं हिचकता जिसके रूपायन में बरसें लगी होती है। ज्योति चावला के शब्दों में कहें तो–घरों की इमारतें जितनी ऊँची होती जा रही हैं/उतने ही छोटे होते जा रहे हैं उनके दिल/और उन छोटे दिलों में अब नहीं अट पाता/वह विशाल जामुन का पेड़।[30] नवल शुक्ल इसे और गहराई से अभिव्यंजित करता है,

बहुत कम हो रहा है/हमारा संसार
हवा कम हो रही है/पीने के पानी तक का अकाल

धरती कम हो रही है/और हमारे वायुमण्डल का विस्तार
पेड़–पौधे कम हो रहे हैं/कम हो रही है ऋतुएँ
लुप्तप्राय हो गयी कुछ नदियाँ, कुछ फूल, कुछ जीव
दूर क्षितिज पर दिखायी देता है उसका झुण्ड़
धरती से विदा ले रहे हैं उन सबके
धीरे–धीरे काँपता हुआ हाथ।'[31]

कविता में प्रतिपादित 'संसार का कम हो जाना' भीषण काव्यात्मक वक्तव्य है। इसे मानव के मन के संसार का कम हो जाने के परिणाम के रूप में देखा जा सकता है अर्थात् मानव के मन में अपने से इतर के लिए जगह कम होती जा रही है। हरियाली को, नदियों को, पानी और हवा को, जीवों की विविधता को जिस तरह भीतर से निष्कासित कर रहा है, उसी अनुपात में भावों की स्वच्छता और हृदय की नमी से मनुष्य वंचित होता रहता है। जब तक प्रकृति की सही अनुभूतियों का अभ्यन्तरीकरण सम्भव नहीं होता, तब तक मानव के हृदय में संवेदना जागृत नहीं होती है। संवेदना ही अबोध स्तर पर पर्यावरण की साकल्यता और उसके सन्तुलन बनाये रखने का कारक बन जाती है। इसके अभाव में सहकार की भावना ग़ायब हो जाती है। तब तो अपनी महत्त्वाकांक्षा को तुष्ट करने के प्रयास में, हर बार वह दूसरे प्राणियों को हाशिएकृत करता रहेगा। किन्तु वह यह नहीं पहचान पा रहा है कि जब किसी पंछी का नीड़ उजाड़ा जा रहा है तो कल वह अपने आप इस पृथ्वी से बाहर हो जायेगा। आषा मेनोन के शब्द स्मरणीय है–'हर बार उपभोग की सामग्री में डूबते वक्त, उसके लिए कुर्बान हुए जीवों की, विकास की दौड़ में ऊषर बन जाने वाली भूमि की चिन्ता अगर नहीं सताती है तो इसका परिणाम ख़तरनाक होगा।'[32] प्रकृति के अभाव में मानव का पैर फिसल जायेगा और उसे अपनी दृष्टि एवं दिशा हीनता का अभिशाप भुगतना पड़ेगा।

समकालीन कविता विकास के आतंक का विरोध ही नहीं करती, बल्कि विकास का सही मायना क्या हो? और कैसे हो?

इसका सही उत्तर भी प्रस्तुत करती है। इसके लिए वह पर्यावरण से ही उदाहरण चुनती है। कवि वृक्ष के रूप में विकास का आदर्श सामने रखता है। कवि के अनुसार प्रत्येक बीज में दबा हुआ विशाल वृक्ष जैसे बाहर निकलता है, वैसे ही उसकी जड़ें गहराई की ओर चली जाती हैं, वहीं से जीवन–रस ग्रहण कर लेती हैं। अपने मूल को त्यागना उसे मंजूर नहीं है। साथ ही वह धरती पर अपना पाँव टिकाकर उसे सहारा देता है, फटने से, बहने से उसे बचाकर रखता है, पृथ्वी के साथ फैल जाता है, कभी उसके पाषाण तन से लड़ता भी है, इसलिए कि लड़े बिना विकास सम्भव नहीं मगर यह लड़ाई पृथ्वी को तबाह करने के लिए नहीं, उससे जुड़ने के लिए है, धरती से जुड़कर ही बाहरी शत्रुओं से लड़ा जा सकता है। समकालीन कवि आशा करता है कि विकास कभी विध्वंस का रूप धारण न करें। जितना कुछ अर्जित किया है, उसे सुरक्षित रखते हुए एक और क़दम आगे बढ़ाने की कोशिश ही सच्चा विकास है। कवि के ही शब्दों में–

एक विराट वृक्ष की/क्षमता लिए/समय पाकर
दबा हुआ बीज/ धरती से जूझकर
अन्तत : निकल ही आया बाहर/वह जितना–बाहर
निकल रहा है
उतना ही भीतर तक जाता है/बाहर निकलकर
धरती से उसका जुड़ाव
कम नहीं होता/वह धरती को पकड़ता है।[3]

सार रूप में इतना कहा जा सकता है कि समकालीन हिन्दी कविता पर्यावरण पर मानव के ध्वंसात्मक हस्तक्षेप का विरोध करती है और प्रकृति के साथ समरसात्मक सम्बन्ध की अनिवार्यता को रेखांकित करती है। कवि का कहना यही है कि विकास के पर्यावरण विरोधी पक्ष से और मानव केन्द्रित जीवन दर्शन से मनुष्य अप्रत्यक्ष रूप से अन्धेरे का निमन्त्रण कर रहा है। उसे भोग को नहीं, बल्कि त्याग को अपना मन्त्र स्वीकारना चाहिए

ताकि आवश्यकता और आडम्बर की सीमा रेखा को निश्चित करने में वह सक्षम हो जाये। धरती को वैभवपूर्ण बनाना तथा उसके अनुकूल सांस्कृतिक स्थिति की सर्जना करना कवि अपना धर्म स्वीकार करता है। यह एक प्रकार से मानवीय संवेदना का परिष्करण है, मृत्यु के कगार से जीवन की ओर वापसी का रास्ता है।

सन्दर्भ

1. बहुगुणा, सुन्दरलाल. *धरती की पुकार,* राधाकृष्ण प्रकाशनः नयी दिल्ली, 2007, पृ. 100, मुद्रित।
2. गाडगिल, माधव. *"पर्यावरण एवं विकास : कुछ विचारणीय बिन्दु"* सं. रणजीत और भारतेन्दु प्रकाश, *साहित्य रत्नाकर :* कानपुर, 1993, मुद्रित, पृ. 45
3. तिवारी, डी.एन. वन, *आदिवासी एवं पर्यावरण.* शान्ति प्रकाशन : इलाहाबाद, 2006.151, मुद्रित।
4. पी. साईनाथ साईनाथ, पी. *नल्लोरु वरलचये एल्लावरुम इष्टप्पेडुन्नु,* मातृभूमि बुक्स : कोषिक्कोड, 2009. पृ, 96, मुद्रित।
5. Sen, Amartya. *Development as Freedom.* Oxford University Press : Oxford, 1999. Pg. 3-4. Print.
6. दुबे, श्यामाचरण. *विकास का समाजशास्त्र.* वाणी प्रकाशन : नयी दिल्ली,1996, पृ. 169, मुद्रित।
7. वही, 71
8. बहुगुणा, सुन्दरलाल. *"पर्यावरण और विकास : कुछ विचारणीय बिन्दु",* पर्यावरण और विकास, सं. रणजीत, भारतेन्दु प्रकाश, साहित्य रत्नाकर : कानपुर, 1993, पृ. 9–17, मुद्रित।
9. बादल, शम्भु, *सपनों से बनते हैं सपने,* वाणी प्रकाशन : नयी दिल्ली, 2010, पृ. 18, मुद्रित।
10. *"रेत के द्वीप पसार आये हैं / गंगा के बीच तक / कि जिनकी रेत पर जल–जीवों के गुज़रने के चिह्न नहीं / उनके गुजर जाने का / मनहूस सन्नाटा बिछा है अब नहीं मिलते रेत में / शंखों, सीपियों, घोंघों के कायाकवच वे जैविक कलाकृतियाँ अद्भुत अभिराम /* (ज्ञानेन्द्रपति. 'रेत के द्वीप पसर आये हैं।' काव्य चयनिका, सं. प्रमोद कोव्वप्रत. लोकभारती प्रकाशन : इलाहाबाद, 2015, पृ. 184–6, मुद्रित।)
11. कहते हैं, कुछ तो बढ़े हैं बाघ / घोषित होते हैं नित नये शरण्य फिर भी जारी है बाघों का मरना / सबसे सुरक्षित जिस कार्बेट में सोलह मास में उन्नीस / और सारिका में सारे के सारे। (अमिताभ, पद्मगुप्त. 'बाघ रेखा' *विपाशा,* अंक 159 (2012), पृ. 81–2, मुद्रित।

12. शाही, सदानन्द, 'कुएँ सूखते चले गये' काव्य चयनिका, सं. प्रमोद कोव्वप्रत, लोकभारती प्रकाशन : इलाहाबाद, 2015, पृ. 47, मुद्रित।
13. अरावली के सन्दर्भ में ऋतुराज की पंक्तियाँ देखिए–
"लोगों ने अरावली के हृदय को भूनकर खा डाला है और उसकी जलधाराओं को दुर्गन्धित मलबे से भर दिया है अरावली ने जो अग्नि उन्हें जीवित रखने के लिए दी थी वह तो कभी की बुझ गयी है।" ऋतुराज, 'अरावली रुदन' काव्य चयनिका, सं. प्रमोद कोव्वप्रत, लोकभारती प्रकाशन : इलाहाबाद, 2015, पृ. 18–9, मुद्रित।
14. सिन्हा, इन्दु, *तुम्हारे जाने के बाद,* वाणी प्रकाशन : नयी दिल्ली, 2001, पृ. 67, मुद्रित।
15. बाघों के जुठारने से तो/कभी दूषित नहीं हुआ तुम्हारा जल न कछुओं की दृढ़ पीठों से उलीचा जाकर भी कम हुआ हाथियों की जल–क्रीड़ाओं को भी तुम सहती रही सानन्द स्वार्थी कारख़ानों का तेजाबी पेशाब झेलते/ बैंगनी हो गयी तुम्हारी शुभ्र त्वचा हिमालय के होते भी तुम्हारे सिरहाने/ हथेली–भर की एक साबुन की टिकिया से हार गयीं तुम युद्ध। (ज्ञानेन्द्रपति. *गंगातट,* राधाकृष्ण प्रकाशन : नयी दिल्ली, 2000, पृ. 20, मुद्रित।
16. मेघ, रमेश कुन्तल, 'प्रेम की नदी है यमुना' काव्य चयनिका, सं. प्रमोद कोव्वप्रत, लोकभारती प्रकाशन : इलाहाबाद, 2015, पृ. 158, मुद्रित।
17. विजेन्द्र. 'तलाश'. *नया ज्ञानोदय.* अंक 13 (मार्च 2004), पृ. 22, मुद्रित।
18. बरसता तेजाबी जल और धरती अवाक असमर्थ/अमृत कोख भी/ विष पचाने में... (वंशी, बलदेव. 'तेजाबी वर्षा' काव्य चयनिका. सं. प्रमोद कोव्वप्रत. लोकभारती प्रकाशन : इलाहाबाद, 2015, पृ. 86, मुद्रित।
19. ज्ञानेंद्रपति. *गंगातट,* राधाकृष्ण प्रकाशन : नयी दिल्ली, 2000, पृ. 96, मुद्रित।
20. जोशी, राजेश. *चाँद की वर्तनी,* राजकमल प्रकाशन : नयी दिल्ली, 2006, पृ. 186, मुद्रित।
21. अग्रवाल, पूनम. *इतिहास के पन्नों से परे.* वाणी प्रकाशन : नयी दिल्ली, 2006, पृ. 12, मुद्रित।
22. विजयन, पी.वी. *नदी को बहने दो,* जवाहर पुस्तकालय : मथुरा, 2001, पृ. 51, मुद्रित।
23. पुरखों की कविताएँ/ संगीत पुरखों का प्रेम कथाएं उनकी/ उनके बोल–कुबोल/आलाप–विलाप यहाँ तक कि उनके पैरों के निशान/ नदियों के पास सुरक्षित हैं। (त्रिपाठी, आशीष. *एक रंग ठहरा हुआ.* वाणी प्रकाशन : नयभ दिल्ली, 2010. पृ. 19, मुद्रित।
24. मण्डलोई, लीलाधर. *भीजै दास कबीर,* वाणी प्रकाशन : नयी दिल्ली, 2016, पृ. 23, मुद्रित।

25. *रात को सड़क के पेड़ों के नीचे/सोते हुए आदिवासी परिवार के सपनों में एक सल्फी का पेड़/और बस्तर की मैना आती है पर नींद में स्वप्न देखने की/उनकी आँखें फूट गयी हैं।* शुक्ल, विनोद कुमार. *कभी के बाद अभी,* राजकमल प्रकाशनः नयी दिल्ली, 2011, पृ. 26, मुद्रित।

26. मेरी अस्थियों में/एक भाषा होगी/गाँव–जवार/खेत–खलिहान जंगल–महुआर/लोग–बाग/और जीव–जन्तुओं से सनी/...मैं लिखना चाहता हूँ/उस अस्थिभाषा में रसूल जिसकी स्याही इधर/सूख–सूख जाती है (मण्डलोई, लीलाधर, 'अस्थि भाषा में' *समकालीन भारतीय साहित्य,* अंक 150, (जुलाई–अगस्त 2010), पृ. 123. मुद्रित।)

27. त्रिवेदी, कृष्णकुमार, 'भाषा की मौत' समकालीन भारतीय साहित्य. अंक 137, (मई–जून 2008), पृ. 71, मुद्रित।

28. प्लास्टिक के पेड़/नाइलॉन के फूल/रबर की चिड़ियाँ टेप पर भूले–बिसरे/लोकगीतों की/उदास चिड़िया...एक भाषा जब सूखती/शब्द खोने लगते अपना कवित्व भावों की ताज़गी/विचारों की सत्यता बढ़ने लगते लोगों के बीच/अपरिचय के उजाड़ और खाइयाँ... (नारायण, कुवर 'भाषा की ध्वस्त पारिस्थितिकी में' काव्य चयनिका, सं. प्रमोद कोव्वप्रत, लोकभारती प्रकाशनदः इलाहाबाद, 2015, पृ. 166, मुद्रित।

29. मैंने बचपन में पढ़ा/ब से बकरी/ब से बरगद ब से बकरी/जिसे शाम को खेत में/चराना और लौटकर थन से लगाकर दूध पीना ..../ब से बरगद जिसकी छाँव में बैठकर/कौवे, गिलहरी/नेवले, गौरेया की हँसी–ठिठोली और/निरन्तर गतिशीलता से सीखा जीवन का फलसफ़ा/अब कोई बच्चा/नहीं जानता बकरी और बरगद उसने तो सीखा है/ब से बन्दूक/और जाना है/ब से बाज़ार रविकान्त, 'ब से बकरी' *परिकथा,* नवलेखन, अंक 54 (जनवरी–फरवरी 2015), पृ. 92, मुद्रित।

30. चावला, ज्योति, 'जामुन का पेड़' *आलोचना,* अंक 38, (जुलाई– सितम्बर 2010), पृ. 84–5, मुद्रित।

31. शुक्ल, नवल, *दसों दिशाओं में,* आधार प्रकाशन : हरियाणा, 1992, पृ. 83, मुद्रित।

32. मेनोन, आशा, *तनुमानसी,* डीसी बुक्स : कोट्टयम, 1990, पृ. 117–8, मुद्रित।

33. तिवारी, राधेश्याम. 'बीज मंत्र' *समकालीन भारतीय साहित्य,* (जुलाई–अगस्त 2000), 89–90, मुद्रित।

‘स्त्रैणता’ की कविता

अपर्णा ए.
प्रभाकरन हेब्बार इल्लत

(1)

पर्यावरण सम्बन्धी दार्शनिक धाराएँ जीवन में होने वाली असंगतियों को या शोषण–आधिपत्य की विकरालता के विभिन्न कोनों को सम्बोधित करती हैं। पूँजीवादी, उपभोगवादी, वर्चस्ववादी, हिंसात्मक प्रवृत्ति के घातक प्रभावों से ये धाराएँ हमें मुखातिब कराती हैं। पर्यावरणीय स्त्रीवाद अपने मूल में स्त्री और प्रकृति पर (में) होने वाले पितृसत्तात्मक आतंक के विविध स्वरूपों को समझने का प्रयास करता है। प्रकृति के भीषण शोषण से उत्पन्न जीवन की अपदस्त स्थितियाँ स्त्री की ज़िन्दगी में अधिक आघात पहुँचाती हैं और पितृसत्तामक अर्थसत्ता दोनों के भीतर की उर्वरता (स्त्रैणता) को नष्ट–भ्रष्ट करती है। एक ओर कॉरपोरेट खेती के पुख्ता हो जाने के वर्तमान में लाभ की लिप्सा से प्रेरित होकर रासायनिक उर्वरकों, एकल खेती आदि के माध्यम से धरती बंजर होती जा रही है तथा प्रकृति की स्वाभाविक संरचना भी सदा के लिए नष्ट होती जा रही है। इस ह्रास–नष्ट के समीकरण को इस प्रकार व्याख्यापित किया जा सकता है कि मिट्टी का बंजर हो जाना, जीवन का बंजर हो जाना ही है, उसके पुनरुज्जीवन की सम्भावना को ख़त्म करना, जीवन की निर्माणकारी शक्ति को खो देना ही होता है। इससे मानवेतर जीवरूपों (जैविक एवं अजैविक)

का अतिजीवन भी असम्भव होता जा रहा है। प्रकृति के व्यापक दोहन से उसके चाक्रिक स्वभाव में भी बदलाव आने लगा है। सार यह है कि प्रकृति के पुनःसर्जन की कला हमेशा के लिए घिस–घिसकर नष्ट होती जा रही है। यह वैज्ञानिक तथ्य है कि व्यापक जैविक श्रृंखला के मध्य प्रकृति में जीवन की समृद्धि सम्भव होती है, पर सतत शोषण के माध्यम से जैव–वैविध्य की रंगीनता और जैव–श्रृंखला की बारीक़ी कड़ियाँ एक–एक करके तुड़ती चली जा रही हैं, इसके लिए हमारा समय साक्षी है।

पितृसत्ता द्वारा प्रकृति पर आधिपत्य स्थापित करने की प्रवृत्ति का प्रबल रूप किसानी में हम देख सकते हैं। किसानी में ज़मीन पर अधिकार जमाने के तत्त्व के साथ–साथ उसके उत्पादन के प्रक्रिया में नियन्त्रण लाने का भाव अन्तर्लीन है। परिवार नामक संस्था के खड़े हो जाने के बाद ज़िन्दगी की अनिवार्यताओं की वजह से स्त्री घर के भीतर रही और खेत में काम करने वाला पुरुष का एकाधिकार मिट्टी पर स्थापित हो भी गया। घर के भीतर परिवार का पालन–पोषण करती स्त्री के श्रम का अवमूल्यन हुआ तथा सम्पत्ति पर से उसका अधिकार धीरे–धीरे खिसकता चला गया और सारे अधिकार और सम्पत्ति पुरुष की मुट्ठी में चले गय। इससे अपने वंश/कुल के अन्दर सम्पत्ति को हस्तान्तरित करने की सांस्कृतिक स्थिति विकसित हुई। यह इतिहास की बात है। इतिहास के इस मोड़ पर स्त्री–पुरुष के बीच के सम्बन्धों का स्तरीकरण हुआ और दोनों के बीच के सम्बन्धों में मालिकाना–गुलामी की भावना प्रबल होती गयी। परिवार नामक सामाजिक संस्था ने इस सम्बन्ध को और रूढ़ बना दिया है। इस रूढ़ता से खेती के विकास के साथ ही प्रकृति और स्त्री पर पुरुष का वर्चस्व स्थापित हो गया, जिसका उत्तरोत्तर विकास होता गया। इसे एंगल्स ने 'परिवार, निजी सम्पत्ति और राज्य की उत्पत्ति' नामक अपनी रचना में तर्क के साथ पेश किया है।

स्त्रीवाद उस सामाजिक–सांस्कृतिक आन्दोलन का नाम है, जो पितृसत्तात्मक शक्तियों का प्रतिरोध करते हुए स्त्री मुक्ति का नारा

बुलन्द करता है। असमानता, अस्वतन्त्रता, भ्रातृत्व–हीनता, शोषण व दमन पर आधारित पुरुष वर्चस्ववादी सामाजिक–सांस्कृतिक व्यवस्था को विमर्श की भाषा में पितृसत्तात्मकता के रूप में सूचित किया जाता है। इसके मुक़ाबले पर्यावरणीय दर्शन जीवन और प्रकृति की जैविकता को प्रतिष्ठित करने का मतवाद है। यह इस बात की पैरोकारी करता है कि मानव का सम्बन्ध लोकतन्त्रात्मक हो, एक दूसरे के जैविक मूल्य का अंगीकार हो, सबके जीने या रहने के नैसर्गिक अधिकार की रक्षा हो। पर्यावरणीय स्त्रीवाद भी इस दृष्टिकोण का वैचारिक विस्तार है। इस शब्द का सर्वप्रथम प्रयोग फ्रांस्वा द यूबोण के द्वारा 1974 में अपनी रचना 'ले फेमिनिस्मे ओ ला मोर्ट' (फेमिनिज़्म अथवा मृत्यु) में किया गया है। आपने यह पहचाना कि वर्तमान पूँजीवादी व्यवस्था में स्त्री और प्रकृति दोनों शोषण एवं दमन का शिकार होते जा रहा हे। इस आधिपत्य से इन दोनों की स्वतन्त्रता या मुक्ति ही पर्यावरणीय स्त्रीवाद का मकसद है। पर्यावरणीय स्त्रीवादियों का मानना है कि इस लक्ष्य की पूर्ति के लिए पर्यावरणवादियों तथा स्त्रीवादियों को मिलकर अपना विचार प्रसारित करना चाहिए। प्रकृति–स्त्री सम्बन्ध और पितृसत्ता के स्वरूप निर्धारण के अकादमिक प्रयासों के परिणाम स्वरूप पर्यावरणीय स्त्रीवाद की चार प्रमुख धाराएँ विकसित हुई हैं–उदारवादी पर्यावरणीय स्त्रीवाद (लिबरल इको–फेमिनिज़्म), सांस्कृतिक पर्यावरणीय स्त्रीवाद (कल्चरल इको–फेमिनिज़्म), सामाजिक पर्यावरणीय स्त्रीवाद (सोशियल इको–फेमिनिज्म) और समाजवादी या मार्क्सवादी पर्यावरणीय स्त्रीवाद (सोशियलिस्ट/मार्क्सवादी इको–फेमिनिज्म)।

पर्यावरणीय स्त्रीवाद सामान्यतः मानव–केन्द्रित दृष्टि को नकारता है तो दूसरी ओर उस पुरुष–केन्द्रित दृष्टि का भी विरोध करता है, जो स्त्री के समुचित विकास में अवरोध या रुकावट पैदा करती है। इसके मूल में मानव की दुधारी चिन्तन–पद्धति कार्यरत है। द्वैतवाद पर आधारित जीवन दर्शन मनुष्य–प्रकृति, पुरुष–स्त्री, संस्कृति–प्रकृति जैसी सोपानीकृत द्वैतताओं का सृजन करता है।

संरचनात्मक दृष्टि से द्वैत की इकाइयों में किसी एक का दूसरे पर आधिपत्य रहता है। यह वर्चस्व पितृसत्ता के रूप में जीवन के विविध आयामों में परिलक्षित है। पर्यावरणीय स्त्रीवाद इसलिए पुरुषवर्चस्ववादी व्यवस्था के साथ 'पुरुषत्व' के द्वारा सृजित आर्थिक तन्त्र के ख़िलाफ़ भी खड़ा रहता है, जो प्रकृति को एक माल या उपभोग वस्तु में रूपान्तरित करता है।

'सांस्कृतिक पर्यावरणीय स्त्रीवाद' के अनुसार स्त्री और प्रकृति दोनों में नैसर्गिक रूप से कुछ विशेष गुण विद्यमान हैं, जो इस धरा के जीवन को गत्यात्मकता प्रदान करने के लिए अत्यन्त आवश्यक है। स्त्री शब्द अपने आप में 'प्रकृति' का ही पर्यायवाची शब्द है। प्रस्तुत संस्कृत शब्द प्रकृति के तीन गुणय यानी सत्व गुण (स), तमो गुण (त) और रजो गुण (र) के सम्मिश्रण से बना है। अतः स्त्री में वही गुण है, जो प्रकृति में समाहित है। इस दृष्टि से देखने जाने पर स्पष्ट होता है कि स्त्री और प्रकृति दोनों सर्जनात्मक गुण के स्तर पर समान हैं और उसी के बल पर दोनों जीवन की सृष्टि एवं पृथ्वी की उर्वरता को बनाये रखने की क्षमता से युक्त हैं। इसलिए 'स्त्री' का सांस्कृतिक लक्षण कभी भी विनाशकारी, शोषक, अपक्षयी और हिंसक नहीं होता है। जिस प्रकार प्रकृति अपनी सन्तानों का पालन–पोषण करती है, उसी प्रकार स्त्री अपने बाल–बच्चों की देख–भाल करती है। इसके साथ ही स्त्री और प्रकृति दोनों में जैविक समानता है, जैविक प्रतिभासों की क्रमिकता है, पुनर्सर्जन की दक्षता है, साकल्यात्मक सक्रियता है। ध्वंसात्मकता सृजनात्मकता का विलोम है, जो 'पुरुष' में मौजूद है। इसलिए पुरुष के द्वारा सृजित आधुनिक, औद्योगिकीकृत, उपभोगवादी, पूँजीवादी सभ्यता में ध्वंसता की छाप है। इसमें कोई सन्देह नहीं है कि इस पृथ्वी में जीवन को स्वस्थ व सुन्दर बनाने के लिए पुरुष सत्तात्मक ध्वंसता के स्थान पर स्त्रीत्व की सृजन क्षमता की ज़रूरत है। अतः सबके भीतर 'स्त्रीत्व' का विकास हो, इससे ही धरती पर (में) सम्पूर्ण जीव रूपों का अतिजीवन सम्भव हो जायेगा। यही सांस्कृतिक पर्यावरणीय स्त्रीवादी चिन्तन का

निचोड़ कहा जा सकता है। इससे हटकर सामाजिक पर्यावरणीय स्त्रीवाद प्रकृति और स्त्री के बीच के सम्बन्धों की श्रेणीबद्धता को सामाजिक व्यवस्था का उत्पाद मानता है। मैं इस सन्दर्भ में जोड़ देना चाहती हूँ कि उपभोगवाद, औद्योगीकरण आदि प्रभुत्वाकामी सत्ता के विभिन्न संस्करण हैं, जो एक साथ स्त्री और प्रकृति दोनों के ऊपर हावी हो रहे हैं। सामाजिक पर्यावरणीय स्त्रीवाद इस प्रकार की सभी वर्चस्ववादी शक्तियों का उन्मूलन कर सामाजिक परिवर्तन के जरिये स्त्री और प्रकृति को शोषण व दमन से बचाने का आह्वान करता है। इसलिए सामाजिक, आर्थिक आदि सभी क्षेत्रों में मौजूद श्रेणीबद्धता के ख़िलाफ संघर्ष करते हुए समता पर आधारित सामाजिक व्यवस्था की स्थापना इसके मूल में मौजूद है। इसके अनुसरण में मार्क्सवादी या समाजवादी पर्यावरणीय स्त्रीवाद भी, पर्यावरणीय स्त्रीवाद की एक ऐसी शाखा है, जो सामाजिक पर्यावरणीय स्त्रीवाद से उपजा है और मार्क्सवादी सिद्धान्तों के आधार पर पर्यावरणीय समस्याओं की व्याख्या प्रस्तुत करता है, प्रकृति–स्त्री–पुरुष के बीच के सम्बन्धों को खोलता है। यह वाद विशेष पूँजीवादी पितृसत्तात्मक व्यवस्था को स्त्री और प्रकृति दोनों की पतित अवस्था का जिम्मेवार ठहराता है। अतः सामाजिक पर्यावरणीय स्त्रीवाद के समान समाजवादी पर्यावरणीय स्त्रीवाद भी सामाजिक परिवर्तन के जरिए प्रकृति और स्त्री की रक्षा के मार्ग को प्रशस्त करने की वकालत करता है। इस तरह वाद विशेष के रूप में उदारवादी पर्यावरणीय स्त्रीवाद का मानना है कि स्त्री पुरुष के समान तर्कशील प्राणी है, लेकिन आर्थिक, शैक्षिक, तकनीकी, सांस्कृतिक क्षेत्र में अवसरों की कमी या अभाव के कारण वह अपनी भीतरी क्षमता से अनभिज्ञ है। अतः स्त्री को समान अवसर प्रदान करने पर जीवन के विविध क्षेत्रों में सकारात्मक प्रगति हो सकती है। पर्यावरणीय स्त्रीवाद की यह शाखा सतही पर्यावरणवाद (शालो इकोलॉजी) का पक्षधर है, जो प्रचलित व्यवस्था को बनाये रखते हुए विज्ञान एवं तकनीकी की सहायता से पर्यावरणीय समस्याओं से मुक्ति के मार्ग का अनुधावन करता है। इन धाराओं के अतिरिक्त

क्रिटिकल इको फेमिनिज़्म, स्पिरिचुअल इको फेमिनिज़्म आदि पर्यावरणीय स्त्रीवाद की कई अन्य शाखाएँ विकसित हुई हैं। इसमें 'क्रिटिकल इको फेमिनिज़्म' पर्यावरणीय स्त्रीवाद का एक अद्यतन संस्करण है, जो नई सहस्राब्दी की चुनौतियों के साथ ही ज्ञान की मुक्ति, समानता, और एकता की संकल्पनाओं को पूरा करने के लिए प्रतिबद्ध है और स्पिरिचुअल इको फेमिनिज़्म वह धारा है, जिसमें आध्यात्मिकता के साथ पर्यावरणीय स्त्रीवाद अपना रिश्ता जोड़ता है।

इससे स्पष्ट है कि पर्यावरणीय स्त्रीवाद एक ऐसा दर्शन है, जो सत्तात्मक शोषण के चंगुल में फँसी प्रकृति और स्त्री को बचाने का दार्शनिक आधार बुनता है। पर्यावरणीय स्त्रीवाद के अनुसार वर्चस्ववादी वर्तमान समाज के भीतर स्त्रियों की कोई मुक्ति नहीं हो सकती है और पर्यावरणीय संकट का भी कोई समाधान नहीं हो सकता है। अतः प्रकृति–पुरुष–स्त्री के सम्बन्धों में परिवर्तन विचारधारात्मक स्तर पर हो, तभी इस संकट से मुक्ति मिल सकती है, जिसका काव्यात्मक अंकन समकालीन हिन्दी कविता में प्रचुर मात्रा में हुआ है। मुख्यतः प्रकृति/स्त्री के भीतर की सर्जनात्मकता (स्त्रैणता) को समकालीन कविता किस प्रकार सम्बोधित करती है, जानने का प्रयास आगे किया जा रहा है।

(2)

समकालीन कवि प्रेम कासलीवाल की 'अपहृत नदी' शीर्षक कविता अब मेरे ज़हन में है। सत्तात्मक ताक़तों के द्वारा नदी के अपहृत होने के पश्चात् के जीवनानुभवों को कविता अनुवाचकों से बाँटती है। अपहृत होते जाने के पीछे सक्रिय ताकतों की पहचान कविता करती है और बताती है कि उसके पीछे मानव की भोगपरकता काम करती है, इसके प्रसार में शोषण–आधिपत्य की हिंसात्मक वृत्तियाँ काम करती हैं। व्यापक दृष्टि में यह दुर्बल के प्रति सबल या ताक़तवर का हमला है, जिसे अलोकतान्त्रिक़ वर्तमान जीवन पद्धति के रूप में देखा जाना चाहिए। इस आलोक में उपर्युक्त कविता पर विचार करें तो लगता है कि नदी की ज़िन्दगी की

सक्रियता उसमें पानी के भरे–भरे होने में है। 'बिन पानी सब सून हो जाता है।' जो नदी पहले हरी–भरी पड़ी थी, आज क्यों सूखकर नष्ट हो गयी है? कविता का कल्पनात्मक सवाल हमें सोचने के लिए विवश तो करती है। कविता में प्रयुक्त भूतकालिक सहायक क्रिया (थी) के माध्यम से अतीत के वैभव की ओर कविता हमारा ध्यान प्रारम्भ से ही आकृष्ट करती है। इसके माध्यम से वर्तमानता की नदी की शुष्कता के प्रति जीवन्त बोध प्रस्तुत करना कविता का ध्येय रहा है। नदी कविता की लड़की की आँखों में सौन्दर्य का प्रतीक तो है ही, पर नन्ही–मुन्ही हाथों से बनायी नाव को बहाने हेतु जब वह नदी तट आती है तो हैरानी और दुख का अनुभव एक साथ करती है। लड़की की आँखों से निहारने पर लगता है कि वह नदी के साथ दोस्ती जमाने के विचार से या थोड़ी देर के लिए ही सही, उसके साथ खेल–कूद करने की तमन्ना से प्रेरित होकर आती है, लेकिन लड़की सन्तोष के स्थान पर अनुताप का अनुभव करती है। कविता यह भी बताती है कि प्रकृति की सर्जनात्मकता के अभाव में मानव का दिल किस प्रकार कुण्ठित होता है, असन्तोष का शिकार हो जाता है। प्रकृति के पास अपने को सतत सृजित करने की ताक़त है, पर मानव के निरन्तर हस्तक्षेप से नदी का वैभव ख़त्म हो जाता है। कविता अपने अन्तरंग में नदी के वैभव के साथ प्रस्तुत होने का संकल्प वहन करती है। प्रकृति की निर्माणकारी शक्ति कैसे अवरुद्ध हो जाती है, कविता उसकी छान–बीन करने के लिए यहाँ बाध्य करती है। इसी प्रकार समकालीन कविता अन्यत्र कई प्रसंगों पर अपहरण, लूट–कसूट से पीड़ित नदी की तस्वीर पेश करती है। कवि रामदयाल मुण्डा की कविताएँ इसका एक उत्तम उदाहरण है। कविता की पंक्तियाँ हैं–*"उसे बान्धकर ले जा रहे थे राजा के सेनानी और नदी छाती पीटकर रो रही थी लौटा दो, लौटा दो मुझे मेरा पानी।"* अपनी एक अन्य कविता *में वे लिखते हैं–"नदी / ना, ना करती रह गयी– / उस मनचले ने उसका / लूट लिया पानी।"* ध्यान रखने की बात यह है कि

नदी एक विस्तृत–व्यापक परितन्त्र है और प्रकृति की उर्वरता का प्रतीक है। अतः उसके मर–मिटने से सम्पूर्ण प्रकृति/जीवन की आबोहवा में परिवर्तन, जैविक शृंखला में असन्तुलन और ऊसरता की स्थिति पैदा होती है। इससे मृत्यु या संकट का बादल जीवन में मण्डराने लगता है। जैविक–अजैविक तन्त्र के साथ–साथ नदी अपने आप में एक सामाजिक तन्त्र, संस्कृति या जीवन पद्धति भी है अर्थात् वह मूल्य, भाषा, पहचान, मिथक, मुहावरा, देवता, मन्त्र–श्लोक, परम्परा, अतीत–स्मृति, वर्तमान, भविष्य इत्यादि सब कुछ है, जो जीवन में गतिशीलता, लयात्मकता, संगीतात्मकता, सुन्दरता, शीतलता, नमी, सांत्वना, तसल्ली, आत्मपरितोष आदि के रूप में विन्यस्थ होती है। परिणामतः उसके ध्वस्त हो जाने से प्रकृति जीवन के सकारात्मक–सौन्दर्यात्मक पक्ष विलुप्त हो जाता है। कविता इस लुप्तता विलुप्तता, को वाणी दे रही है। अतः कविता की प्रारम्भिक पंक्ति से ही अभाव, सन्देह आदि के भाव झलकते हैं। अनिश्चय स्थानवाचक सर्वनाम के द्वारा कवि स्मृति से भी धुँधली हो रही प्राकृतिक समृद्धि की याद दिलाता है। इस स्मृति की भी अपनी एक अलग राजनीति है। बीते हुए वैभव के स्मरण में आमोद से लेटती, थिरकती, गुनगुनाती नदी की तस्वीर खींचकर कविता वर्तमान की विषमता, निराशा और निरर्थकता को वाणी दे रही है।

नदी के 'अपहरण' के पीछे मानव और प्रकृति के बीच के सम्बन्ध का बदला हुआ परिवेश जिम्मेदार है। पूँजीवादी–अर्थकेन्द्रित–भोग–विलासवादी आधुनिक दौर में मनुष्य और प्रकृति के बीच के रागात्मक, अद्वैतात्मक, आत्मपरक सम्बन्ध संवेदनशून्य, द्वैतात्मक, वस्तुपरक होता जा रहा है। पूँजीवादी शक्तियों की इस निष्ठुरता या निर्ममता ही आज धरती और उसके सम्पूर्ण जीवन को ख़तरे के मुँह में लाकर खड़ा करती है। इस स्थिति में कविता की लड़की प्राकृतिक वातावरण को तलाशती है, उसको पूर्ण रूप से पुनः प्राप्त करने की ललक व्यक्त करती है, उसके साथ मिलने–जुलने–बतियाने–खेलने की आशा प्रकट करती है।

नदी से उसको पानी के बजाय पत्थरों का सूखापन ही मिलता है। इस व्याकुलता से आतंकित होकर कभी लड़की उदास हो जाती है, अपने घने लम्बे बाल नोंचती है, कभी बुदबुदाती है। लड़की में नैसर्गिक तौर पर प्रकृति के प्रति एक विशेष प्रकार की सम्पृक्ति है, इसलिए ही वह प्रकृति से जुड़कर आत्मपरितोष का अनुभव करती है। कविता का वक्ता लड़का नहीं है, लड़की है। कविता की आलोचना के दौरान मुझे लगता है कि वह इसलिए है कि कविता अपनी प्रतीकावली के माध्यम से स्त्रीत्व या सर्जनशीलता को प्रतीकवत् करती है। नदी भी अपने भीतर एक स्त्रैणता को ले चलती थी, चारों तरफ़ जैविकता को प्रसारित किया करती थी। प्रकृति और लड़की के माध्यम से वैभवहीनता और परितोषहीनता के भाव को कविता हमारे सामने व्यक्त करती है। नदी के सूखने के साथ ही लड़की का मन भी सूखता है, वह अतृप्ति का शिकार होकर जीवन की समृद्धि से वंचित रह जाती है। लड़की को आत्मप्रसन्नता सच्चे अर्थों में अन्यत्र कहीं से नहीं, प्रकृति के सम्स्पर्श से प्राप्त होती है। कविता का सवाल इतना है कि जीवन के सौरभ्य से लड़की को वंचित करने के लिए जिम्मेदार कौन है?

कविता अपने अन्दर अभावों की एक लम्बी दास्तान सृजित करती है। नदी में नाव बहाने के जरिये लड़की अपनी सर्जनात्मक ललक को तृप्त करना चाहती है। किन्तु नदी के न रहने के कारण वह अपने इस निर्माणात्मक विस्तार में असफल रहती है। ऐसी स्थिति में उसके जीवन के कई सुन्दर पल छिन जाते हैं। काव्यात्मक भाषा में नदी में लहरों के न रहने पर उसके अन्दर भी ख़ुशी की लहरें नहीं उठती हैं। कविता यह भी ध्वनित करती है कि प्रकृति मनुष्य को हठात् आकर्षित करती है। प्रकृति के साथ निरन्तर संवाद स्थापित करना उसकी जैविक अनिवार्यता है। कविता की बच्ची भी प्रकृति के साथ निरन्तर संवाद में मग्न है। इसी संवादात्मकता ने उसे नदी तट की ओर खींचा है। गौर की बात यह है कि वहाँ पहुँचने के बाद ही वह इस सचाई से

वाकिफ होती है कि नदी न के बराबर है। इस प्रकार प्रकृति के वीरान हो जाने का चित्रण काव्यात्मक भाषा में इस प्रकार व्यक्त किया जा सकता है– *"नक्शे में जंगल हैं पेड़ नहीं/नक्शे में नदियाँ हैं पानी नहीं/नक़्शे में पहाड़ हैं पत्थर नहीं/नक्शे में देश है लोग नहीं।"* (नरेश सक्सेना)

कविता की लड़की नदी के साथ भावात्मक–रागात्मक सम्बन्ध स्थापित करते हुए उसे 'माँ' मानती है। यहाँ प्रकृति का मानवीकरण और उस पर स्त्रैणता को अध्यारोपित किया गया है, जो सूक्ष्मतः प्रकृति–स्त्री के बीच की समानान्तरता को द्योतित करती है। इस समानता का अंकन हिन्दी काव्य जगत में कई जगहों देखने को मिलता है। ज्योति चावला की 'जामुन का पेड़' शीर्षक कविता में अभिव्यक्त पेड़ कवयित्री के लिए 'माँ' की सान्त्वना, तसल्ली, ममत्व, सुरक्षा, भोजन इत्यादि सब कुछ है। व्यापक परिदृश्य में यह स्पष्ट होता है कि कविता में प्रयुक्त नदी शब्द के भीतर केवल नदी ही नहीं, बल्कि सम्पूर्ण प्रकृति का साक्षात् स्वरूप समाहित है। अर्थात् नदी समूची प्रकृति व जीवन की समग्रता–साकल्यता का प्रतीक है। वर्तमान समय में पहाड़, जंगल आदि सबका अपहरण हो रहा है या सबके आन्तरिक मूल्य, जैविक अधिकार तथा उर्वरता निष्कासित हो रही है। इसकी काव्यात्मक अभिव्यक्ति के सशक्त सबूत के रूप में कात्यायनी की मशहूर कविता 'एक भूतपूर्व नगरवधू की दुर्गपति से प्रार्थना' को ले सकते हैं। पुरुषसत्तात्मक व्यवस्था के भीतर सदियों से आबद्ध होकर वहाँ से मुक्ति के लिए तड़पती स्त्री की विवशता कविता दर्शाती है। पुरुषत्व के द्वारा सृजित शोषणकारी तन्त्र में अपनी जैविकता–सर्जनात्मकता का पिस–पिसकर भस्म होते देखकर कविता की स्त्री कुण्ठित होती है। दूसरों को अपने दैहिक सौन्दर्य की दावत देकर उन्हें ख़ुश रखते हुए, श्रेष्ठियों–मुहाजनों की सेवा–सुश्रूषा करती–करती, उन के लिए सदैव हंसती–मुस्कुराती, अदाएँ दिखाती हुई, सबको मदोन्मत्त करती हुई पूर्णतः स्वयं एक मनोरंजन की सामग्री बनकर उसका दम घुट रही है, उसकी उर्वरता ख़त्म होती जा रही है।

साथ ही उसको हर पल यह अहसास भी कचोटता है कि अदृश्य परकोटों–बुर्जों वाले, भोगविलास के कोलाहल से गूँजती, कुरूप, असंवदनेशील पितृसत्तात्मक दुनिया के लिए वह केवल एक भोग्य वस्तु है, इससे आगे यहाँ उसकी कोई अस्मिता, पहचान या मूल्य भी नहीं है। इसलिए वह इस दमन चक्र से बाहर अपनी नैसर्गिकता/जैविकता/स्वाभाविकता की ओर वापस जाना चाहती है, अपनी 'जैविक भूमिका' को निभाना चाहती है। वह प्रकृति की गोद में जाकर अपने सर्जनात्मक विस्तार के जरिये आत्मपरितोष का अनुभव करना चाहती है। अपनी ज़िन्दगी में कम–से–कम एक बार ही सही अपने लिए नाचना–गाना चाहती है, अपने स्तनों को प्यासे–विकल शिशु के अधरों तक ले जाना चाहती है, पेड़ों–पौधों–फ़सलों की ओर जाना चाहती है, तारों से टपकती ओस सनी रोशनी में भीगना चाहती है और पत्तों की मर्मर ध्वनि को सुनना चाहती है। इन सबके जरिये वह अपने होने का अनुभव करना, अपनी ज़िन्दगी को सार्थक बनाना चाहती है। प्रकृति की सजीव सत्ता के साथ कविता की नायिका जुड़ना चाहती है, जिससे वह अपनी खोई हुई स्त्रैणता को पुनः हस्तगत कर सके। इस प्रकार यह कविता स्त्रैणता की वकालत करने के साथ–साथ स्त्री और प्रकृति के बीच की निकटता को भी वाणी दे रही है। इस निकटता के कारण ही वह बाह्य दृष्टि से सम्पन्न जन अरण्य में रहते हुए भी भीतर से प्राकृतिक प्राण–संगीत का अनुभव कर रही है। कविता शोषण की एक लम्बी ऐतिहासिक श्ृंखला की ओर इशारा देती है, जो शताब्दियों पहले से शुरू हुई थी। अनन्त काल से अपनी नैसर्गिकता से हाशियेकृत स्त्री की पीड़ा, बेचैनी, विकलता, विकरालता, नीरसता, निष्क्रियता आदि को स्वर देती हुई कविता स्वतन्त्र होकर जीने व विकसित होने के जैविक अधिकार की माँग करती है। कविता इस बात को भी चिह्नित करती है कि पितृसत्तात्मक किले में एक बार आबद्ध हो जाने के पश्चात् वहाँ से मुक्ति पाना कितना मुश्किल का कार्य है। सत्तात्मक दुर्ग के अदृश्य दीवारों पर गवाक्ष या द्वार

टटोलते–टटोलते तन–मन से निढ़ालती नगरवधू अपनी नैसर्गिक स्त्रैणता को पुनः प्राप्त करने की उत्कट अभिलाषा व्यक्त करती है। अन्तिम वाक्य तक आते–आते मुझे प्रतीत होता है कि सैद्धान्तिक भार से विहीन होकर समकालीन हिन्दी कविता प्रकृति–स्त्री की 'स्त्रैणता' को बचाये रखने का कल्पनात्मक संघर्ष विविध स्तर पर करती रहती है, बस इतना ही।

हिन्दी कहानी में पूँजीवादी विकास का प्रतिरोध

संजीव कुमार

'हिन्दी कहानी में पूँजीवादी विकास का प्रतिरोध' यह मेरे इस निबन्ध का विषय है। पूँजी–हितैषी विकास पर मार्क्स के पहले के क्लासिकी अर्थशास्त्र ने उसकी बुनियादी विशेषताओं को रेखांकित किया था। क्लासिकी अर्थशास्त्र की मान्यता यह थी कि पूँजीवाद मनुष्य की सभी आवश्यकताओं की पूर्ति करने का संकल्प लेकर चल रहा है, पर मार्क्स ने इस बात को रेखांकित किया है कि पूँजीवाद की चालक शक्ति पूँजी के स्व–प्रसार की अगाध भूख है। यही वह चीज है, जो पूँजीवाद को नये उत्पादन–साधनों या उत्पादन–साधनों के परिष्कार की ओर ले जाती है, प्रतियोगिता में मुब्तिला रखती है, चीजों को मुनाफ़ा देने के लायक बनाये रखने की एक अनवरत कोशिश में झोंके रखती है और इसके लिए पूँजीवाद अपने रास्ते की किसी भी बाधा को बर्दाश्त नहीं कर सकता। नतीजा यह है कि अगर इतिहास के एक दौर में उत्पादन–पद्धति मनुष्यता के लिए बहुत ज़रूरी और उपयोगी साबित हुई, क्योंकि इसने उत्पादकता को बहुत बड़े पैमाने पर बढ़ाने में योगदान दिया। इससे सचमुच मनुष्य की आवश्यकताएँ पूरी होने की दिशा में एक बड़ा क़दम उठाना सम्भव हुआ। वही आगे चलकर मनुष्यता के सबसे बड़े संकटों का भी कारण बनी। मार्क्स की वे पंक्तियाँ हैं–'संचय करो! संचय करो! पूँजीपति के लिए ईसा और मूसा का यही सबसे बड़ा सन्देश है।' यह संचय क्या है? पूँजी जो अतिरिक्त मूल्य पैदा करती है, जिसे

हम मुनाफ़े के रूप में जानते हैं, उसके एक हिस्से को वह फिर पूँजी में तब्दील करता है। इससे जो वर्धित पूँजी तैयार होती है, वह बाज़ार में जाकर फिर सरप्लस अधिशेष पैदा करती है। उस अधिशेष के एक हिस्से को फिर से पूँजी में तब्दील किया जाता है तो पूँजी लगातार संचय के जरिये अपने को बढ़ा रही है। इस प्रक्रिया में संचय कोई साधन नहीं रह जाता, वह अन्ततः साध्य बन जाता है। लगता है, संचय के लिए ही संचय किया जा रहा है, उत्पादन के लिए ही उत्पादन किया जा रहा है तो अति–उत्पादन की महामारी, जैसे कि मार्क्स ने कहा है कि पूँजीवाद के युग से पहले कभी नहीं देखी गयी थी। पूँजी के स्व–प्रसार की जो चाह है, वह अन्ततः मानव समाज से और प्रकृति से अपनी क़ीमत वसूलती है। प्रकृति को लेकर जो मार्क्सवादी नज़रिया है और जिसकी वजह से हम पूँजीवाद को पर्यावरण के लिए एक बड़े संकट के रूप में पाते हैं, उसके सम्बन्ध में पॉल एम. स्वीजी ने एक बहुत ही सटीक पैराग्राफ लिखा है। वह इस प्रकार है–'पूँजी संचय की यही मनोग्रस्ति या जुनून है, जो पूँजीवाद को मानवीय आवश्यकताओं को सन्तुष्ट करने वाली सरल व्यवस्था, जैसा कि मेनस्ट्रीम इकोनॉमिक्स इसे चित्रित करता है, से अलग करती है। और पूँजी संचय के मक़सद से चालित यह व्यवस्था कभी स्थिर नहीं रहती, हमेशा परिवर्तनशील बनी रहती है। उत्पादन और वितरण के पुराने तरीकों को ख़ारिज करती है और नये तरीक़ों को अपनाती रहती है, नये क्षेत्र खोलती है, ऐसे समाजों को अपने उद्देश्य के लिए शिकार बनाती रहती है, जो अपनी हिफ़ाज़त खुद नहीं कर सकते। इस अनथक विस्तार और नवाचार की प्रक्रिया में लिप्त यह व्यवस्था अपने लाभार्थियों को भी कुचलती हुई या रास्ते से हटाती हुई आगे बढ़ जाती है अगर वे इसके रास्ते में आते हैं। जहाँ तक प्राकृतिक पर्यावरण का सम्बन्ध है, पूँजीवाद इसे लुत्फ उठाने और आस्वाद लेने की चीज़ नहीं मानता। इसे मुनाफ़ाख़ोरी और इस तरह और पूँजी–संचय के लक्ष्य के साधन के रूप में देखता है।' यह जो प्राकृतिक पर्यावरण के प्रति पूँजीवाद

का रवैया है कि वह किसी और रूप में नहीं, सिर्फ़ मुनाफ़ा कमाने के साधन के रूप में महत्त्व रखती है। मुनाफ़ा क्यों, क्योंकि वह अधिक से अधिक पूँजी संचय में सक्षम बनायेगा। फ्रेड मेडगॉफ और जॉन फॉस्टर ने एक पुस्तिका लिखी है, उसका नाम है– 'ह्वाट एवरी फंटमेंटलिस्ट शुड नो एबाउट कैपिटलिज़्म।' वे पूँजीवाद की विशेषताओं को रेखांकित करने के साथ–साथ छह ऐसी चीजें रेखांकित करते हैं जिनके बारे में कहा जा सकता है कि वे पूँजीवाद द्वारा लायी गयी समृद्धि के बरख़िलाफ़ उसे एक बेहद नुक़सान देह व्यवस्था के रूप में हमारे सामने रखती हैं। ये इस प्रकार हैं–

1. आय और सम्पदा का ध्रुवीकरण
2. बेरोज़गारों या अर्द्ध–बेरोज़गारों की एक रिजर्व आर्मी
3. समय–समय पर आने वाले आर्थिक संकट
4. भारी क़ीमतों का बाह्यीकरण (एक्सटर्नलाइजेशन), जिससे वे क़ीमतें समाज और पर्यावरण को चुकानी पड़ती हैं
5. युद्ध और साम्राज्यवाद
6. असंख्य व्यक्तियों की क्षमताओं की बर्बादी

यह जो चौथा बिन्दु है, एक्सटर्नलाइजेशन ऑफ कॉस्ट्स, इसे हमारे विषय के सन्दर्भ में समझना ज़रूरी है। इसकी बहुत सरल परिभाषा है, 'एक्सटर्नलाइज्ड कोस्ट्स आर कोस्ट ऑफ प्रोडक्शन दाट समवन एल्स पेय्स।' यह उत्पादन–लागत का ऐसा हिस्सा है, जो कोई और चुकाता है। किसी चीज़ का बाज़ार मूल्य कम है तो इसलिए कि उसकी लागत कम पड़ी है। और लागत कम इसलिए पड़ी है कि उन चीज़ों की क़ीमत उत्पादक से वसूल नहीं की गयी, जिनकी क़ीमत अन्ततः यह समाज चुकाता है। मसलन, आप जानते हैं कि ऊर्जा के अन्य स्रोतों के मुक़ाबले कोयला सस्ता स्रोत है, इसलिए है कि कोयले के खनन के कारण जिन इलाकों का पर्यावरण सन्तुलन खराब हुआ, जितने बड़े पैमाने पर लोग विस्थापित हुए, उस खनन से पैदा होने वाली बीमारियों के शिकार होकर जितने लोग मरे, उस खनन से पानी के गन्दला होने पर

मनुष्यों पर और जलचरों पर जो असर पड़ा, इन सारी चीजों की क़ीमत कोयले के उत्पादन में और कोयले से बनने वाली बिजली के उत्पादन में नहीं जोड़ी गयी यानी यह क़ीमत किसी और ने चुकाई। यह रहा, एक्सटर्नलाइजेशन ऑफ़ कॉस्ट्स। पूँजीवाद में बड़े पैमाने पर क़ीमतों का यह एक्सटर्नलाइजेशन या बाह्यीकरण होता है, और पर्यावरण के नुक़सान को इसी बाह्यीकरण के रूप में देखा जाना चाहिए। उपर्युक्त सन्दर्भ में पंकज मित्र की 'सेन्दरा', 'बोनसाई' और 'बिन पानी डॉट कॉम', मनोज कुमार पाण्डेय की कहानी 'पानी' उदय प्रकाश की 'मैंगोसिल' आदि कहानियों पर चर्चा आगे की जायेगी।

'सेन्दरा' का मतलब होता है, शिकार, आखेट। यह संथाली भाषा का शब्द है। पूरी कहानी यह बताने की कोशिश करती है कि कैसे यह राष्ट्र–राज्य पूँजीपतियों की सेवा के लिए इस देश के सबसे ग़रीब, सबसे पिछड़े जनों का शिकार करता है। ये आदिवासी जो बहुत महँगी खनिज सम्पदा से भरे हुए वनों में सदियों से निवास कर रहे हैं, उनको वहाँ से उजाड़ना, उनकी जगह क़ब्ज़ा करना और उनके नक्सली हो जाने की स्थिति में उनका और दमन करने की वैधता हासिल कर लेना आदि एक तरह का शिकार है। इस सेन्दरा में, इस शिकार में मारे जाते हैं आम आदिवासी और लाभार्थी पूँजीपति होता है, जो कहीं दिख नहीं रहा है। दिख रहा है राष्ट्र–राज्य, उसकी पुलिस, उसकी फ़ौज, उसके जेलख़ाने, उसकी अदालतें और शिकार हो रहे हैं, आम आदमी, आदिवासी, दलित। पूँजीपति कहीं नहीं दिख रहा है, लेकिन ये सारा खेल उसी के लिए हैं। अब मैं परिणति पक्ष की दृष्टि से 'सेन्दरा' का सार–संक्षेप पेश कर रहा हूँ। एक भोले–भाले आदिवासी को, जो झारखण्ड के जंगलों में किसी एनकाउटर के समय दोनों तरफ़ सै चलती गोलियों से घबराकर अपनी बकरियों के साथ एक गड्ढे में छुप गया था, पकड़कर पुलिस सोमरा मुण्डा नामक एक विख्यात–कुख्यात बागी के रूप में पेश करती है। लेकिन तमाम कोशिशों के बावजूद वह इस बात का

कोई सबूत नहीं जुटा पाती कि वह सोमरा मुण्डा ही है। उसे अदालत से पन्द्रह दिनों की रिमांड पर लेने के बावजूद पुलिस ने सुरक्षा कारणों से उसे जेल में ही रखने की इज़ाज़त माँगी है। जब सबूत नहीं मिल पाते तो एक दिन यह दिखाकर कि उसके दल के लोगों ने ही भेद खुलने के डर से जेल ब्रेक करके उसे मार दिया, पुलिस इस कथित सोमरा को ख़त्म कर देती है। उसका सिर काटकर हटा दिया गया है, ताकि उसके पहचान न हो पाये। यह कहानी का परिणति पक्ष है। लेकिन अगर कहानी इतनी ही होती और इसी एक घटनाक्रम को नाटकीय विधि से ज़रूरी विवरणों के साथ प्रस्तुत कर दिया जाता तो यह पुलिस अत्याचार की एक कहानी तो होती, पर पुलिस, प्रशासन और पूरा राज्यतन्त्र जिसके क़ब्ज़े में हैं, उस पूँजीपति वर्ग के हितों का रेखांकन न हो पाता। यह परिदृश्य कहानी के प्रक्रिया पक्ष में उभरता है, जहाँ असली सोमरा की कथा टुकड़ों–टुकड़ों में सामने आती है और यह उद्‌घाटित होता जाता है कि जिस विकास के नाम पर इस देश में चुनाव लड़े और जीते जाते हैं, आदिवासियों के लिए उसके क्या मायने हैं, वे इस देश को अपना देश और इसकी सरकार को अपनी सरकार क्यों नहीं मान पाते, क्यों वे उस पार्टी और विचारधारा की शरण में जाते हैं जो उन्हें हिंसा की राह दिखाती है। इस प्रक्रिया पक्ष से आपको पता चलता है कि जिस 'विकास' के आप लाभार्थी हैं, उसकी क़ीमत कौन चुका रहा है, कौन है जिसके लिए 'राष्ट्रवाद', 'विकास', 'क़ानून–व्यवस्था', 'राष्ट्रीय समृद्धि', ये सब आग उगलती हुई स्वचालित मशीन–गनें हैं, जिनका रुख़ उसकी तरफ़ है। वह दलाल या बाग़ी बनकर अपने को बचा सकता है तो बचा ले, वरना सोमरा के बाप एतवा मुण्डा की तरह या सोमरा की भोली–भाली पत्नी चाँदो की तरह या सोमरा के नाम पर पकड़े गये निरीह आदिवासी युवक की तरह अपनी जान से हाथ धो बैठे। इसके अलावा और भी बहुत कुछ है कहानी में, जो पूँजीवादी विकास के मानवविरोधी और प्रकृतिविरोधी चरित्र को सामने लाता है। यह सब उस प्रक्रिया

पक्ष का हिस्सा है, जहाँ कहानी की आत्मा बसी हुई है। इसलिए इसे परिणति पक्ष के आधार पर कस्टोडीअल किलिंग की एक कहानी मान लेना। इसके महत्त्व को बहुत कमतर करना होगा। एक बहुत बड़ा आदिवासी समुदाय इस भारतीय राष्ट्र–राज्य के हाथों अपने प्राकृतिक आवास की तबाही के बीच जिस तरह उत्पीड़ित और प्रताड़ित हो रहा है, उसकी ओर कहानी हमारा ध्यान खींचती है और यह बतलाती है कि क्यों हो रहा है! यह 'सेन्दरा' कहानी की विशेषता है। इस क्रम में उसका शीर्षक भी अपने अर्थ का विस्तार कर लेता है। वह पुलिस के हाथों एक आम आदिवासी का सेन्दरा नहीं रह जाता, वह पिछले पचहत्तर सालों में भारतीय राष्ट्र–राज्य द्वारा आदिवासी समुदाय का सेंदरा बन जाता है और आदिवासी समुदाय का यह शिकार क्यों हो रहा है? क्योंकि इसके पीछे पूँजी है। वह पूँजी जो लगातार अपना प्रसार करना चाहती है।

पंकज मित्र की एक कहानी है, 'बोनसाई'। चिन्तू जो उसका मुख्य पात्र है, बहुत ही जागरूक है। उसे पता चलता है कि कुँवारी नदी पर कोई मल्टीनेशनल कम्पनी बाँध बनाने जा रही है। ईमान साहब की प्रेरणा से वह एक अध्ययन शुरू करता है कि इसके बनने से कितना बड़ा नुक़सान होगा। उसकी खोज रिपोर्ट का निष्कर्ष यह है कि इस बाँध के बनने से कम्पनी को छोड़कर और किसी को फ़ायदा नहीं होगा। जनता को नुकसान होगा, देश को नुकसान होगा, वगैरह, वगैरह। वह रिपोर्ट लेकर दिल्ली जाता भी है। एक सेमीनार में प्रेजेंटशन भी होता है। उसे उम्मीद जगती है कि चीज़ें हल हो जायेंगी। पर वह पाता है कि ईमान साहब ईमानदार नहीं रह गये हैं और वे यह कहते हैं कि इसके लिए आन्दोलन करने की ज़रूरत नहीं है, बातचीत से नतीजा निकलेगा। पता चलता है कि इस रिपोर्ट को पेश करने के बाद उस एमएनसी से ईमान साहब की सौदेबाजी हुई, और दरअसल यह रिपोर्ट तैयार करने के लिए उन्होंने चिन्तू को इसीलिए उकसाया था

कि रिपोर्ट जितनी विध्वंसक तैयार होगी, सौदेबाज़ी उतनी ही तगड़ी होगी। वे सौदेबाज़ी कर लेते हैं और अन्ततः उस बहुराष्ट्रीय कम्पनी का कुछ नहीं होता और बाँध बनने की शुरुआत हो जाती है। कहानी में और भी पहलू हैं, पर अपने विवेचन को छोटा रखने के आग्रह से उसे छोड़ रहा हूँ। एक और कहानी है पंकज मित्र की, 'बिन पानी डॉट कॉम', जिसमें पानी के सवाल को उठाया गया है। 'बिन पानी डॉट कॉम' किसी पुराने सुल्तान द्वारा नये सुल्तान की ताजपोशी करने की कहानी है। पुराना सुल्तान असल में पुराना शासक वर्ग और नया सुल्तान कॉर्पोरेट सेक्टर है, जो आज के राजा हैं। उनकी ताजपोशी हो रही है। इस मौक़े पर पानी सबसे महँगी चीज़ हो चुकी है। बोतल बन्द पानी से ज़्यादा महँगा कुछ भी नहीं है। कोल्ड ड्रिंक्स और तमाम दूसरी चीज़ें पीकर लोग प्यास नहीं बुझा पाते हैं। नतीजतन वे लगातार एक गहरी प्यास से गुजर रहे हैं। और बोतल बन्द पानी इतना महँगा है कि उसे हासिल करना लगभग नामुमकिन है।

मनोज कुमार पाण्डेय की 'पानी' एक लम्बी कहानी है। 'यह एक ऐसे गाँव की कहानी है जहाँ जीवन का पूरा ताना–बाना लम्बी अकाल और उसके बाद भीषण बाढ़ की भेंट चढ़ चुका है। कुछ साल पहले तक यहाँ किसी बड़ी हलचल के बग़ैर एक भरा–पूरा जीवन अपनी गति से चल रहा था। "पेड़–पौधे, जानवर, तालाब, लड़ाई–झगड़े, प्रेम, ऊँच–नीच, सब कुछ वैसा ही जैसा आपने और जगहों देखा–सुना होगा।... फिर अचानक सब कुछ बदल गया।" गाँव के उत्तर में, करीब आठ–दस बीघे में फैला एक तालाब था, जो "किसी एक गाँव का नहीं, समूचे गाँव का था, बल्कि गाँव के बाहर के लोगों का भी था।" यह तालाब गाँव के जीवन के साथ कुछ इस तरह गुँथा हुआ था कि उसके बिना जीवन की कल्पना भी गाँव वालों के लिए नामुमकिन थी। एक समय आया जब गाँव के मातबर मगन ठाकुर ने इस तालाब का पट्टा अपनी माता के नाम करा लिया और उसका सारा पानी

इंजनों से बकुलाही नदी में डाल कर तालाब पाट दिया। यह होना था कि तालाब की ज़िन्दगी पटरी से उतर गयी। अगले ही साल सूखा पड़ा और उस सूखे से लड़ने के अपने सारे इन्तजामात से वंचित हो चुके गाँव ने अपने को पूरी तरह से अपंग पाया। "तालाब पाट देने के बाद गाँव की खेती का भूगोल बदल गया। चारों तरफ़ से पानी आने और जाने का रास्ता तालाब की तरफ़ से होकर जाता था। तालाब रहा नहीं तो सारे पानी का रास्ता खो गया था। शुरुआती बारिश का पानी जो तालाब में आता तो हमें जीवन देता, उसी रास्ते से बकुलाही की तरफ़ बह गया जिस रास्ते से तालाब का पानी बकुलाही की तरफ़ गया था। यही उसका देखा–जाना रास्ता था।" संकट गहराता गया। तब धरती के सीने में छेद करके मगन ठाकुर ने पम्प लगवाया और पानी जैसी चीज़ बेची जाने लगी जिसे अभी तक लोगों ने श्रम से जोड़कर देखा था, पैसे के साथ नहीं। अब सिंचाई के लिए "श्रम से पहले पैसे की ज़रूरत थी और पूरे गाँव में एक अकेले मगन को छोड़कर पैसे का कोई स्थायी स्रोत किसी के पास नहीं था।" अकाल क्रमशः और भयावह होता गया। एक के बाद एक ऐसी चीज़ें घटित होती गयीं जिनके बारे में लोगों ने कभी सुना–सोचा भी न था। लोगों, यहाँ तक कि हर जड़–जंगम के व्यवहार में अजीबोग़रीब बदलाव आते गये। अकाल ने उनकी भूख और प्यास को ही नहीं, ज़िन्दगी के हर पहलू को अपने जद में ले लिया। महामाई और मुहनोचवा जैसी रहस्यमय चीज़ों के साथ तन्त्र–मन्त्र, जादू–टोना और अनन्तर लूटपाट आम बात होती गयी। शोषक को चिह्नित कर उग्रवाद के जरिये बदलाव को सम्भव करने की नाकाम कोशिशें भी हुईं। पूरी कहानी इस प्रक्रिया के चरणों को उभारते हुए भयावह घटनाओं के एक सिलसिले के रूप में बुनी गयी है। जिसमें धीरे–धीरे आबादी का एक बड़ा हिस्सा मौत के घाट उतरता जाता है और अन्त में एक भीषण बाढ़ से घिरे बहत्तर लोग ऊँचाई पर बने मगन ठाकुर के घर की छत पर बचे रह जाते हैं, पानी के उतरने का इन्तजार करते और नये सिरे

से जीवन शुरू करने की उम्मीद में अटके।... कहानी का वाचक एक 'होमो–डाइजेटिक' नैरेटर है, प्रथम पुरुष में कहानी कहता है कि गाँव का ही एक बाशिन्दा, जो बाढ़ से घिरे बहत्तर लोगों में से एक है। वह 'मैं' शैली में कम, 'हम' शैली में ज़्यादा चीज़ें बयाँ करता है (कहानी का आख़िरी वाक्य भी है : 'हम जो बचे हैं, इसे हमारा सामूहिक बयान माना जाए')। वह बार–बार प्रकृति के साथ हुए पुराने समझौतों का हवाला देता है। वह तालाब, नदी, पेड़–पौधों और जानवरों की बातें ऐसे करता है जैसे इन सबको एक जीवित व्यवस्था के सचेतन अंगों के रूप में देख रहा हो। ...ऐसा व्यक्ति जब पीछे के तमाम विवरण पेश करता है, तो पर्यावरण के साथ मानवीय रिश्ते का सन्तुलन भंग होने की भयावहता बहुत तीव्रता से उभरती है। इस कहानी में अगर आप कोई खास देशकाल ढूँढ़ने चलेंगे तो आपको बड़ी दिक्क़तें पेश आयेंगी। यह कहानी इतिहास के किसी खास दौर के विश्वसनीय और सत्यापनीय विवरणों के लिए नहीं लिखी गयी है। यह बहुत अद्‌भुत तरीक़े से आपको प्रकृति के साथ खिलवाड़ न करने की चेतावनी देने के लिए लिखी गयी है। यह चेतावनी देती है कि जिस तरह के पूँजीवादी भुक्खड़पन के हम शिकार हैं, वह बेहद खतरनाक है। मुनाफ़ा बनाने की जो हवस आपको इस कहानी में दिखलायी पड़ती है, वह वैसी ही पूँजीवादी हवस है। आप कह सकते हैं कि मगन ठाकुर कोई पूँजीपति तो है नहीं, अधिक से अधिक आप उसमें एक सामन्ती ज़मींदार देख सकते हैं। लेकिन यह सामन्ती ज़मींदार गाँव की मुश्किलों का फायदा किस रूप में उठाता है? वह उनका फ़ायदा एक पूँजीपति के रूप में उठाता है। वह आपको कहानी के भीतर एक मुनाफ़ाखोर पूँजीपति में तब्दील होता हुआ दिखायी पड़ता है और प्रकृति को उसने जिस तरह नाधने की कोशिश की, वह प्रारूपिक/टिपिकल पूँजीवादी 'विकास' के पैटर्न पर है। उसके जरिये प्रकृति के साथ पूँजीवाद का खेल सांकेतिक रूप में प्रकट होने लगता है।

उदय प्रकाश के यहाँ इस पूँजीवादी विकास का प्रतिरोध बहुत मुखर रूप में मिलता है। मुखर कहने से मेरा आशय यह है कि उदय प्रकाश ने अपनी एक ख़ास कहानी शैली विकसित की है, जिसमें नैरेटर बहुत ही बोलने वाला होता है। वह लगभग आपके सामने उपस्थित रहता है। वह घटनाएँ ही नहीं बताता, उन पर टिप्पणियाँ भी करता चलता है। ऐसा नैरेटर उदय प्रकाश के यहाँ 80 के दशक के उत्तरार्ध में उभरकर आया। ऐसे नैरेटर के रहते इस चीज़ की गुंजाइश भी बहुत थी कि जो चीज़ें पहले का लेखक सिर्फ व्यंजना के भरोसे छोड़ देता, उसको वे साफ़–साफ़ अभिधा में कह सकते थे। तो इसीलिए पूँजीवाद के खेलों को उन्होंने अपनी कहानियों में बहुत साफ़ तौर पर बताया। 'मैंगोसिल' उदय जी की इस सदी की कहानी है। यह चन्द्रकान्त थोराट, उसकी पत्नी शोभा और उसके दो बच्चों–सूर्यकान्त और अमरकान्त की कहानी है। नैरेटर भी कहानी में एक कैरेक्टर की तरह शामिल है। यह नैरेटर किसी और नाम से आने वाले पात्र के बजाये स्वयं उदय प्रकाश हैं। वे कहीं अपना नाम भले ही न बताये, यह बहुत स्पष्ट कर देते हैं कि 'मैं' के रूप में वे स्वयं हैं। कहानी यह है कि चन्द्रकान्त थोरात और शोभा बहुत ही ग़रीबी में रहते हैं। पृष्ठभूमि यह है कि शोभा निरन्तर यौन उत्पीड़न का शिकार होती रहने वाली एक विवाहित स्त्री थी। छुटकारा पाने के लिए वह चन्द्रकान्त के साथ भागी। उस समय उसकी उम्र बीस साल थी और चन्द्रकान्त की 19 साल। भागकर वे दिल्ली के जहाँगीरपुरी इलाके में पहुँचे। यहाँ उन्होंने नया जीवन शुरू किया और बहुत ग़रीबी में जीते हुए भी प्रेम की ऊष्मता से उनका जीवन सुखमय बना हुआ है। कसक है तो एक ही कि कोई बच्चा नहीं हो रहा है। शोभा को यह अदेशा भी होता है कि सम्भवतः लम्बे समय तक चले यौन उत्पीड़न के कारण उसकी बच्चेदानी में कुछ ऐसा हुआ है कि वह भ्रूणधारण नहीं कर पा रही है। खैर, लम्बे इन्तजार के बाद वह–चन्द्रकान्त के अनुसार, बाबा विट्ठल के आशीर्वाद से गर्भवती होती है। फिर एक शिशु होता है। बहुत ख़ुशी है, लेकिन

धीरे–धीरे यह दिखयी पड़ता है कि हर रात उस बच्चे का चेहरा भयानक पीड़ा में ऐंठ जाता है। ऐसा लगता है, जैसे अन्दर कोई असह्य दर्द है, जिसे वह रोकर नहीं निकाल रहा, बस चेहरे की माँसपेशियों के खिंचाव से उसे सहन कर रहा है। वह अपने हाथ उठाकर अपने सिर को छूने की कोशिश करता है, जिससे पता चलता है कि दर्द सिर में ही है। धीरे–धीरे उसके सिर का आकार शरीर के अनुपात में बड़ा होता जाता है। डॉक्टरों को दिखलाया जाता है, कोई फ़ायदा नहीं होता। डॉक्टर कहते हैं कि कोई असाध्य रोग है, जिसके कारण सिर लगातार बड़ा और भारी हो रहा है। उस भारी सिर को अपने शरीर पर टिकाये हुए वह डगमगाता रहता है। वह सन्तुलन नहीं रख सकता। इसलिए मुश्किल से खड़ा होता है और डगमगाता रहता है। वह जब बैठता भी है तो सिर को दीवार से टिकाकर किसी तरह ख़ुद को सँभाले रहता है। डॉक्टरों के सारे अनुमान को धता बताता हुआ वह नौ साल तक जी जाता है। बालक बहुत ही तीव्र बुद्धि का है। उसकी मानसिक उम्र उसकी शारीरिक उम्र के मुक़ाबले बहुत अधिक है। वह बेहद परिपक्व है, चीजें बहुत जल्दी सीखता है। बगल के साइबर कैफे में जाकर वह उन चीजों को, जो बड़े लोग कई–कई दिनों के अभ्यास के बाद सीख पाते होंगे, उन्हें बड़े आराम से कर लेता है, ऐसे जैसे कोई पुराना अभ्यास हो। साइबर कैफे का प्रबन्धक उसके कामकाज को बड़ी हैरत से देखता है, लेकिन उसकी अपनी हताशाएँ हैं। नौ साल की उम्र में एक बार वह किसी बात पर दुखी और नाराज़ होता है और छत की मुँडेर पर जाकर अपने सन्तुलनहीन शरीर को नीचे गिर जाने देता है। नैरेटर बताता है कि सूर्यकान्त के इस रोग को पति–पत्नी मैंगोसिल कहते थे। इसके बाद उसने विश्व स्वास्थ्य संगठन और पेंटागन की रिपोर्ट के हवाले दिये हैं जिनमें कहा गया है कि हिन्दुस्तान में और साथ ही पूरी तीसरी दुनिया के देशों में ऐसे बच्चों की तादाद बढ़ रही है जिनके सिर बड़े हो रहे हैं। यह पूरी फैंन्टेसी है, आप यह न समझिए कि सचमुच ऐसी

कोई रिपोर्ट है, जिसका हवाला कहानीकार ने दिया है। उदय प्रकाश जब ऐसी बातें कहते हैं तो उसे एक ख़बर की तरह पेश करते हैं। तो नैरेटर के अनुसार, वह रिपोर्ट बताती है कि ऐसे बच्चे बड़ी तादाद में हो रहे हैं और ग़रीब मुल्कों में ही हो रहे हैं।' ...मेरे सामने वर्ल्ड हेल्थ आर्गेनाइजेशन के इस साल के सर्वेक्षण की एक रिपोर्ट है, जिसमें डरावने आँकड़े हैं कि तीसरी दुनिया के ग़रीब देशों के कितने करोड़ बच्चे हर रोज कुपोषण, ग़रीबी और गन्दगी के कारण असंख्य जानलेवा बीमारियों के शिकार होते हैं और मार जाते हैं।' लेकिन इसी रिपोर्ट में यह चौंकाने वाली सूचना भी दर्ज है कि पिछले कुछ सालों से इन बच्चों को एक ऐसी बीमारी अपनी चपेट में ले रही है, जिसमें बच्चे के सिर उसके बाक़ी शरीर की तुलना में अधिक तेजी से बढ़ता है और उसके मस्तिष्क का व्यवहार अस्वाभाविक हो जाता है। ...लेकिन सबसे चौंकाने वाला दस्तावेज़ पेंटागन का है। इथियोपिया, घाना, भारत, बांग्लादेश, इराक, अफ़गानिस्तान, बोस्निया, फिलिस्तीन, कोसावो, श्रीलंका, नामीबिया, निकारागुआ, ब्राजील समेट 67 देशों में ऐसे बच्चे लगातार जन्म ले रहे हैं, जिनका सिर तेजी से बड़ा हो रहा है। यहाँ तक कि ख़ुद अमेरिका, फ्राँस, ब्रिटेन और ऐसे ही विकसित और अमीर कहे जाने वाले देशों में ऐसे बच्चे जन्म ले रहे है। ...ऐसे बच्चे जिनका दिमाग सब कुछ जानता है। वे बच्चों की तरह अबोध और मासूम नहीं हैं। इन बच्चों के सिर के भीतर स्थित मस्तिष्क की उम्र उनकी स्वाभाविक उम्र से कई गुना ज़्यादा बड़ी है। उस मस्तिष्क में कई शताब्दियों की जैविक स्मृतियाँ मौजूद हैं। एक तरह से अब तक के इतिहास का एक माइक्रोप्रिन्ट। ''...पेंटागन के मुताबिक इस समय के सभी देशों की सभी सरकारों को इन बड़े सिर वाले बच्चों पर निगाह रखनी होगी। उनकी आइडेंटिटी यह है कि वे ग़रीब घरों में गंदगी और कुपोषण के बीच पैदा हुए हैं।...''

आपने देखा है न कि सड़क के किनारे कूड़ा बीनने वाले बच्चे कितनी जल्दी मैच्योर हो जाते हैं! रेडलाइट पर आपकी

गाड़ी के सामने जो भीख माँगने आ जाते हैं, कितनी जल्दी पके–पोढ़े मनुष्य की तरह हो जाते हैं! एक सामान्य मध्यवर्गीय घर में चार साल के बच्चे से आप जिस तरह की परिपक्वता की उम्मीद करते हैं, उसके मुकाबले इन भीख माँगने और कूड़ा बीनने वाले चार साल के बच्चों में कितना फ़र्क होता है! तो जैसे परिपक्वता के इस अन्तर को चिह्नित करते हुए उदय प्रकाश एक फैंटास्टिक तरीक़े से कुछ नया रचने की कोशिश कर रहे हैं और उसमें ग़रीबी और कुपोषण में जन्मी मैंगोसिल नाम की बीमारी तक पहुँचते हैं। ...इतना बड़ा पूँजीवादी विकास! फिर ग़रीबी और कुपोषण क्यों है? वह इसलिए है कि इस व्यवस्था के पास उस ग़रीबी और कुपोषण का निदान नहीं है। उन्हें बेरोज़गारों और अर्ध–बेरोज़गारों की फ़ौज को बनाये रखना है, ताकि पूँजी के मुक़ाबले श्रम के पास बारगेनिंग क्षमता न आ जाए। जब तक श्रम के पास बारगेनिंग क्षमता रहेगी, पूँजीवाद की मुनाफ़ा कमाने की अगाध भूख को सन्तुष्ट नहीं किया जा सकेगा। इसीलिए बेरोज़गारों की फौज खड़ी रखी जाती है। आप जानते हैं कि हमारे देश में भी इस कोरोना संकट से पहले ही बेरोज़गारी दर पिछले 45 सालों में अधिकतम के स्तर पर थी। लोग आश्चर्य करते हैं कि सब कुछ होने के बावजूद रोज़गार की इस समस्या का निदान क्यों नहीं हो रहा है? अरे भाई, वह समस्या है ही नहीं, वह तो स्वयं समाधान है! बेरोज़गारी इस पूँजी–केन्द्रित विकास के लिए निदान है, समस्या नहीं। तो ख़ैर, इससे जो असमानताएँ बढ़ती हैं, उनकी ओर उदय प्रकाश का रचनाकार दौड़ रहा है और उसी के लिए वह रूपक गढ़ता है, फैंटेसी खड़ी करता है। कहानी की शुरुआत में 'प्रलय का प्राक्कथन' और 'जहाँगीरपुरी की गली नम्बर सात' शीर्षक से जो हिस्से हैं, उनमें अपनी अतुलनीय वर्णन–शैली में उदय प्रकाश इस दुनिया के हैव्स और हैव नॉट्स का जो चित्र पेश करते हैं, वह बार–बार पढ़ा जाने लायक है। पूँजी–केन्द्रित विकास की विडम्बना को यह हिस्सा जिस तरह हमारे सामने लाता है, वह सरल 'यथार्थवादी'

पद्धति से सम्भव नहीं था, जहाँ ब्योरों की सत्यापनीयता और विश्वसनीयता मायने रखती है और जहाँ हम पाठक के रूप में भी हर ब्योरे से विश्वसनीय और सत्यापनीय होने की माँग करते हैं। उससे अलग कहानी की एक ऐसी अपनी दुनिया बनाना उदय प्रकाश की पद्धति है, जिसमें उतारकर आपको कुछ चीज़ों के प्रति गहरे स्तर पर संवेदनशील बनाया जा सके और जो चीज़ें आपके सामने होकर भी नहीं दिखतीं, उन्हें देखने के लिए आपको निगाह सौंपी जा सके। यह कहानी प्रकटतः पर्यावरण के एंगल से पूँजीवादी विकास को सम्बोधित नहीं कर रही है, लेकिन अगर मनुष्य पर्यावरण का एक हिस्सा है और इस ग़ैर–बराबरी में असाध्य रोगों का शिकार होते मनुष्यों का एक पूरा तबका है, तो हमें कहना चाहिए यह पूँजी के हित में पर्यावरण के विनाश की ही कहानी है। इस सन्दर्भ में 'कोकिलशास्त्र' (सन्दीप मील), 'नगरवधुएँ अख़बार नहीं पढ़तीं' (अनिल यादव), 'खाना' (योगेन्द्र आहूजा), 'रद्दोबदल' (मनोज रूपड़ा), चन्दन पाण्डेय की 'ज़मीन अपनी तो थी' आदि कहानियों को भी पढ़ें तो हिन्दी कहानी में पूँजीवादी विकास के प्रतिरोध का खाका खुल जायेगा।

पृथक्कृत ताहिर, कुबरा, सुगरा, गीता...

अमृता सी. एस.
प्रभाकरन हेब्बार इल्लत

मार्क्सवाद पूँजीवाद की विकरालता के साथ की जाने वाली प्रतिक्रिया या ज्ञानात्मक प्रतिवाद का नाम है। पूँजीवादी आर्थिक क्रिया से उत्पन्न जीवन की परिस्थितियों का विवेचन–विश्लेषण करते हुए मार्क्स का कहना है कि 'मानव की चेतना का निर्माण और विकास सामाजिक आर्थिक क्रियाओं के बल पर सम्पन्न होता है, इसका परिविस्तार राजनीतिक, सामाजिक, सांस्कृतिक व्यवस्थाओं के रूप में देखा जा सकता है।'[1] अपनी रचना 'आर्थिक एवं दार्शनिक हस्तलिखित प्रति' में मार्क्स ने लिखा है कि पूँजीवादी मशीनीकृत व्यापक उत्पादन के परिणाम स्वरूप मनुष्य अपने द्वारा निर्मित उत्पादों से कट जाता है। इससे उत्पादन का 'अमूर्तिकरण' (रीफिकेशन) सम्भव होता है। इस उत्पादन प्रक्रिया में मानव की भूमिका एक निरा उपकरण या दर्शक मात्र रह जाता है। मशीनीकृत उत्पादन प्रणाली में अपने श्रम के सर्जनात्मक विस्तार न कर सकने की स्थिति में, अपने आत्मांश के नष्ट होने की स्थिति में उत्पाद और उत्पादक के बीच के सम्बन्ध का उपकरणात्मक हो जाना एकदम स्वाभाविक है।

इतिहास में दो राय नहीं है कि विश्व भर में पूँजीवाद औद्योगिक क्रान्ति के पश्चात् अपने क़दम सख़्त करता जा रहा है। यह सामान्यतः उस आर्थिक प्रणाली या तन्त्र का नाम है,

जिसमें उत्पादन के साधन तथा उत्पादन के स्रोतों पर कुछ इने–गिने लोगों का स्वामित्व विकसित होता रहता है। इससे सम्पत्ति का असन्तुलित वितरण भीमाकार रूप धारण करता चला जाता है। इसकी परिणति यह होती है कि पूँजीवाद के भीतर सक्रिय धन की लिप्सा समाज को विभिन्न वर्गों में विभक्त कर जीवन में बेशुमार विडम्बनाओं को जन्म देता चला जाता है। हमारे समाज में परिव्याप्त स्त्री–पुरुष, जातिगत सम्बन्धों के मूल में भी आर्थिक क्रिया गुप्त रूप से काम करती है, वह सूक्ष्म रूप से मानव की मनोवृत्तियों को भी प्रभावित करती है। 'सम्पत्ति' केवल भौतिक साधनों पर स्वामित्व का नाम नहीं है, उसके द्वारा उत्पादित अन्य सामाजिक स्थितियाँ भी शामिल हैं। संकेत यह है कि वर्गाधृत समाज के ढाँचे के अनुरूप जीवन का सामाजिक व्यवहार, खाद्य–पान, अनुष्ठान, विश्वास की पद्धति तक निर्णीत हो जाती है। यह निर्णय इसलिए सम्भव होता है कि सम्पत्ति या पूँजी में 'सत्ता' के हाथ काम करते हैं और हमारे जीवन परिवेश को बहुविध ढंग से नियन्त्रित करते हैं। इस नियन्त्रण से मुक्त होने की कामना ही वर्ग संघर्ष के मूल में काम करती है।

पूँजी का स्वामी हमेशा पूँजी के हित में जीवन परिवेश के विविध प्रसंगों को अपना अनुकूल बना देता है और तद्नुरूप जीवन में मूल्य व्यवस्था का रूपायन करता है। यह अपने मूल में मानव/समाज विरोधी है, क्योंकि उसमें एक ही वर्ग के हितों का संरक्षण होता है। पूँजीवादी व्यवस्था के भीतर मानव की संवृद्धि पर नहीं, उसके मूल में पूँजी की अतिशय वृद्धि सुनिश्चित की जाती है। इसलिए मानव के भीतर के 'सत्त' (एसेंस), मानवीयता, मानवीय सर्जनात्मकता की रक्षा पूँजी का विषय नहीं रहा है। मानव के श्रम और प्राकृतिक सामाग्री का खुला दोहन करते हुए, उस पर अपना मालिकाना स्थापित कर इस संसार के अन्य समस्त जीव–रूपों के अस्तित्त्व पर आघात पहुँचाता हुआ पूँजीवाद बुल्डोजर की भाँति निकल जाता है। पूँजीवाद मानव को गन्ने की लुगदी बनाकर छोड़ देता है। जोर इस बात पर है कि पूँजी की ताक़तें मानव को अपने से,

अपनी सामाजिकता से, अपनी सर्जनात्मकता से, प्रकृति से, अपनी भाषा से, अपने बुनियादी मानवीय अस्तित्त्व से पृथक्कृत कर देता है। विडम्बना यह है कि जो इसका शिकार होगा, उसे ख़ुद तनिक भी अहसास नहीं होता है कि वह अपने जीवन से पृथक्कृत होता जा रहा है। इसलिए पूँजीवाद के विकराल चाल–ताल को समझना, उसका प्रतिरोध करना हमारे ही बुनियादी मानवीय अस्मिता को बनाये रखने के लिए बेहद ज़रूरी है।

पूँजी (अतिरिक्त मूल्य) मार्क्सवादी नजरिए से श्रम के शोषण का उत्पाद है। उत्पादन को मार्क्स अनुपयोगी नहीं मानता है, पर वह मानव की ज़रूरतों की पूर्ति के लिए किये जाने वाला उत्पादन हो, अतिजीवन को सार्थक ढंग से पूर्ण करने में सफल बनाने वाला उत्पादन हो।[2] जीवसंधारण को सम्भव बनने के लिए मानव प्रकृति का उपयोग किये बिना नहीं रह सकता है। इससे समाज और प्रकृति के सदस्यों या तत्त्वों को हानि नहीं होती है, होती है तो भी वह न्यून है, उसके आघात की भरपाई हो जाती है। आजकल ज्ञान–विज्ञान की विभूति से विकसित मशीनीकृत (औद्योगिकीकृत) व्यापक उत्पादन का सम्बन्ध अतिजीवन से नहीं होता है, उपभोग से है, न उपयोग से। इससे मानव समेत समस्त प्रकृति का जैविक अस्तित्त्व विभिन्न स्तरों पर हतप्रभ होता चला जाता है।

पहले–पहल मानव का उत्पादन सोद्देश्यपूर्ण था, उसके पीछे मानव की आत्मा की छाप थी। प्रत्युत् आज का भोगपरक मशीनी उत्पादन पूँजी की ताक़तों से संचालित है। वहाँ मानव की आत्मा कार्यरत नहीं होती है, जीवन की अनिवार्यता काम नहीं करती है। आलोचनात्मक शब्दावली में पहले मानव विषयी (सब्जेक्ट) था, वही अब विषय (ऑब्जेक्ट) हो गया है। मानव की आत्म–चेतना सक्रियता का नाम है, वही पूँजीवादी ताक़तों की मुट्ठी में आबद्ध होकर नितान्त निष्क्रियता की तरफ़ अग्रसरित होती है। ऐसा निष्क्रिय मन पूँजीवादी व्यवस्था का मानक (आदर्श) चरित नायक है। यह निष्क्रियता जीवन की निष्क्रियता है, जीवन की गतिशीलता का प्रतिलोम है।

जीवन के प्रारम्भिक दौर में उत्पादन में मानवीय जीवन्त चेतना सक्रिय थी, उसमें शरीक होते वक़्त मानव के भीतर सर्जन की आह्लादात्मक स्थिति उत्पन्न होती थी। जिसका उत्पादन मानव अपने सामाजिक अनुभवों के बल पर किया करता था, उस उत्पाद के साथ उसका अपना एक अलग लगाव था। उसके रूपायित होते जाने की हर एक सीढ़ी का ज्ञान उसे प्राप्त था, उस उत्पादित वस्तु पर पूरा–पूरा उसका नियन्त्रण था। इस नियन्त्रण का विखण्डन आज की पूँजीवादी उत्पादन प्रणाली में होता है। अपने उत्पाद और अपने आत्म से कटे मानव की चेतना में दरारें फैल जाती हैं, संश्लिष्ट बोध के नष्ट हो जाने से एक ख़ास तरह का खालीपन का शिकार आज का मानव होता जा रहा है। मशीनी राक्षसी उत्पादन में मशीनी ताक़त के सम्मुख मानव को प्राप्त प्रकृति की शक्ति ठप रह जाती है। उसी मशीनी चाल के साथ मानव अपने का समंजन–समायोजन नहीं कर पाता है, वह मशीन का पुर्जा मात्र रह जाता है। मशीन द्वारा चालित हिमालयीन उत्पादन में पल–पल उत्पादन की ढेर लगी जाती है, ऐसे में उनके उपभोग को सुनिश्चित करने हेतु जरूरत को ग़ैर ज़रूरत और ग़ैर ज़रूरत को ज़रूरत स्थापित करते हुए मण्डी हर एक के घर में प्रवेश कर जाती है। उसके लिए मण्डी की शक्तियाँ हमारे अन्दर–बाहर जगत में सक्रिय हैं। उस उपभोग की संस्कृति पर सामाजिक हैसियत, सम्मान आदि का प्रतीकात्मक चिट्ठा लगाकर निर्लज्ज विज्ञापनों, सामाजिक माध्यमों द्वारा निशि–दिन माल का गुण–पोषण किया जाता है। इससे उपभोग हमारे जीवन का मूल्य बन जाता है, धन उसका आदर्श बनता है, वही जीवन की संचालिका शक्ति रह जाती है। उपभोग के अपरिमित विस्तार से सम्पत्ति का विपुल संचयन और शोषण फैल जाता है। इस सम्पत्ति–संचयन की संस्कृति से प्रकृति शुष्क होती चली जाती है, तदनुरूप जीवन भी। मार्क्सवाद यह स्वीकार करता है कि मानव अपने जागतिक हस्तक्षेप के माध्यम से जीवन के बाह्य जगत में मात्र तब्दीली नहीं करता है, पर समान्तर मानव की आन्तरिक दुनिया में भी तब्दीली होती रहती है।

जीवन में उपभोग की वस्तुओं के फैलते चले जाने के वर्तमान परिदृश्य में मानव का अन्तर्मन भी वस्तुकृत हो जाता है। वस्तुकरण तो एक अर्थ में वस्तुओं के साम्राज्य का क्षेत्रफल विकसित होना होता है, साथ ही मानव के मन की संवेदना की सीमा का सँकरा होना भी। वस्तुकृत मन वस्तु का अंगीकार करता है, उस पर मालिकाना उसका साध्य बन जाता है, वही उसकी आत्मतुष्टि का आधार रह जाता है। ऐसी स्थिति में मानव के हृदयगत भाव दिन–ब–दिन पथरीला हो जाता है, भावना–प्रेम–सम्बन्ध–रागविहीन हो जाता है। पेड़ों को काटते वक़्त मन विचलित होता नहीं, तितलियों के ग़ायब होते वक़्त मन शंकाकुल होता नहीं, सामाजिकता में विचलन होने पर मन चंचल होता नहीं, किसी के विस्थापित होते देखकर मन खदबताता नहीं। ऐसा समझिए कि दिल की मानवीयता का दरिया सूख गया है। पूँजीवाद इसको विकास, कल्याण आदि लिबास में ओढ़कर प्रस्तुत करता है। धन–वस्तु के विस्तार से मन–प्रकृति का दायरा सीमित होता चला जाता है, फिर बचता क्या है इस जीवन में। मन के वस्तुकरण से मानव के भीतर का जंगली जानवर अपने नाखून बाहर करने लगता है। हिंसा की प्रवृत्ति के बलवती हो जाने पर जीवन के सारे सकारात्मक तत्त्व हृदय की हरियाली ग़ायब होते हैं। मानव की ज़िन्दगी का प्रयाण तो मानव के अन्तस की रागात्मक सामाजिक परिवृत्ति का परिणाम है। सामाजिकता अपने आप में जीवन की मानवीय संवेदनात्मकता का ही दूसरा नाम है। पूँजीवाद इस सामाजिकता को खण्डित करता है और मानवीय अस्मिता की बुनियादी पहचान की नस को काट देता है। ऐसे में मानव के भीतर का पृथक्करण पूर्ण होता है।

अतिशय मशीनी उत्पादन से, सम्पत्ति के अधिग्रहण से सामाजिक सुविधाओं पर एकाधिकार पूँजी के संरक्षकों को प्राप्त होता है। जिसके पास सम्पत्ति है, वही शिक्षा, स्वास्थ्य, जीवन की जरूरतें, सामाजिक हैसियत, व्यवस्था पर अपना वर्चस्व स्थापित करता है। मशीनी उत्पादन के बढ़ने से मानव के श्रम की बिक्री

कम क़ीमत में बेचने का वातावरण तैयार होता है। अतिजीवन को सम्भव बना देने की मशक्कत में अत्यधिक शारीरिक श्रम करके मानव थक जाता है। शोषण की विकृति से मानव का शरीर ढल जाता है, बीमार होता है, कुपोषण का शिकार हो जाता है, सुविधाओं–साधनों से बहिष्कृत हो जाता है, आन्तरिक–बाह्य दृष्टि से वह कंगाल हो जाता है। इससे व्यक्त होता है कि पूँजीवाद में मानव के प्रति किंचित् भी लगाव नहीं, पर विलगाव है। विलगाव के मूल में हिंसात्मकता, अमानवीयता, निपट स्वार्थता भरी पड़ी रहती है।

पूँजीवाद का भवन प्रकृति–उत्पाद–बाज़ार–लाभ–इन चार स्तम्भों पर सुरक्षित है। तकनीकी में सुधार, नूतन प्रबन्धन–प्रवर्तन एवं श्रम के विभाजन के समीकरण के बल पर पूँजीवादी आर्थिक क्रिया निरन्तर सशक्त होती रहती है। जैसे कि हम जानते हैं कि मशीनीकृत उत्पादन अधिक यान्त्रिक होता है, उसके अनुसरण से मानव का कार्य भी मशीनीकृत होता जाता है। मानव के श्रम की सुन्दरता (सर्जनात्मकता) इससे ख़त्म होती चली जाती है। 'श्रम' मार्क्स के लिए प्रकृति के पुनःसर्जन का नाम है, जीवन के सौन्दर्यात्मक धरातल को विकसित करने का पर्याय है, प्रकृति और मानव के बीच के संवाद का परिणाम है, प्रकृति को नये सिरे से पुनःसंरचित करने का अभिधान है, जो अपने बुनियाद में मानव की ही पहचान की आधारशिला है।[3, 4] श्रम के वक़्त मानव के मन में जीते–जी 'होने' का अनुभव जागृत होता है। यही मनुष्य जीवन की सार्थकता का प्रमाण है। उसके अभाव में 'आत्मा' में अपूर्णता का अँधेरा छाने लगता है। "यह अँधेरा शक्तिहीनता, अलगाव, व्यर्थता, उदासी, खिन्नता, अकेलापन, शून्यता, युद्ध, आतंक, हिंसा, शोषण आदि के रूप में प्रोद्भासित होता है।"[5] लोभ–प्रलोभन से यदि अपना काम चल जाता है तो पूँजीवाद अपना हँसी–रंगोली का चेहरा दिखायेगा, न तो हिंसा से अपना काम करा लेता है। (इतिहास के पन्नों में अंकित विश्वयुद्धों को याद करते हुए।) 'बाज़ार के

अरण्य' (अच्युतानन्द मिश्र का काव्यात्मक प्रयोग) पूँजीवादियों साम्राज्यवादियों, और उपनिवेशवादियों की संगठित साज़िश है, बाजारवाद इसी का फलितार्थ है। बाजार को ऐसा उपभोक्ता चाहिए, जिसके भीतर मानवीयता की नमी न हो, समाज से असंपृक्त हो। ऐसा व्यक्ति किसी भी हालत में अपना प्रतिरोध दर्ज न कर सकेगा। उपभोक्ता की मानसिकता को बाज़ार के अनुरूप घुमा देने में तभी पूँजी सफल होती है। यह जीत तभी मुकम्मल रूप धारण करता है, जब पृथक्करण सम्पूर्ण मायने में सम्भव हो जाए। मार्क्स अपनी रचना के प्रारम्भिक दौर में पृथक्करण के लिए 'एस्ट्रेजमेंड' शब्द का प्रयोग करते हैं, पर बाद में कट जाने के यथार्थ को व्यक्त करने के लिए 'एलिनेशन' शब्द का प्रयोग करते हैं। "पूँजीवादी समाज में उत्पादन और उपभोग की प्रक्रियाएँ इतनी अलग हो गयीं कि उत्पादन करने वाला अक्सर अपने उत्पाद का उपभोक्ता नहीं होता। उत्पाद बाज़ार के लिए होता है और उसमें लगा सामूहिक श्रम भी एक तरह का एलिनेटेड (पृथक्कृत) श्रम होता है।"[6] इस पृथक्कृत स्थिति को 'अस्वतन्त्रता' कही जा सकती है। पृथक्कृत मन किसी भी हालत में सौन्दर्यात्मक विलास व विकास का उपादान नहीं बनता है। जीवन की यह स्थिति असर्जनशीलता की स्थिति है, जीवन के मरुस्थलीकरण की स्थिति है। इससे विकल्पों की दुनिया मानव के जीवन से रिसती चली जाती है, आत्म परितोष के तारे नष्ट हो जाते हैं।[7] अपने आपसे, दूसरों से और प्रकृति से अलग होने की अवस्था को पृथक्करण कहा जाता है। संक्षेप में पृथक्करण के मूल में 'क्रिएटिविटी' (सृजनशीलता) की जगह 'प्रोडक्टिविटि' (उत्पादकता) काम करती है। इस क्रम भंग को क्रमिकता में परिवर्तित करने के लिए सौहार्द, साझेदारी, भाईचारे और समझदारी की संस्कृति की जरूरत है, पृथक्करण के स्थान पर सम्पृक्ति (विलगाव की जगह लगाव) की संस्कृति को पनपने की जरूरत है।

(2)

नासिरा शर्मा की शानदार कहानी इब्ने मरियम इस अन्दाज में है कि वह जीवन की विविध गलियों से होकर सफ़र करती है और हमें यह वाकिफ़ कराती है कि औद्योगीकृत दुर्घटना से कैसे जीवन ध्वस्त होती है। कहानी की प्रारम्भिक पंक्तियाँ अपने–आप में इस ध्वस्तता की ओर संकेत करती हैं। कहानी का केन्द्रीय पात्र ताहिर बटुए वाला तन–मन से विभ्रमित होकर बड़बड़ा रहा है। वही आदमी कहानी के आदि से अन्त तक पीतल का पम्प वाला स्टोव अपने साथ लेकर घूमता–फिरता है। कहानी की काव्यात्मक पंक्तियाँ इस परिदृश्य को इस प्रकार अभिव्यक्त करती हैं–'किसी बच्चे की तरह उस स्टोव को वह पकड़ा हुआ बैठा था।''[8] इससे जाहिर होता है कि कहानी के रेशे–रेशे में दर्द की एक धारा प्रबल वेग से दौड़ती है। गम की जिन्दा तस्वीर, बेचैन आँखें, चल्ली हुई धुँधला कलेजा, आग का दरिया, अँधेरी दुनिया आदि प्रयोग पाठक के मन में विषाद के बादल आच्छादित करने में सफल हैं। जख़्मी परिन्दों की भान्ति दुख से तड़पने वाले इब्ने मरियम के पात्र जैसै कुबरा, सुगरा, रामधन, गीता आदि के जीवन में विभिन्न रूप धारण कर भोपाल गैस दुर्घटना (ट्राजड़ी) परिव्याप्त होती है। कहानी की गीता किसी भी हालत में अपराधी नहीं है। ट्राजडी के दिनों में उसको ख़ुद इसका पता नहीं थी कि वह कहाँ थी, कैसी थी और किस प्रकार रही थी। तीन दिन के बाद जब किसी अस्पताल में वह मिली तो उसके चरित्र पर लाँछन लगाकर पति के घर वाले उसका परित्याग करते हैं। ट्राजडी ग्रस्त लोगों की ज़िन्दगी को सुधारने और उनकी समस्याओं के परिहार के लिए सरकार की ओर से अनेक क़दम तो उठाये गये हैं, बहुतेरे आयोगों की रिपोर्टें भी आयी हुई है, पर किसी में गीता के दुख का शायद उल्लेख नहीं होगा। कहानी के भीतर की ज़िन्दगी इसी अदृश्य दुख को बेनकाब करती है और दिखाती है कि दुर्घटना मानव के जीवन में क्या–क्या कर जाती है। जीवन में परिव्याप्त इस प्रकार के अँधेरे कोने को नासिरा शर्मा की लेखनी बहुत सुन्दर

ढंग से पेश करती है। नासिरा की कहानी पूँजीवादी ताक़तों के घृणास्पद व्यवहार को सामने रखकर यह बताना चाहती है कि उस तन्त्र के भीतर 'पिशाच' काम करता है, जो मानव–मानव के जुगाड़ को क्षयग्रस्त बनाता है। कहने का तात्पर्य यह है कि पूँजी मानव की सामाजिकता को तहस–नहस कर अपना उल्लू सीधा करता है। कहानी में यह लिखा हुआ है कि 'पैसा उगानेवाले लोग किसी के सगे नहीं बन पाते।'[9] इससे पूँजीवाद के भीतर की क्रूरता साफ़–साफ़ खुल जाती है। पारिवारिक–सामाजिक सदस्यों के बीच किसी भी तरीके की संगति न स्थापित करने के पीछे एक ख़ास प्रकार की दृष्टि काम करती है, उसका नाम है 'धन'। कहानी यह बताना चाहती है कि धन के आगमन से सम्बन्धों की गर्माहट नष्ट हो जाती है, क्योंकि धन ऐसे मनुष्यों का एकमात्र लक्ष्य रह जाता है, अपने साध्य को साधने की क्रिया में उसे हिंसा का सहारा लेना पड़ता है, जैसे हम जान चुके हैं कि पूँजीवाद के भीतर हिंसात्मकता का तत्त्व किस प्रकार फैला हुआ रहता है। मनुष्य का शोषण और परिवेश का शोषण करते हुए ही धन की खेती सम्भव हो पाती है। इस समीकरण को इस तरह व्याख्यायित किया जा सकता है कि जहाँ लगाव या प्रेमवत् सम्बन्ध है वहाँ हिंसा के लिए कोई स्थान नहीं रहता है, यह बात उल्टी भी सही हो सकती है। कहानीकार ने कहानी के पात्रों के माध्यम से यह कहलवाया गया है कि पूँजीवादी मन में प्रेम जैसी कोमल भावनाओं के लिए स्थान नहीं रह जाता है। भावना के स्तर पर पूँजी की संस्कृति से मानव पृथक्करण का शिकार अन्दर–ही–अन्दर हो ही जाता है। इसी मानसिकता से प्रेरित होकर कहानी का इफ्तखार ताहिर बटुए वाले से कहता है कि अपनी बेटी को वापस घर ले चलो, क्योंकि भोपाल गैस दुर्घटना के पश्चात् बहू भी बीमार जरूर हुई होगी। इफ्तखार यह समझता है कि भविष्य में उससे उसका कोई 'फ़ायदा' नहीं होने वाला है, उसके बांझ हो जाने की सम्भावना है। अपनी बहू के साथ इफ्तखार का यह व्यवहार लाभ–लोभ के नज़रिये के

साथ किये जाने वाला घूँखार व्यवहार है, जो पूँजीवादी मन का विकराल रूप है, वहाँ मन की भाव शून्यता बाहर प्रकट होती है अर्थात् बहू के प्रति उनका जो भाव है, वह पूँजी के द्वारा नियन्त्रित है। मुनाफा या लाभ दो व्यक्तियों के बीच के सम्बन्ध में पथरीले चट्टान के रूप में खड़ा है। असल में इफ्तखार की चिन्ता यह है कि भविष्य में बहू के इलाज के लिए अधिक धन खर्च करना पड़ेगा और शायद वह जिस बच्चे को जन्म देगा, वह भी बीमार हो सकता है। धन–लाभ का गणित यहाँ सक्रिय होता है। यह लेखा–जोखा प्यार भाव से सम्पन्न मन कभी नहीं कर सकता है। प्यार से भरपूर मन हमेशा यह सोचता है कि बहू ख़ुद उसकी सम्पत्ति है, लेकिन कहानी की बहू इफ्तखार के लिए एक बोझ बनी हुई है। इसका सीधा विलोम ताहिर बटुए वाला है। ताहिर कहता है कि "मायके से लड़की रुखसत होकर जाती है तो शौहर के घर से उसकी मय्यत ही निकलती है।"[10] इसलिए ताहिर बटुए वाला अत्यधिक गम के साथ जोर देकर यह कहता है (इफ्तखार से) "अपनी दौलत जबरदस्ती मेरे हवाले करने की जिद्द कर रहे हो।"[11] इस वाक्य में आया हुआ 'दौलत' शब्द मायने का है। यहाँ मानवीय गुण–सम्पन्नता को दौलत के रूप में स्वीकार किया गया है, लेकिन वही दौलत इफ्तखार के लिए बाध्यता बन जाती है। यह प्रसंग दो व्यक्तियों के जीवन दर्शन को हमारे सामने रखता है। भोपाल दुर्घटना ने किस अन्दाज में मानवीय भावात्मक धरातल को हिला दिया है, कहानी दिखाती है। वह केवल एक औद्योगिक दुर्घटना मात्र नहीं थी, उसका अनुरणन जीवन के विविध आयामों में, मानसिक, सामाजिक, आर्थिक आदि क्षेत्रों में देखने को मिलता है।

भोपाल गैस त्रासदी को भी कमाई के मौके के रूप में पूँजीवादी संस्कृति से पोषित मन स्वीकार करता है। लोगों की तीव्र प्रतिक्रिया जो आग की भान्ति उस वक़्त भभक उठी थी, उसको कम करने हेतु सरकार की तरफ़ से बहुत सारी रियायतें, क्षतिपूर्ति आदि दी गयीं। हास्यास्पद स्थिति यह है कि जो दुर्घटनाग्रस्त हुए,

उनको कुछ नहीं मिला। किन्तु जिन इलाक़ों में विषैली गैस पहूँची ही नहीं, वहाँ के लोग धोखा, चोरी, गठ–जोड़, भ्रष्टाचार के बल पर सारी सुविधाएँ हड़प लेते हैं। कहानी की भाषा में "भोपाल शहर में जिन्हें गैस ने छुआ भी नहीं वे आज भी जान–पहचान की खा रहे हैं।"[12] कहानी में कहानीकार का एक आत्मकथन भी इस जीवन्त सत्य का खुलासा कर देता है। नासिरा शर्मा कहती हैं कि "पैसा पैसे को खींचता है, ग़रीबी ग़रीबी को।"[13] यह समाज और जीवन की ध्रुवीय परिस्थिति को अंकित करती है, यही पूँजीवाद का बुनियाद है। एक तरफ़ कुछ लोगों द्वारा ग़लत रास्ते से पैसा कमाया जाता है। पैसे वालों का गठ–जोड़ इतना मज़बूत होता है कि समाज की सम्पत्ति रिस–रिसकर उसके ख़जाने में आ मिलती है। इसी क्रम में दूसरी तरफ़ ग़रीब की जेब की हर एक कौड़ी रिस–रिसकर नष्ट हो जाती है। ग़रीबी–अमीरी केवल आर्थिक स्थिति को सूचित करने वाला शब्द नहीं है, वह वास्तव में जीवन की खुशहाली–बदहाली को रेखांकित करने वाला शब्द है। अमीरी में साधनों की सम्पन्नता है, सत्ता में हक़दारी है, जीवन की ख़ुशहाली है तो ग़रीबी में इन सबकी एकदम विपरीत स्थिति नज़र आयेगी।

कहानी में प्रतिपादित भोपाल दुर्घटना पूँजीवादी औद्योगीकृत सभ्यता का प्रतिरूप है, जो मुनाफा बटोरने हेतु कम लागत में मजदूर और प्राकृतिक सामग्री प्राप्त करने की ललक में अमेरिका की यूनियन कार्बाइट कम्पनी की एक शाखा भोपाल में लाकर खड़ी की गयी थी। उस कम्पनी में भोपाल के कस्बे–मोहल्ले में रहने वाले ग़रीब–भारत के नागरिक काम किया करते थे, पर उनकी सुरक्षा का कोई उपाय कम्पनी में बन्दोबस्त नहीं था। यदि यह कम्पनी अमेरिका में स्थापित होती तो मज़दूरों की सुरक्षा के उपायों में करोड़ों रुपये खर्च हुए होते यहाँ तो कम्पनी को सस्ते में सब कुछ (प्राकृतिक संसाधन, मानवीय श्रम) उपलब्ध होता था। सत्ता, कानून और प्रशासन का पूरा समर्थन कम्पनी को हमेशा उपलब्ध होता था। इसी ताकत के बल पर कम्पनी चलती थी।

यहाँ तक कि दुर्घटनाग्रस्त हो जाने पर जिनके सिर के ऊपर छत नहीं है, उनको कम्पनी की ओर से न इलाज की सुविधा मिली, न प्रतिपूर्ति मिली, न सांत्वना और न अपनी जीविका चलाने का संसाधन। कहानी की पंक्तियाँ इस बात को साक्षांकित करती है कि कितना गहरा आघात इस दुर्घटना ने भोपाल को पहुँचाया है। नासिरा जी की भाषा में भोपाल कब्रिस्थान का पर्याय बन गया है। सब कहीं मृत्यु का अँधेरा छाया हुआ है। इसके भयंकर प्रकोप से औरतों के आधे–आधे पेट भोपाल में गिर रहे हैं। बेगुनाह लोग घरों से चीखते–चिल्लाते ट्राजडी के दौरान भाग निकले थे। उस समय की दशा यह थी कि 'एक कब्र में कई–कई लाशें सन्दूक में कपड़ों की तरह तह की जा रही है।"[14] कहानी में छाया हुआ अँधेरा मृत्यु का अँधेरा मात्र नहीं है। दुर्घटना से जिन लोगों के सगे–सम्बन्धी, दोस्त, माँ–बाप, बच्चे, दादा–दादी, नाना–नानी, मामा–मामी, चचेरा–चचेरी नष्ट हो गये हैं, उनकी ज़िन्दगी में भी उसके बाद कभी भी सफेदी नहीं फैली। बहुत सारे लोगों के जीवन में परिवार के आधार नष्ट हो जाने पर अन्धकार व्याप्त हो गया। उस अंधेरे में जो बचे–खुचे हैं, वह भी अधमरे–मरे सा भटकते–ठहलते रहे। बहुत सारे लोगों की आजीविका भी दुर्घटना ने ग्रस ली है। पेशे से कट गये या अलग हुए लोगों के बारे में क्या बताएँ? असल में युद्ध के आतंक का सा वातावरण उस समय भोपाल में परिव्याप्त था। इसके साथ ही हिंसात्मकता का विकराल चेहरा लाभ–लोभ की चिन्ता के सामने खुल गया था। तर्क इतना ही है कि, धन की चिन्ता किये बिना विषैली गैस के रिस जाने की सम्भावना को पहले से बन्द कर दिया गया होता तो भोपालियों के जीवन में शायद इस प्रकार की स्थितियाँ न फैलतीं। संकेत इतना ही है कि जीवन के भावात्मक सम्बन्धों से भोपाल की जनता को पृथक्कृत कर देने के मूल में पूँजीवादी लोभ–लिप्सा अप्रत्यक्ष रूप से काम करती है। कहानी के शब्दशः विश्लेषण से यह बात उन्मुक्त होती है। कहानी के भीतर रिश्तों की गरमाहट बुदबुदा रही है। उन कोमल संबन्धों में धर्म–देश,

जाति–पाँत, कुल–वंश आदि की गन्ध नहीं है। रामधन और ताहिर बटुए वाले के बीच के सम्बन्ध में परदे कभी नहीं थे। दिल की पूरी–की–पूरी बातें आपस में दोनों साझा किया करते थे। भोपाल के हादसे के बाद अपने दोस्त ताहिर की दुकान और उसके परिवार की देखभाल रामधन द्वारा होती है। गैस हादसे के आघात से लगता है कि ताहिर बटुए वाले के हृदय की तन्त्रियाँ कहीं टूटती गयी हैं। इधर–उधर भागम–भागी करते हुए आसपास वह फिरा करता था। तकरीबन तीन हफ़्ते की अवधि के पश्चात् जब दोस्त की शक्ल रामधन को दिखी तो बाद की किस्से का बयान कहानी इस भाँति हमारे सामने प्रस्तुत करती है कि जिसे पढ़कर भावातिरेक से पाठक की आँखों से कम–से–कम दो आँसू की बूँदें टपक निकलेंगी। कहानी कहती है, "आज पूरे तीन हफ़्ते बाद दोस्त की शक्ल दिखी थी, बच्चे को भगाकर दोस्त का हाथ पकड़ उन्हें अपनी तरफ़ खींचा"।[15] इस भाँति कहानी की दूसरी छोर पर कुबरा–सुगरा रहती है, जो अपने–आप में दुखिया की पुत्रियाँ हैं। अपने सुख–दुख को वे आपस में बाँटती रहती थीं। इस प्रकार बँट जाने से उनके दिल का कोना शान्ति से थोड़ा भर जाता है। यही असल में जीवन के जख़्मों को भरने की दवा है। प्यार का स्पर्श यदि नहीं हुआ होता तो न जाने कैसे वे दोनों ज़िन्दगी काटतीं। बातों–बातों में "कुबरा हँसते–हँसते एकदम सुगरा से लिपटकर सिसकने लगती थी।"[16] कभी ऐसा भी सम्भव होता है कि कुबरा अपनी बहन को छाती से लिपटाती है और सान्त्वना देती रहती है। कहानी की खिड़की खोलकर देखे जाने पर एक ऐसा नज़ारा हमारे सामने आता है, वहाँ यह दिखायी देता है कि कुबरा सुगरा को थपक–थपक कर बच्चे की तरह अपने साथ लगाकर सुलाने लगती है। विषम भरी परिस्थितियों में भावनाओं से पृथक हुए बिना ज़िन्दगी कैसी चलायी जानी चाहिए, इस सूत्र को बहुत ही सुन्दर ढंग से कहानी व्याख्यायित करती है। भौतिक दृष्टि से ग़रीबी दोनों की ज़िन्दगी में चारों तरफ़ अपना रंग दिखाती है, पर हम पाते हैं कि आन्तरिक सम्पन्नता के बल

पर ज़िन्दगी सार्थक कैसे होती है। बहन के चेहरे को जब हल्के से उठाकर अपने दुपट्टे से उसकी आँखों को कुबरा पोंछने लगती है, तब वहाँ जीवन के नये दरवाज़े खुलने लगते हैं। इस प्रकार जीवन की सामाजिकता कैसे मानव को सम्बल प्रदान करती है, कहानी दर्शाती है। कहानी का जीवन–सूत्र यह है कि सब के सब अपने हैं, वे जीवन के सुख–दुखों को मिलकर भोगती हैं। कहानी का दर्शन यह है कि मिलन और जुलन के माध्यम से सामाजिकता मज़बूत होती चली जाती है। इससे ही कहानी के दुखित जनों का जीवन–संसार आगे बढ़ता है।

पूँजीवाद अपनी आर्थिक सक्रियता के बल पर मानव के सामाजिक जीवन तथा मानसिक जीवन में बिखराव पैदा करता है। अखण्डता में पूँजीवाद का भरोसा नहीं, खण्डता में उसकी रुचि है। इसका तात्पर्य यह हुआ है कि मानव के अन्दर–बाह्य जगत को चूर–चूर करने में उपभोग एवं बाज़ार की चालाकी शक्तियाँ सक्रिय रहती हैं। यह हमारा ऐतिहासिक अनुभव है कि मानव की सामाजिकता को, संयुक्तता को असामाजिकता एवं असंयुक्तता में परिवर्तन करते हुए बाज़ार का पोषण किया जाता है। इस तरफ़ इशारा करना चाहूँगी कि व्यक्ति की महिमा का गायन करते हुए, उसी प्रकार के सौन्दर्यात्मक प्रतिमानों को पैदा करने की पद्धति पूँजी विकसित करती है। प्रस्तुत कहानी इस प्रकार के बिखराव से उत्पन्न अन्दरूनी भय–चकितता का स्वरूप भी सामने ला खड़ा कर देती है। अकेलापन मानव के भीतर डर का वातावरण तैयार करता है। डर अपने मूल रूप में निष्क्रियता का ही पोषण करता है तथा मानव जीवन की सारी सामाजिक क्रियाओं को भय नियन्त्रित करता है, इस नियन्त्रण का नाम अस्वतन्त्रता है, जिसमें रहते हुए मानव की इच्छा का विस्तार सम्भव नहीं हो पाता है। भावात्मक एवं सामाजिक स्थली पर व्याप्त होने वाली एकान्तता मनुष्य के भीतर की सम्भावनाओं को पनपने नहीं देती है। ऐसी स्थिति में कहानी का पात्र ऐसा बोल उठता है कि "कौन किसकी मदद करता है इस दुनिया में।"[17] काव्यात्मक अन्दाज में इसी बात को इस प्रकार

भी कहा जा सकता है कि ''दुनिया में हमें अकेले ही इस अपनी नाव खेनी है।''[18] अब से पहले हम कहानीकार के शब्दों में "हम प्याला', 'हमनिवाला', 'हमसफर' सब कुछ थे, 'हमकिताबी' थे, 'नमक शरीक भाई थे।"[19] लेकिन आजकल भीतर का हम 'मैं' के रूप में खण्डित हो गया, इसलिए भीतर छल–कपट का संस्कार विकसित होता जा रहा है। मानव के भीतर की खुशी कैसे वर्तमान समय में छिन जाती है, कहानी यह दिखाती है। सम्बन्धों में बिखराव का दृश्य गीता की ज़िन्दगी में हम देख सकते हैं। इसी भाँति सुगरा और फारूख के जीवन में भी अर्थतन्त्र का पाश बन्ध जाता है। लाभ–नष्ट के साँप–सीढ़ी का खेल जीवन के विभिन्न परिदृश्यों को आजकल प्रभावित करता है। एक खास प्रकार की वीरानगी मानव के घर और मन में इसलिए दाखिला हो जाती है। कहानी यह भी दिखाती है कि पूँजीवाद का शोषण कभी सांप्रदायिकता, युद्ध, आतंक के रूप में भी फैल जाता है। एक ओर घर–दुकान को संभालने की कोशिशें पात्रों द्वारा की जाती हैं, दूसरी तरफ आर्थिक शक्तियाँ नये–नये कारणों को पेश करते हुए पुश्तैनी दूकानदारी को भी बेच डालने को विवश करती हैं। दूकानें जलाई जाती हैं तो घर भी तुट जाते हैं। इसलिए कहानीकार अपने पात्र के जरिए कहलवाती है कि "हम ग़रीब नादार लोग कहीं के बाशिन्दे नहीं होते हैं।"[20] यहाँ समाज के भीतर से भी श्रमजीवी वर्ग के पृथक्कृत होते जाने के भाव व्यंजित होते रहते हैं।

कहानी में प्रतिपादित भोपाल गैस दुर्घटना यहाँ तक आते–आते खुद पूँजीवाद का ही प्रतीक धारण करता है। कम्पनी अपने–आप में पूँजीवादी शोषण व्यवस्था का प्रतिरूप और उससे रिसने वाली गैस उस व्यवस्था के भीतर की विरोधात्मक असामाजिक स्थितियाँ बन जाती हैं। पृथक्करण की सैद्धान्तिक अवधारणाओं पर विचार किये जाने पर मुझे लगता है कि उन परिस्थितियों से पीड़ित जनता की ज़िन्दगी को ही कहानी हमारे सम्मुख रखती है। क्रूरतम स्थिति यह है कि इस नाजुक जीवन परिस्थिति को भी बेचकर पूँजी जुटाने के एक उपकरण के रूप में पूँजीपति

उसका उपयोग करता है। दुर्घटना से खोखलाये गये दीवानगी के शिकार हुए ताहिर बटुए वाले पर एक वृत्तचित्र तैयार किया जाता है, यह शोषण का, पूँजी बटोरने का नया रास्ता है। यहाँ व्यंग्य यह भी है कि ताहिर की समस्याओं का परिहार पूँजी से संचालित मन कभी नहीं करता, पूँजी के समर्थक उसको भी पूँजी की वृद्धि के उपकरण के रूप में अपनाते हुए अपनी राजनीति खुले आम नंगे रूप में प्रस्तुत करता है।

कहानी में सर्वत्र मृत्यु का आभास है, अँधेरा है, पागलपन है, शोषण है, जीवन की विकृति है, सम्बन्धों में बिखराव है, शोषण की निर्ममता है, व्यवस्था की अमानवीयता है, जीवन की दुस्थिति है। सबके सब भयानक मंच के रूप में कहानी में साकार हो उठता है। शोषित वर्ग कभी वक़्त गुज़ारता है, कभी मौन हो कर मिट्टी में दब जाता है, निस्सहाय होकर व्यवस्था के भीतर क़ैदी के रूप में रहते हुए कभी संघर्ष करता है। कहानीकार का संवेदनशील मन पूँजीवादी व्यवस्था के कारण पृथक्कृत होते जा रहे विविध जीवन प्रकरणों को कहानी के भीतर प्रत्यंकित करती है। अब अनुभव कर रही हूँ कि इससे बहतर ढंग से इस बात को काव्यात्मक–भावात्मक रूप में शायद और किसी से अभिव्यंजित नहीं किया जा सकता।

सन्दर्भ

1. The mode of production of material life conditions the social, political and intellectual life process in general. It is not the consciousness of men that determines their being, but on the contrary, their social being that determines their consciousness. Preface of A Contribution to the Critique of Political Economy 1859).
2. Use value is grounded in the possibility of the object satisfying some identifiable human need or desire. *(Edgar, Andrrew, Cultural Theory)* London : Routledge, 2008, p. 121-22).
3. Labour process is an appropriate of what exists nature for the requirement of man. It is the universal conditions for the interactions between man and nature, the everlasting nature-imposed conditions of human existence, it is therefore independent of every form of that existence. *Das Capital* vol. 1
4. Labour process is an appropriation of what exists in nature for the requirement of man. It is the universal conditions for the interaction

between man and nature, the everlasting nature-imposed conditions of human existence, it is therefore independent of every form of that existence." Capital vol.1

5. It is a sense of powerlessness, isolation, and meaningless experienced by human beings and feeling of being depressed) Karl Marx's theory of alienation, Roudro Mukhopadhyay, p.1
6. उपाध्याय, रमेश. *बाजारवाद और नयी सृजनशीलता.* नयी दिल्लीः शब्द संधान प्रकाशन. 2010, पृ. 10, मुद्रित।
7. Alienation can also refer to the isolation of individuals from a community a detachment from the activities, identifications and ties that a community can provide. Marx; Karl. Theory of alienation, p. 138
8. शर्मा, नासिरा, *इब्ने मरियम,* किताब घर : नयी दिल्ली, 1994, पृ. 135, मुद्रित।
9. वही, पृ. 154
10. वही, पृ. 149
11. वही
12. वही, पृ. 146
13. वही, पृ. 139
14. वही, पृ. 137
15. वही, पृ. 158
16. वही, पृ. 157
17. वही, पृ. 146
18. वही
19. वही, पृ. 147
20. वही, पृ. 146